최신

아동 안전관리

Safety Education for Children

개정판

박정빈 · 권수진 · 조미영
최명숙 · 황은희 공저

동문사

머리말

안전은 우리의 삶에서 생명과 직결된 가장 중요한 부분이며 특히 생활습관이 형성되기 시작하는 영유아들은 발달 특성상 위험을 인지하고 대처하는 능력이 부족하기 때문에 안전한 환경 제공과 안전교육이 절대적으로 필요하다. 그러므로 영유아교육기관에서의 안전교육과 관리를 담당하는 원장 및 교직원은 영유아의 안전을 위해 영유아를 보호·감독하고 물리적 환경과 인적 환경에 대한 안전 확보를 위해 시설 및 환경을 조성하고 관리해야 할 의무가 있다.

영유아기의 안전교육은 언제, 어디서, 어떠한 사고가 일어나더라도 영유아 스스로 자신 및 타인의 안전을 위하여 잠재적 위험성을 인식하고 위험한 상황에 대처할 수 있도록 지식과 내노, 기술을 익힐 뿐만 아니라 지속적이고 반복적으로 실시하여야 한다.

이러한 필요성에 근거하여 예비교사 및 교육현장에서 체계적이고 전문적인 안전교육을 할 수 있는 능력 함양에 도움을 주고자, 안전관련법과 규정, 2024 개정 표준보육과정과 2019 개정 누리과정, 최근 안전 관련 실태와 현황 등을 반영하여 개정하였다. 특히 이 책은 유아교육을 전공하고 영유아교육 강의 및 현장 경험이 많은 교수님들과 현재 영유아교육기관에서 근무하는 원장님들이 아동안전교육과 관리의 중요성을 느껴오던바 뜻을 모아 집필하였다.

이 책의 I 부에서는 영유아 안전교육의 기초 이론을 다룬 영유아 안전의 이해, 영유아 발달 특성과 안전교육, 제4차 표준보육과정과 개정 누리과정을 바탕으로 안전교육과 관련된 교수법으로 구성되어 있다. 그리고 안전교육의 내용을 세분화하여 교통안전, 화재안전, 대인관계안전, 재난안전, 놀이안전, 약물오남용, 응급처치와 관련된 아동안전교육으로 구성되어 있으며, 이번 개정에서는 놀이안전에 미디어안전과 관련된 내용을 보완하였다.

Ⅱ 부에서는 현재 영유아교육 현장에서 실시되고 있는 실제를 다루므로 예비교사로 하여금 영유아의 안전교육과 관리에 대한 실제 교수-학습 전략을 배우고 익힘과 동시에 전문성을 함양할 수 있는 영유아중심·놀이중심의 안전에 관한 지원자로서의 역할을 제시하였다.

이 책은 유아교육과, 보육학과, 아동학을 전공하는 예비교사와 현직교사뿐만 아니라 사회복지학을 전공하는 예비사회복지사와 사회복지사 등을 위해 아동안전관리에 관한 강의 계획 및 강의 교재로 사용하기 용이하도록 구성하였으므로 모든 교사에게 적절한 지침이 되기를 바란다.

사랑스러운 영유아들이 건강하고 즐겁게 생활할 수 있도록 좋은 환경을 마련해 주기 위해 무엇보다도 안전이 보장된 환경이 우선이다.

끝으로 이 책이 출간될 수 있도록 도움을 주신 동문사 대표님과 완성도를 높이는 편집에 심혈을 기울여 준 편집부 관계자분들에게 감사의 마음을 전합니다.

2025년 1월
저자 일동

차례

PART 01 영유아와 안전

PART 02 아동안전교육의 실제

※ 용어 사용에 있어서 각 법률별 '어린이'는 법령에 따라 지칭하는 연령 대 및 명칭이 상이하여 본 서에서는 영유아, 어린이, 아동 등의 용어를 혼용하여 사용하였음.

최신
아동안전관리

Safety Education for Children

PART 01

영유아와 안전

CHAPTER 01 영유아 안전의 이해

1 영유아 안전의 개념 및 안전교육의 중요성

안전이란 위험이 생기거나 사고 날 염려가 없는 편안하고 온전한 상태를 의미하며, 안전한 상태란 위험원인이 없는 상태이거나 위험원인이 있더라도 인간이 상해를 받는 일이 없도록 대책이 세워져 있는 상태를 말한다.

안전은 인간이 가진 기본적인 욕구이며 행복하게 살아가기 위한 필수적인 요건이다. 그럼에도 불구하고 생활 속에서 겪는 다양한 사건과 사고들은 생명의 위협을 느끼며 일상생활에서의 불안을 야기하고 있다. 아동권리협약에서 영유아의 안전을 보장하는 것은 생존권, 보호권, 발달권, 참여권의 4가지 영역을 보장하기 위해 가장 기본적이고 필수적인 것이다. 이처럼 영유아 안전은 일차적으로 영유아의 신체적 상해뿐만 아니라 정신적 보호를 포함하고 있다.

안전사고는 주변 환경에서 다양한 종류의 위험 요인을 사전에 발견하여 대처하지 못한 결과 발생하는 손상이나 상해이다. 영유아 안전사고는 영유아가 가장 많은 시간 동안 생활하는 곳인 가정과 영유아교육기관에서 많이 발생하므로 잠재적 위험 요인을 사전에 발견하여 조치함으로써 사고나 재해에 대한 예방과 관리에 대한 대처가 필요하다. 영유아는 성인에 비해 안전사고에 쉽게 노출되어 있으며, 영유아의 발달 특성상 주변 환경에 대한 호기심이 높은 반면 신체 기능과 운동기능이 발달과정에 있기 때문에 미성숙하여 신체 균형을 유지하는 능력이 부족하다. 그리고 위험한 상황의 결과를 예측할 수 있는 인지능력이 부족하여 사고의 가능성이 높고 자기중심적인 사고로 인해 자신과 타인의 관점을 잘 구별하지 못한다. 영유아기에 발생하는 안전사고의 원인은 대부분 예측하지 못한 사고가 발생하는 경우가 많으며, 안전사고로 인해 장애와 사망에 이르는 영유아가 해마다 증가하고 있다. 이에 최근 들어 안전에 대한 교육이 영유아기부터 그 중요성이 강조되고 있다. 안전교육은 영유아가 상해, 사망 등 불의의 사고를 예방하는 데 필요한 지식, 기능, 태도를 포함하는 것으로 영유아 자신이 위험으로부터 자신을 보호할 수 있도록 안전지식과 태도, 기능을 익히게 하여 건강한 생활을 할 수 있도록 돕는 교육이다. 따라서 영유아기는 안전교육의 최적의 시기임을 인식하고 단기적인 접근이 아닌 장기적이며 체계적으로 어린 시기부터 실시해 나가야 한다.

영유아의 안전교육은 지식, 기술, 태도로 나누어 구체적으로 이루어져야 한다.

- **안전지식** : 안전지식은 안전한 상황에 대한 이해로써 기본적인 안전규칙과 안전한 상황의 특징 및 잠재적 위험성에 대해 아는 것이다.
- **안전기술** : 안전기술은 안전능력의 배양으로 안전한 상황의 정보를 적절히 인지하고 처리할 수 있는 능력 및 그에 따른 운동능력을 기르는 것이다.
- **안전태도** : 안전태도는 자기통제력이며, 자기통제력은 기본적인 지식과 기술을 바탕으로 안전하게 행동할 수 있는 능력 및 그에 따른 운동능력을 기르며 자연스럽게 몸에 배게 하여 습관화하는 것이다.

2 영유아 안전사고의 현황

1) 영유아 안전사고 현황

우리나라 총인구 대비 어린이 비율은 최근 5년간 해마다 감소한 데 반해, 아동 안전사고 비율은 전년 대비 증가하여 코로나19 발생 이전 수준(34.2%)에 못 미치긴 하나 여전히 높은 수준이며 안전 취약계층으로 나타났다. 2023년 소비자위해감시시스템(CISS)을 통해 접수된 아동 안전사고 건수는 22,371건으로 전체 안전사고 건수의 28.2%를 차지하였고, 전년 대비 729건(3.4%) 증가한 것으로 나타났다. 또한 코로나19(2019~2021년) 시기에 감소해 오던 아동 안전사고 비율은 2022년 27.5%에서 2023년에는 28.2%로 증가하여 상승세로 전환되었다.

아동 안전사고는 영유아 낙상사고 등 발달단계별 특성이 확연하며, 보호자의 관심으로 안전사고를 예방할 수 있으므로 보호자의 지속적인 주의가 필요하다. 우리나라 총 인구 대비 어린이 비율(%) : 2019년(12.5%), 2020년(12.2%), 2021년(11.9%), 2022년(11.5%), 2023년(11.0%)

(단위: 건, %)

구분	2019년	2020년	2021년	2022년	2023년	합계
전체 안전사고 건수	73,007	70,022	74,000	78,591	79,264	374,884
전체 안전사고 전년 대비 증감률	-	△4.1	5.7	6.2	0.9	-
어린이 안전사고 건수	24,971	18,494	15,871	21,642	22,371	103,349
전년 대비 증감률	3.6	△25.9	△14.2	36.4	3.4	-
어린이 안전사고 비율*	34.2	26.4	21.4	27.5	28.2	27.6

출처 : 행정안전부, 「주민등록인구현황」 전체 안전사고 중에서 어린이 안전사고가 차지하는 비율.

| 그림 1-1 | 아동 안전사고 현황

2) 어린이집 안전사고 현황

어린이집안전공제회(2024) 어린이집 안전사고 예방 및 대응 자료에 따르면 최근 5년간 영유아 1,000명당 사고 건수를 살펴보면, 2020년 일시적으로 사고 건수가 감소한 이후, 점차 증가하여 2023년 가장 높은 사고 건수를 보였다.

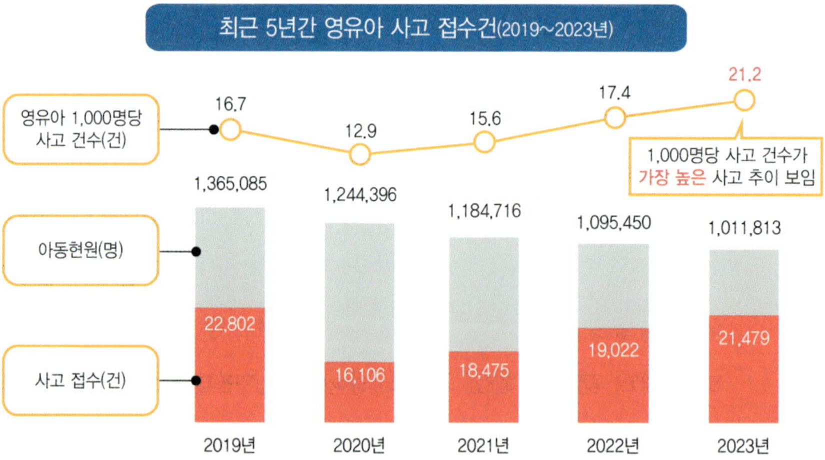

출처 : 어린이집안전공제회(2024). 2023 어린이집안전공제회 통계자료집.

| 그림 1-2 | 영유아 사고 접수(2019~2023년)

최근 5년간 보고된 영유아 사고를 성별에 따라 살펴본 결과, 지속해서 남아 사고가 여아 사고보다 높은 빈도를 보이고 있다. 연령별로는 유아 사고 건수가 영아 사고 건수보다 매년 높은 빈도를 보인다.

| 표 1-1 | 성/연령별 영유아 사고 현황

(단위: 건, %)

구분		2019년	2020년	2021년	2022년	2023년
합계		22,802 (100.0)	16,106 (100.0)	18,475 (100.0)	19,022 (100.0)	21,479 (100.0)
성	남아	13,873 (60.8)	9,718 (60.3)	11,378 (61.6)	11,444 (60.2)	12,877 (60.0)
	여아	8,929 (39.2)	6,388 (39.7)	7,097 (38.4)	7,578 (39.8)	8,602 (40.0)
연령	영아	8,368 (36.7)	5,892 (36.6)	6,744 (36.5)	7,201 (37.9)	9,110 (42.4)
	유아	12,482 (54.7)	8,630 (53.6)	9,942 (53.8)	9,795 (51.5)	10,430 (48.6)
	만 6세 이상	1,952 (8.6)	1,584 (9.8)	1,789 (9.7)	2,026 (10.7)	1,939 (9.0)

발달단계별 안전사고는 '걸음마기'에서 가장 많이 발생하였으며, '학령기', '유아기' 및 '영아기' 순으로 나타났다. '학령기'의 어린이 안전사고 비중은 해마다 증가하고 있으며, 이는 뼈와 근육의 발달로 운동능력이 향상되어 놀이시설 이용 등의 야외활동 증가와 관련된 안전사고가 늘어난 것으로 분석된다.

| 표 1-2 | 발달 단계별 현황

(단위: 건, %)

구분		2019년	2020년	2021년	2022년	2023년
취학전	영아기 (0세)	2,167 (8.7)	1,720 (9.3)	1,669 (10.5)	2,389 (11.0)	2,916 (13.0)
	걸음마기 (1~3세)	11,495 (46.0)	7,933 (42.9)	6,485 (40.9)	8,235 (38.1)	8,240 (36.8)
	유아기 (4~6세)	5,669 (22.7)	4,438 (24.0)	3,850 (24.3)	4,822 (22.3)	4,661 (20.9)
	소계	19,331 (77.4)	14,091 (76.2)	12,004 (75.7)	15,446 (71.4)	15,817 (70.7)
학령기 (7~14세)		5,640 (22.6)	4,403 (23.8)	3,867 (24.3)	6,196 (28.6)	6,554 (29.3)
합계		24,971 (100.0)	18,494 (100.0)	15,871 (100.0)	21,642 (100.0)	22,371 (100.0)

최근 5년간 소분류 기준 위해원인은 '미끄러짐·넘어짐'이 가장 많이 발생하였고, 이어 '추락', '식품 섭취에 의한 위해' 등의 순이었다. 2023년 전년 대비 증가율이 가장 높았던 위해원인은 '이물질(액체류)'로 전년 대비 108.6%(114건) 상승하였으며, 손소독제 등의 액체가 눈에 들어가거나 가정용 세탁세제 등을 삼킨 사례가 증가한 것으로 나타났다.

| 표 1-3 | 위해원인 상위 15개 현황 (단위: 건, %)

구분(소분류)	2019년	2020년	2021년	2022년	2023년
미끄러짐·넘어짐	6,258 (25.1)	5,969 (32.3)	5,155 (32.5)	6,547 (30.3)	6,464 (28.9)
추락	5,312 (21.3)	4,144 (22.4)	3,750 (23.6)	5,274 (24.4)	5,796 (25.9)
식품섭취에 의한 위해	1,325 (5.3)	1,328 (7.2)	1,244 (7.8)	1,978 (9.1)	2,114 (9.4)
부딪힘	4,634 (18.6)	1,222 (6.6)	1,066 (6.7)	1,470 (6.8)	1,272 (5.7)
눌림·끼임	1,841 (7.4)	1,274 (6.9)	939 (5.9)	1,168 (5.4)	1,198 (5.4)
베임·찔림	940 (3.8)	961 (5.2)	699 (4.4)	942 (4.4)	1,020 (4.6)
이물질(기타)	910 (3.6)	895 (4.8)	760 (4.8)	957 (4.4)	1,017 (4.5)
충돌·추돌 등 물리적 충격	1,016 (4.1)	427 (2.3)	455 (2.9)	803 (3.7)	1,006 (4.5)
이물질(플라스틱)	667 (2.7)	739 (4.0)	613 (3.9)	737 (3.4)	634 (2.8)
고온 물질	748 (3.0)	560 (3.0)	354 (2.2)	461 (2.1)	561 (2.5)
파열·파손·꺾여짐	233 (0.9)	220 (1.2)	181 (1.1)	226 (1.0)	253 (1.1)
이물질(금속)	186 (0.7)	210 (1.1)	195 (1.2)	230 (1.1)	230 (1.0)
이물질(액체류)	84 (0.3)	111 (0.6)	92 (0.6)	105 (0.5)	219 (1.0)
약물 부작용	105 (0.4)	51 (0.3)	44 (0.3)	106 (0.5)	126 (0.6)
피부접촉에 의한 위해	63 (0.3)	62 (0.3)	46 (0.3)	46 (0.2)	78 (0.3)

3 영유아 안전관리 관련 법령

영유아교육기관과 관련된 안전관리 관련 법규는 아동복지법, 영유아보육법, 어린이 놀이시설 안전관리법, 주택건설 기준 등에 관한 규정, 전기사업법, 도로교통법, 국민건강 증진법, 다중이용시설 등의 실내공기질 관리법 시행령, 환경보건법 등 여러 안전관리 관련 법규가 포함된다. 이 중 영유아교육기관에서는 주로 「아동복지법」과 동법 시행령 그리고 「영유아보육법」과 동법 시행규칙에 근거하여 법률적인 차원에서 영유아기 안전사고 예방을 보장하고 있다. 이에 안전관리와 관련된 법령에 대해 구체적으로 살펴보면 다음과 같다.

1) 아동복지법

「아동복지법」은 아동이 건강하게 출생하여 행복하고 안전하게 자라도록 그 복지를 보장하는 것을 목적으로 한다. 「아동복지법」과 「아동복지법 시행령」에 명시된 안전관리 법규의 내용은 다음과 같다.

(1) 「아동복지법」〈개정 2015. 12.29.〉 제30조 안전기준의 설정과 제31조 아동의 안전에 대한 교육에 관한 주요 내용이다.

제30조 안전기준의 설정

국가는 대통령령으로 정하는 바에 따라 아동복지시설과 아동용품에 대한 안전기준을 정하고 아동용품을 제작·설치·관리하는 자에게 이를 준수하도록 하여야 한다.

제31조 아동의 안전에 대한 교육

① 아동복지시설의 장, 「영유아보육법」에 따른 어린이집의 원장, 「유아교육법」에 따른 유치원의 원장 및 「초·중등교육법」에 따른 학교의 장은 교육대상 아동의 연령을 고려하여 대통령령으로 정하는 바에 따라 매년 다음 각 호의 사항에 관한 교육계획을 수립하여 교육을 실시하여야 한다.

1. 성폭력 및 아동학대 예방
2. 실종·유괴의 예방과 방지
3. 약물의 오남용 예방
4. 재난대비 안전
5. 교통안전

② 아동복지시설의 장, 「영유아보육법」에 따른 어린이집의 원장은 제1항에 따라 교육계획 및 교육실시 결과를 관할 시장·군수·구청장에게 매년 1회 보고하여야 한다.

③ 「유아교육법」에 따른 유치원의 원장 및 「초·중등교육법」에 따른 학교의 장은 제1항에 따른 교육계획 및 교육실시 결과를 대통령령으로 정하는 바에 따라 관할 교육감에게 매년 1회 보고하여야 한다.

(2) 「아동복지법 시행령」〈개정 2018. 3. 6.〉 제27조 아동복지시설 및 아동용품의 안전기준 [별표 1] 아동복지시설의 안전기준, [별표 2] 아동용품의 안전기준과 제28조 아동의 안전에 대한 교육 [별표 3] 교육기준에 관한 주요 내용이다.

제27조 아동복지시설 및 아동용품의 안전기준은 법 제30조에 따른 아동복지시설의 안전기준은 별표 4와 같고, 아동용품의 안전기준은 별표 5와 같다. 〈개정 2018. 3. 6.〉

[별표 1] 제27조 관련 아동복지시설의 안전기준

1. 주요시설물은 피난시설 및 화재방지시설을 갖추어야 한다.
2. 다치거나 병든 사람에 대한 응급조치를 할 수 있는 비상약품, 구호설비, 기구 등을 갖추어야 한다.
3. 위험한 장소에는 위험표지물 등 안내문을 설치하여야 한다.
4. 안전사고나 응급환자 발생 등에 대비하여 긴급수송대책을 마련하여야 한다.
5. 비상시의 대피경로를 잘 볼 수 있는 장소에 안내문을 게시하여야 한다.
6. 아동복지시설 종사자에 대하여 정기적으로 안전교육을 하여야 한다.
7. 사고 발생 후에는 사고 발생 요인을 분석하여 이에 대한 시정조치계획 등 재발방지 대책을 마련하여야 한다.

[별표 2] 아동용품의 안전기준

1. 아동을 위한 제품
   가. 제품의 성분·함량·구조 등에 대한 정보를 제공하여야 한다.
   나. 제품 사용 적정 연령을 표시하여야 하며, 연령에 따른 주의사항을 명확하게 표시하여야 한다.
   다. 제품의 사용 방법 및 안전사고와 관련된 정보를 제공하여야 한다.
   라. 그 밖에 위해(危害) 방지를 위하여 필요한 사항을 표시하여야 한다.
2. 아동이 이용하는 놀이시설물
   가. 놀이시설물의 어떠한 부분에도 아동의 살을 베거나 찌를 수 있는 날카로운 부분, 모서리, 뾰족한 부분이 없도록 하여야 한다.
   나. 놀이시설물의 돌출 부분인 볼트와 너트는 위로 튀어나오지 않도록 하여야 하며, 볼트와 너트가 위를 향하고 있는 경우에는 그 높이가 3.2밀리미터를 넘지 않도록 하여야 한다.
   다. 아동이 추락할 가능성이 있는 놀이시설물 아래와 주변의 공간(안전지대)은 충격을 흡수할 수 있도록 하여야 하며, 아동이 걸려 넘어지거나 부딪칠 수 있는 방해물이 없도록 하여야 한다.
   라. 움직이는 부분들이 서로 맞물리는 놀이시설물의 경우 아동의 신체 일부분이 끼지 않도록 그 맞물림의 형태 및 힘을 점검하여야 한다.
   마. 놀이시설물에 구멍이나 틈이 있는 경우 주의 깊게 디자인하여 아동의 몸이 빠지거나 끼는 사고가 없도록 하여야 한다.
   바. 놀이시설물 사이에 연결되거나 바닥과 놀이시설물에 45° 이내로 연결된 줄은 아동이 많이 다니는 곳에 설치하지 말아야 한다.
   사. 놀이시설물은 안전하게 설치하여야 하며, 제조업자의 취급설명서에 따라 설치하여야 한다.
   아. 안전사고 예방을 위하여 관리인은 각 놀이시설물에 대한 적절한 점검 일정을 세우고 이를 지켜야 하며, 안전관리를 위하여 한 모든 행위는 기록으로 보관하여야 한다.

[별표 6] 〈개정 2018.3.6.〉 교육기준(제28조제1항 관련)

구분		성폭력 및 아동학대 예방 교육	실종·유괴의 예방·방지 교육	감염병 및 약물의 오용·남용 예방 등 보건위생관리 교육	재난대비 안전 교육	교통안전 교육
실시주기(총시간)		6개월에 1회 이상 (연간 8시간 이상)	3개월에 1회 이상 (연간 10시간 이상)	3개월에 1회 이상 (연간 10시간 이상)	6개월에 1회 이상 (연간 6시간 이상)	2개월에 1회 이상 (연간 10시간 이상)
교육내용	초등학교 취학 전	1. 내 몸의 소중함 2. 내 몸의 정확한 명칭 3. 좋은 느낌과 싫은 느낌 4. 성폭력 예방법과 대처법	1. 길을 잃을 수 있는 상황 이해하기 2. 미아 및 유괴 발생 시 대처방법 3. 유괴범에 대한 개념 4. 유인·유괴 행동에 대한 이해 및 유괴 예방법	1. 감염병 예방을 위한 개인위생 실천 습관 2. 예방접종의 이해 3. 몸에 해로운 약물 위험성 알기 4. 생활 주변의 해로운 약물·화학제품 그림으로 구별하기 5. 모르면 먼저 어른에게 물어보기 6. 가정용 화학제품 만지거나 먹지 않기 7. 어린이 약도 함부로 많이 먹지 않기	1. 화재의 원인과 예방법 2. 뜨거운 물건 이해하기 3. 옷에 불이 붙었을 때 대처법 4. 화재 시 대처법 5. 자연재난의 개념과 안전한 행동 알기	1. 차도, 보도 및 신호등의 의미 알기 2. 안전한 도로 횡단법 3. 안전한 통학버스 이용법 4. 날씨와 보행안전 5. 어른과 손잡고 걷기

2) 영유아보육법

「영유아보육법」은 영유아의 심신을 보호하고 건전하게 교육하여 건강한 사회구성원으로 육성함과 아울러 보호자의 경제적·사회적 활동이 원활하게 이루어지도록 함으로써 영유아 및 가정의 복지 증진에 이바지함을 목적으로 한다. 「영유아보육법」과 「영유아보육법 시행규칙」에 명시된 안전관리 법규의 내용은 다음과 같다.

☑ **「영유아보육법」** 〈개정 2015. 5. 18.〉

제31조 건강관리 및 응급조치, 제31조의 2 어린이집 안전공제사업 등, 제33조의 2 어린이집 차량안전관리에 관한 주요 내용이다.

제31조 건강관리 및 응급조치

① 어린이집의 원장은 영유아와 보육교직원에 대하여 정기적으로 건강진단을 실시하고, 영유아의 건강진단 실시여부를 제29조의2에 따른 어린이집 생활기록부에 기록하여 관리하는 등 건강관리를 하여야 한다. 다만, 보호자가 별도로 건강검진을 실시하고 그 검진결과 통보서를 제출한 영유아에 대해서는 건강진단을 생략할 수 있다.
② 어린이집의 원장은 영유아에게 질병·사고 또는 재해 등으로 인하여 위급 상태가 발생한 경우 즉시 응급의료기관에 이송하여야 한다.
③ 제1항에 따른 건강진단의 구체적인 기준과 내용 등 필요한 사항은 보건복지부령으로 정한다.

제31조의2 어린이집 안전공제사업 등

① 어린이집 상호 간의 협동조직을 통하여 어린이집의 안전사고를 예방하고 어린이집 안전사고로 인하여 생명·신체 또는 재산상의 피해를 입은 영유아 및 보육교직원 등에 대한 보상을 하기 위하여 보건복지부장관의 허가를 받아 어린이집 안전공제사업(이하 "공제사업"이라 한다)을 할 수 있다.
② 공제사업을 위하여 설립되는 어린이집 안전공제회(이하 "공제회"라 한다)는 법인으로 하며, 주된 사무소의 소재지에 설립등기를 함으로써 성립한다.
③ 어린이집의 원장은 공제회의 가입자가 된다.
④ 공제회에 가입한 어린이집의 원장은 공제사업의 수행에 필요한 출자금과 다음 각 호의 공제료 등을 공제회에 납부하여야 한다. 다만, 제2호와 제3호의 공제료는 어린이집의 원장이 선택하여 납부할 수 있다.
1. 영유아의 생명·신체에 대한 피해를 보상하기 위한 공제료
2. 보육교직원 등의 생명·신체에 대한 피해를 보상하기 위한 공제료
3. 어린이집의 재산상의 피해를 보상하기 위한 공제료

⑪ 어린이집의 원장이 제4항제3호의 공제료를 납부하는 경우 「사회복지사업법」 제34조의2에 따른 보험가입 의무를 이행한 것으로 본다.

제33조의2 어린이집 차량안전관리

어린이집의 원장은 영유아의 통학을 위하여 차량을 운영하는 경우 「도로교통법」 제52조에 따라 미리 어린이 통학버스로 관할 경찰서장에게 신고하여야 한다.

3) 유아교육법

☑ 「유아교육법」

제17조의 1에 제시된 건강 및 급식, 제17조의 3에 제시된 응급처치에 관한 주요 내용이다.

제17조의1 건강 및 급식

① 원장은 교육하고 있는 유아에 대하여 건강검진을 실시하고, 그 결과 치료가 필요한 유아에게는 보호자와 협의하여 필요한 조치를 하여야 한다.

② 원장은 교육하고 있는 해당 유치원의 유아에게 적합한 급식을 할 수 있다.

③ 제1항에 따른 건강검진의 실시시기 및 그 결과처리에 관한 사항과 제2항에 따른 급식 시설·설비기준 등에 관하여 필요한 사항은 교육부령으로 정한다.

제17조의3 응급처치

① 원장(제21조 제2항에 따라 원장의 직무를 대행하는 사람을 포함한다)은 보호하는 유아에게 질병 사고나 재해 등으로 인하여 위급한 상태가 발생한 경우 즉시 해당 유아를 「응급의료에 관한 법률」 제2조에 따른 응급의료기관에 이송하여야 한다.

참고문헌

교육부(2018). 유아교육법령.

법제처(2018). 아동복지법 시행령.

보건복지부(2021). 2021년 보육사업안내.

어린이집안전공제회(2020). 어린이집 안전사고 예방 및 대응 자료.

어린이집안전공제회(2024). 2023 어린이집 안전공제회 통계자료집.

통계청(2020). 아동 안전사고 현황 통계자료.

한국소비자원 위해정보국 위해 예방팀(2024). 2023년 어린이 안전사고 동향 분석.

CHAPTER 02

영유아의 발달 특성과 안전교육

1 2세 미만 영아의 발달 특성과 안전수칙

1) 2세 미만 영아의 주요 발달 특성

0세 영아는 출생에서부터 12개월까지로 발달과 성장이 가장 급속하게 일어나는 시기이며, 인생에서 가장 큰 양적·질적 변화를 겪는 역동적인 시기이다. 영아의 움직임은 반사행동에서 시작하나, 점차 자발적으로 움직일 수 있는 능력이 나타나기 시작하면서 자신의 행동을 통제하는 기술이 생긴다. 그리고 사물에 대한 호기심으로 주변의 모든 물건을 만지고 입으로 탐색하기 시작한다. 6개월 이후가 되면 일어서거나 잡고 돌아다니는 등 움직임의 범위가 커진다. 그러나 영아는 운동능력의 발달에 비해 환경적 위험을 인식하는 능력이 매우 부족하기 때문에 안전사고 발생에 더 취약하다.

그리고 성인에게 의존하고 보호받던 영아는 스스로 기고, 앉고, 서고, 1년 만에 혼자 걸을 수 있게 되는 신체적인 발달을 이루고 울음에서 시작하여 몸짓, 언어를 이용하여 의사소통을 하며, 주 양육자와의 밀접한 상호작용을 통한 애착, 신뢰감 등 사회정서적인 발달 능력을 보이기 시작한다. 그러나 이 시기 영아들은 스스로 움직이기보다는 성인에 의지하는 정도가 높으며, 대부분의 영아가 스스로 움직이다가 사고를 당하기보다는 주위 사람들의 실수나 위험한 환경으로 인해 사고가 발생하는 경우가 많다(성미영, 민미희, 정현심, 2015; 손순복, 권경숙, 방혜경, 조미영, 봉진영, 2017).

2) 2세 미만 영아 안전수칙

0~1세 영아 안전사고의 대부분은 성인의 부주의로 인해 발생하므로 안전사고의 위험 요소를 제거하는 것이 영아 안전사고를 예방할 수 있는 방법이다. 0세의 경우 일상에서의 안전과 관련된 사고가 빈번하게 발생하고, 1세 영아의 경우 놀이에 의한 안전사고가 증가하는 시기이다.

(1) 추락 및 충돌사고에 관한 안전수칙

이 시기 영아는 주로 침대에서 굴러 떨어지거나 보행기를 타고 다니다가 넘어져 추락이나 충돌사고가 발생할 수 있다. 그러므로 안전사고를 예방하려면 잠시라도 추락할 가능성이 있는 곳에 영아를 두지 않도록 해야 한다.

- 안전대가 없는 침대나 식탁, 소파, 의자, 보행기 또는 다른 높은 장소에 혼자 두지 않는다.
- 계단이나 현관, 베란다 등에서의 추락사고 방지를 위해 보호대, 안전울타리 등을 설치한다.
- 깨지기 쉬운 진열대 물건의 추락으로 인한 사고가 일어나지 않도록 한다.

(2) 질식 및 이물질 흡입사고에 관한 안전수칙

질식이란 순환혈액 속의 산소가 부족하고 이산화탄소가 과다한 현상을 의미한다. 영아에게 발생되는 질식사고의 원인은 이물 흡입으로 인한 기도폐쇄, 호흡기 압박, 익수, 공기 중의 산소 부족 등 다양하다. 또한 모든 물체를 입으로 탐색하는 특성이 있어 주변에 있는 물건들을 입으로 가져가게 되므로 위험물질 흡입으로 인한 질식사고가 발생할 수 있다. 그리고 이 시기에 발생되는 사고로 영아돌연사증후군(SIDS, Sudden Infant Death Syndrome)이 우려되고 영아를 엎드려 재우는 것은 위험할 수 있다.

- 성인용 이불 또는 너무 푹신한 이불이나 베개는 사용하지 않는다.
- 우유에 의한 질식사고 예방을 위해 안아서 먹이고 반드시 트림을 시켜 누웠을 때 역류하는 것을 예방한다.
- 핀이나 날카로운 물체, 작은 단추나 구슬, 그 밖의 작은 물체들이 영아의 손에 닿지 않도록 한다.
- 목구멍이나 귀, 코에 들어갈 정도의 작은 물건을 사용하지 않는다.
- 놀잇감의 크기는 3.5cm 이상의 것을 제공한다.

(3) 중독사고에 관한 안전수칙

영아기는 새로운 것에 대한 탐색욕구가 활발한 반면, 사물에 대한 이해력은 매우 제한되어 있기 때문에 영아가 기어 다니기 시작하면서 집안에 있는 약물, 화학약품 등을 입에 넣을 위험이 있다.

- 가구나 장난감에 칠해진 페인트에 납 성분이 포함되었는지 확인한다.
- 독성이 있는 장난감, 화장품, 향수, 살충제, 바느질 통, 연장통 등은 영아의 손에 닿지 않는 곳에 둔다.
- 약물과 가정용 화학용품 등은 안전마개가 있는 것으로 선택한다.
- 의사의 처방전 없이 약물을 투여하지 않는다.

(4) 화상사고에 관한 안전수칙

영아의 피부는 매우 약하다. 주방에 김이 나는 밥솥 가까이 기어갈 수도 있고 뜨거운 음식을 만지거나 바닥에 방치되어 있는 전선을 만지거나 하여 화상사고에 노출될 수 있다. 이러한 것들이 영아 주변에 방치되거나 놓여 있지 않도록 해야 한다.

- 팔꿈치로 목욕물의 온도를 점검한다.
- 우유를 먹이기 전에 팔목 등에 떨어뜨려 항상 온도를 확인한다.
- 뜨거운 음료와 음식, 다리미, 커피포트, 가습기 등은 영아의 손이 닿지 않는 곳에서 사용하고 근처에 두지 않는다.
- 콘센트 안전덮개를 하거나 콘센트 앞에 가구를 배치한다.
- 햇빛에 노출될 때는 자외선 차단제를 바른다.

2 2세 영아의 발달 특성과 안전수칙

1) 2세 영아의 주요 발달 특성

출생한 후 2년까지는 급성장기로 이 시기의 영아는 신체적으로 신장과 체중이 급격히 증가한다. 또한 쾌감이나 불쾌감 등 정서적 분화가 나타나기 때문에 놀이를 하다가 화가 난 영아는 상대방을 물거나 물건을 던져 부상을 입힐 수도 있다. 언어를 획득해 가는 시기이나 위험을 신속하고 정확히 전달할 수 있는 능력이 부족하기 때문에 교사는 위험 요소를 제거하고, 사고의 가능성에 대해 주의를 기울여야 한다.

2) 2세 영아의 안전수칙

걸음마기 영아들은 신체운동 능력이 증진되면서 안전사고도 많이 발생한다. 반면 다른 사람의 관점을 이해하고 배려하는 등의 능력은 부족하다 보니 놀이 시 놀이안전사고와 대인안전사고가 증가한다. 이 시기는 무엇이 위험한 것인지를 직접적인 행동이나 체험을 통하여 가르치는 동시에 적절히 보호해야 하는 시기이기 때문에 더욱 세심한 안전교육이 요구된다.

(1) 추락 및 충돌사고에 관한 안전수칙

이 시기 영아들은 걷기 시작하면서 이동 움직임이 잦은 반면, 미숙하고 불완전한 보행으로 인해 넘어지고 부딪치는 등의 사고가 많이 발생한다. 뿐만 아니라 공간 지각력이나 위험에 대한 판단이나 예측능력이 부족하기 때문에 무작정 위험물에 접근하게 되어 추락하는 사고도 빈번하게 발생한다.

- 높은 시설이나 가구 가까이에 영아들이 딛고 올라갈 수 있는 물체를 두지 않는다.
- 계단에는 미끄럼 방지장치를 하고, 영아에게 계단을 올라가고 내려가는 방법을 알려준다.
- 미끄럼틀, 그네, 목마나 시소 등 대근육 활동 놀이 시 추락할 위험이 있는 지점에 충격 완화장치를 설치한다.
- 화장실 등 미끄러지기 쉬운 장소에 미끄럼 방지장치를 한다.

(2) 질식 및 중독사고에 관한 안전수칙

2세 영아의 경우도 여전히 입에 넣어서 좋을 것과 그렇지 않은 것을 구별하는 능력이 부족하다. 이 시기에 무엇이든 입에 넣는 행동들은 이물질 흡입이나 질식사고의 원인이 된다.

- 단추, 동전, 사탕, 구슬, 콩 등을 영아가 보거나 만질 수 있는 곳에 두지 않도록 한다.
- 과자비닐, 비닐봉지, 끈이나 가는 실을 영아 가까이 두지 않는다.
- 생선가시 등이 목에 걸리지 않도록 주의한다.
- 장롱, 세탁기 등에 들어가지 않도록 잠금장치를 한다.
- 좁은 틈에 신체 부위가 끼지 않도록 좁은 틈을 방치해 두지 않는다.
- 세제류, 상비약, 크레용, 건전지, 소독제, 성인용 가위, 칼 등을 영아의 손에 닿지 않는 곳에 두고 보관함을 영아가 열 수 없도록 잠금장치를 한다.

(3) 화상사고에 관한 안전수칙

신체 움직임이 활발한 이 시기 영아들은 이동이 바빠지고 탐색하려는 욕구가 강해 안전사고 위험이 크다. 실내에 놓인 정수기의 물, 화장실 수도꼭지를 틀 수 있게 되면서 뜨거운 물을 만지거나 뜨거운 음식을 쏟아 화상을 입기도 한다.

- 전자레인지에서 조리한 음식은 그릇의 겉은 뜨겁지 않아도 속이 뜨겁기 때문에 화상을 입지 않도록 주의한다.
- 전기밥솥의 증기 배출구, 커피포트, 난로, 다리미, 냉온수 겸용 정수기 등이 영아 공간에 놓여 있지 않도록 한다.
- 콘센트 안전덮개를 하거나 콘센트 앞에 가구를 배치한다.
- 전선은 감추거나 영아의 손이 닿지 않는 곳에 둔다.

(4) 놀이안전 및 대인안전사고에 관한 안전수칙

놀이의 내용과 방법이 다양해지고 신체 이동능력이 발달하면서 이 시기 영아는 놀잇감뿐만 아니라 주변의 많은 사물들을 놀이에 이용한다. 또한 실외놀이도 활발해지면서 놀이기구을 이용하면서 안전사고에 노출될 수 있다.

- 영아가 손이 닿는 곳에 뾰족하거나 날카로운 놀잇감, 기구나 용품을 두지 않는다.
- 놀잇감을 비치하는 가구 모서리와 같은 뾰족한 부분은 모서리 보호장치를 한다.
- 놀이기구는 사용방법을 미리 알려주어 몸에 익히게 한다.
- 영아용 실외놀이 기구를 이용하도록 한다.
- 영아끼리 부딪히는 사고를 예방하기 위해서 한 반의 인원이 모두 한꺼번에 뛰거나 모이도록 하지 않도록 지도한다.
- 놀이 시 놀잇감의 부족으로 또래 간 물림, 할퀴, 꼬집음 등이 자주 발생할 수 있으므로 놀잇감을 충분히 제공한다.

3 3~5세 유아의 발달 특성과 안전수칙

1) 3~5세 유아의 발달 특성

유아기는 영아기보다 신체적으로 양적 성장은 둔화되지만 다리와 몸통 부분이 머리보다 빠른 속도로 성장하여 신체의 균형이 잡히는 시기로 운동능력이 보다 정교하게 세분화되고 균형감이 발달하면서 활동범위가 넓어진다. 또한 추상적 사고력을 바탕으로 인지적인 성장이 극대화되고, 상상력이 풍부해지며 호기심이 많아지면서 모험적인 활동을 즐기기도 한다. 그러나 자아중심적인 사고와 인지적으로 미성숙하여 주변의 위험상황에 대한 대처하는 능력이 부족하기 때문에 안전사고의 위험이 가장 큰 시기이다. 또한 언어로 대부분의 의사소통이 가능해지고 관심이 또래로 확장되면서 다양한 사회적 기술을 획득하게 되지만 안전하게 생활하는 데 필요한 지식이나 기술은 부족하다(권혜진 외, 2014; 성미영 외 2013; 조복희, 2006).

☑ 3~5세 유아의 주요 발달 특성

3세 유아는 정서적으로 질투가 심하고 자기중심적인 성향이 가장 강한 시기이며, 행동의 범위가 성인의 감독 범위 밖으로 확장되고 모방을 즐기는 시기이다. 일반적으로 3세 유아는 몸의 균형이 잡히는 시기로 균형 감각과 협응력이 발달하고, 신체를 조절할 줄 아는 능력이 생기면서 가만히 있지 못하지만 상대적으로 신체의 균형 잡기와 조절 능력은 아직까지 불안정하며 민첩성이 부족하다.

4세 유아는 모험적인 놀이를 선호하고, 달리고, 오르고, 점프하면서 재빨리 움직이며 모든 것을 탐색한다. 또한 굉장한 에너지를 가진 시기이고, 경쟁심이 강화되면서 친구들과 다툼도 생기지만 구체적인 지도를 할 수 있기 때문에 안전교육이 가능하다.

5세 유아는 대인관계가 차츰 확대되어 가며 가정의 범위를 넘어 사회로까지 미치기 때문에 규칙 준수에 대한 의미를 배워야 하며, 자신을 비롯한 타인이 건강하고 안전하게 생활하는 데 필요한 안전규칙을 익혀야 한다.

2) 3~5세 유아의 안전수칙

3~5세 유아기는 영아기에 비해 운동과 조절능력이 향상되어 추락의 위험이 줄어들고 영아보다 주의력과 성인의 지시를 잘 따르며 뜨거운 물체나 예리한 기구 등 잠재적인 위험 상황을 인식하지만 여전히 여러 안전사고 위험상황은 존재한다. 특히, 무엇인가에 오른다거나 하는 거친 신체놀이를 좋아하고 종종 성인의 시야에서 벗어나려 하기도 하며 성인들의 행동을 강하게 모방하려는 특성으로 안전사고가 발생할 수 있다. 그리고 유아는 대근육의 발달과 함께 신체의 움직임이 활발해지고 급속한 성장으로 활동 반경이 확대되면서 주변 환경에 대한 탐색 기회가 증가하여 영아에 비해 자동차 사고나 스포츠 안전사고 및 교통사고 등이 증가한다. 또한 동식물에 의한 사고, 대인사고의 위험이 보다 더 증가하는 시기이다. 이 시기 유아는 자기중심적인 사고로 자신의 관점에서 상황을 파악하며, 성인과 같은 논리적인 사고가 부족하므로 위험을 정확히 인지하는 것이 쉽지 않다.

(1) 자동차사고에 관한 안전수칙

유아의 교통사고는 보행 중에 발생하는 사고, 차량 이용 중에 발생하는 사고, 길거리에서 놀이 중 발생하는 사고 등 여러 가지 요인에 의해 발생하게 된다. 이 시기에는 가정보다 밖에서 활동하는 범위가 확대되면서 교통사고의 위험에 노출되어 있으며, 다양한 교통상황에 대한 인지와 순간적으로 발생하는 위험상황에 대한 대처능력이 미숙하다.

- 횡단보도의 올바른 이용, 신호등 지키기, 차량 내에서의 질서 등 교통규칙과 위험성을 지속적으로 교육을 한다.
- 신호등이 녹색 불일 때에도 좌우에서 차가 오는지를 확인하고 팔을 들고 길을 건너는 습관을 갖도록 지도한다.
- 등·하원 버스의 이용 시 안전사고가 발생하지 않도록 주의한다.
- 길이나 주차장 등에서 놀지 않도록 지도한다.
- 카시트를 반드시 사용하도록 한다.

(2) 화상사고에 관한 안전수칙

화상은 일상생활에서 전기, 뜨거운 물, 불의 사용 등 여러 원인에 의해서 발생하게 되며, 유아기에 발생하는 안전사고 중 교통사고와 추락사고 다음으로 화상사고는 발생빈도가 높다. 그러므로 화상을 예방하기 위해서는 우선 성인이 화상의 원인이 될 수 있는 요인을 제거해 주는 것이 중요하고, 유아들이 화상을 유발하는 요인이 무엇인지 인지하고 스스로 주의할 수 있도록 지도해야 한다.

- 불장난을 하지 않도록 지도하고 불 사용에 대한 위험성을 알려준다.
- 뜨거운 물, 증기로 인한 화상(정수기 온수, 온수 수도꼭지, 가습기 등)이 생기지 않도록 주의한다.
- 다리미, 난로, 콘센트 등 전열기구에 의한 화상이 생기지 않도록 주의한다.

(3) 추락과 충돌사고에 관한 안전수칙

추락과 충돌사고는 유아기에 가장 많이 일어나며 옥상, 놀이터 기구, 엘리베이터, 베란다, 계단, 창살 없는 창문 등에서 많이 발생한다. 유아들은 신체 부분에서 머리가 크고 무거우므로 추락 시 대개 머리가 아래로 향하기 때문에 두부 손상을 입을 가능성이 높고, 그 피해는 심각할 수 있다. 특히, 유아기는 상상력과 모험심이 나타나는 시기로 현실과 허구, 가상 이야기를 구분하지 못하여 동화나 인터넷 게임 속의 인물을 모방함으로 인해 추락과 충돌사고가 발생할 수 있다.

- 엘리베이터, 베란다, 계단, 창살 없는 창문 등에서의 추락이 생기지 않도록 주의한다.
- 창문 가까이 가구를 배치하거나 유아의 시선을 끄는 물건을 두지 않도록 주의한다.
- 계단은 항상 밝게 조명을 하고 불필요한 물체나 물이 흘러 있지 않도록 한다.
- 에스컬레이터, 무빙워크, 자동문의 끼임 사고에 주의한다.

(4) 스포츠 안전사고에 관한 안전수칙

유아기는 자전거, 수영, 킥보드, 인라인스케이트 등 여러 스포츠에 참여하고 즐기는 시간이 많아지는 시기이다. 이로 인해 각각의 스포츠 전용 놀이터가 아닌 길가나 도로 등에서 주로 스포츠 놀이를 즐기기 때문에 안전사고가 자주 발생하고 있다. 그러므로 이 시기의 유아들은 스포츠 안전에 대해 기본적인 기능을 우선적으로 익힐 수 있도록 지도해야 한다.

- 위험한 행동과 안전한 행동을 알려준다.
- 놀이시설에서 지켜야 할 행동규칙을 습득하게 한다.
- 자전거, 인라인 스케이트, 퀵보드 등을 선택할 때는 유아의 사이즈에 맞는 것을 고르고, 반드시 헬멧과 무릎 및 팔꿈치 보호대 등의 안전보호 장구를 착용하도록 지도한다.
- 수영장 이용 시 충분한 준비 운동 후 물에 들어가도록 한다.
- 수영에 익숙하지 않은 유아는 절대 자신의 심장 높이 이상의 물에서 놀지 않도록 해야 한다.

(5) 동식물 관련사고에 관한 안전수칙

애완동물은 다람쥐, 거북이, 햄스터, 개 등 주로 가정에서 키우기 때문에 인간과 가장 친숙한 동물들이다. 이 중 애완견은 유아들에게 가장 친근하지만 동시에 가장 위험한 동물이 될 수 있다. 애완견의 특성을 모르고 봉제인형처럼 생각하는 유아들은 개의 신체 일부(꼬리)를 잡아 본다거나 잠자는 개를 깨우거나 하는 등의 행동을 자주 하게 된다. 이때 개들은 야성적 본능을 가지고 있기 때문에 유아들을 공격할 수 있는 가능성이 있다. 또한 야외에서 벌이 가까이 오면 유아들은 벌에 침이 있다는 것을 알지 못하고 손을 휘저으며 쫓으려고 하는데 매우 위험한 행동이다. 그리고 관상용 식물은 가정에서 많이 심고 있는데 식물이 독성을 지니고 있을 수 있음을 유아들은 인지하지 못한다. 이처럼 유아들이 생활에서 접할 수 있는 모든 동식물들은 친근하지만 위험한 존재가 될 수 있다. 그러므로 유아들이 동식물 관련하여 올바르게 인지하게 하고 주변에서 흔히 접하는 동물이나 식물의 위해함으로부터 자신을 보호할 수 있도록 지도해야 한다.

- 야외활동 시 벌 등에 물리지 않도록 주의한다.
- 야외에서 벌이 좋아하는 단 음식(청량음료)은 되도록 먹지 않도록 주의한다.
- 애완동물로 인한 피부염 등 감염에 주의한다.
- 애완견의 귀를 잡아당긴다든지, 꼬리를 잡아당긴다든지 등의 행동을 하지 않도록 주의한다.
- 애완동물에게 물리거나 할퀴지 않도록 접근에 주의한다.
- 독성 및 가시가 있는 화초나 식물은 유아의 손이 닿지 않는 곳에 둔다.

(6) 놀이사고에 관한 안전수칙

유아기의 특정적인 놀이로는 구성놀이, 상징놀이, 사회극놀이, 게임 등 창의적·상징적·사회적 놀이를 하게 된다. 또한 유아기는 신체적인 균형능력이 발달하면서 실외놀이에 참여하는 시간이 길어지고, 친구들과 실외놀이기구를 이용하여 다양한 놀이에 참여하게 된다. 이러한 사회적 놀이에 참여하는 과정에서 또래와 갈등상황에 놓이게 되는 경우가 많게 된다. 이때 친구 간에 밀거나 때리는 등 공격적인 행동이 나타나기도 하고 때로는 심각한 상해를 입힐 수 있기 때문에 성인의 적절한 지도가 필요하다.

- 미끄럼틀, 시소, 그네 등 실외놀이기구 등에 의한 골절사고에 주의한다.
- 자전거, 인라인스케이트 등 안전용품 미착용으로 인한 사고에 주의한다.
- 날카롭고 뾰족한 기구, 칼, 총 등의 공격적 놀잇감에 의한 사고에 주의한다.
- 놀이기구에 끼이는 사고에 주의한다.
- 위험한 도구는 잠금장치를 하여 보관한다.
- 놀이시설에서 지켜야 할 행동 규칙 및 놀이 규칙을 지키도록 교육한다.

(7) 대인사고에 관한 안전수칙

유아기는 하나의 속성에만 초점을 맞추는 인지적 특성으로 낯선 사람이 장난감이나 간식으로 유인하면 순간적으로 경계심을 허물기도 하여 대인관계 위험에 처할 수 있는 시기이다. 대인사고는 실종 및 유괴, 아동학대, 유기, 성폭력 및 성추행 등을 포함하는 사고들로 이 중 우선 실종 및 유괴사고는 유아교육기관 주변이나 놀이터, 백화점 등 사람들이 많이 모이는 장소 또는 유아가 혼자 집에 남겨져 있을 때, 부모나 다른 사람과 같이 있을 때도 발생한다. 또한 아동학대는 Kempe와 그의 동료들(1962)은 부모나 돌보는 사람에 의해 어린 아동에게 가해지는 심각한 손상이라고 정의하고 있으며, 아동학대는 신체적, 학대, 방임, 성적학대, 정서적 학대를 포함한다. 그리고 아동 성폭력은 아동보다 연령이 많은 가해자가 정서적, 인지적으로 미성숙한 14세 미만의 아동에게 자신의 성적인 만족을 위해 성적인 행위를 행하거나 그런 행위를 아동에게 요구하는 것이라고 정의하고 있다(손승아, 1992). 유아기는 발달 특성상 애정표현과 성폭력 행동을 구분할 수 있는 능력이 부족하고, 아동학대, 실종 및 유괴, 사고로부터 노출되어 있음에도 외부에 도움을 요청할 수 있는 능력이 제한되어 있다.

- 사람이 많은 곳에서 실종 및 유괴가 발생하지 않도록 주의한다.
- 유아에게 나쁜 사람들도 옷을 잘 차려입고, 친절하게 접근할 수 있음을 설명해준다.
- 어떤 이유라도 낯선 사람의 차는 절대로 타지 않도록 주의한다.
- 학대 및 유기가 발생하지 않도록 주의한다.
- 성추행과 성폭력과 관련하여 유아 스스로 자신의 몸을 지킬 수 있도록 안전 교육을 실시한다.

참고문헌

성미영, 민미희, 정현심(2015). 아동안전관리. 서울: 학지사.

손순복, 권경숙, 방혜경, 조미영, 봉진영(2017). 아동안전관리. 서울: 학지사.

손승아(1992). 아동성폭력 예방을 위한 행동기술훈련의 효과에 관한 연구. 서울여자대학교 대학원 석사학위청구논문.

Kempe, C. A., Silverman, F. N., & Steele, B. F. et al.(1962). The battered-child syndrome. *JAMA*, 181, 105-112.

CHAPTER 03

표준보육과정과 누리과정 안전교육

1 표준보육과정(0~1세, 2세)의 안전교육

표준보육과정의 안전영역

2024 개정 표준보육과정(0~2세)의 '안전하게 생활하기' 내용범주에서 제시된 내용을 살펴보면 다음과 같다.

(1) 개정 표준보육과정–신체운동 · 건강영역–안전하게 생활하기

개정 표준보육과정 안전관련하여 신체운동 · 건강영역에서의 내용범주 "안전하게 생활하기"에서 0~1세는 「안전한 상황에서 놀이하고 생활한다. 안전한 상황에서 교통수단을 이용해 본다. 위험하다는 말에 주의한다」, 2세는 「안전하게 놀이하고 생활한다. 안전한 상황에서 교통수단을 안전하게 이용해 본다. 위험한 상황에 대처하는 방법을 경험한다」로 나누어 제시되어 있다. 이에 관련된 내용은 〈표 3–1〉과 같다.

| 표 3–1 | 개정 표준보육과정(0~2세) 안전교육 내용

내용범주	0~1세	2세
안전하게 생활하기	• 안전한 상황에서 놀이하고 생활한다. • 안전한 상황에서 교통수단을 이용해 본다. • 위험하다는 말에 주의한다.	• 안전하게 놀이하고 생활한다. • 안전한 상황에서 교통수단을 이용해 본다. • 위험한 상황에 대처하는 방법을 경험한다.

(2) 0~1세 안전교육의 목표와 내용

0~1세 보육과정에서의 안전내용은 「안전한 상황에서 놀이하고 생활한다. 위험한 상황에서 교통수단을 이용해 본다. 위험하다는 말에 주의한다」의 내용으로 분류되어 있다. 이에 관련된 내용은 〈표 3–2〉와 같다.

■ 목표: 건강하고 안전한 일상생활을 경험한다.
1) 건강한 일상생활을 경험한다.
2) 안전한 일상생활을 경험한다.

신체운동·건강영역의 목표는 실내외에서 신체활동을 즐기고, 건강하고 안전한 일상생활을 경험하는 것이다.

| 표 3-2 | 개정 표준보육과정(0~1세) 안전교육의 내용

내용범주	내용
건강하게 생활하기	• 도움을 받아 몸을 깨끗이 한다. • 음식에 관심을 가진다. • 하루 일과를 편안하게 경험한다. • 건강한 배변습관을 갖는다.
안전하게 생활하기	• 안전한 상황에서 놀이하고 생활한다. • 안전한 상황에서 교통수단을 이용해 본다. • 위험하다는 말에 주의한다.

0~1세의 안전하게 생활하기에서 교사는 영아가 안전한 상황에서 놀이하고 생활하며, 0~1세 영아가 차량으로 이동할 경우 안전 장구를 착용하고 안전하게 이용하는 경험을 하도록 해야 하며, 영아가 위험하다는 말을 듣고 이에 반응을 보이며 주의할 수 있도록 지도해야 한다. 알려주면 주의할 수 있는 안전한 생활을 경험하는 내용이다.

(3) 2세 안전교육의 목표와 내용

■ 목표: 건강하고 안전한 생활습관의 기초를 경험한다.
1) 건강한 생활습관의 기초를 형성한다.
2) 안전한 생활습관의 기초를 형성한다.

신체운동·건강영역의 목표는 2세 영아가 건강하고 안전한 생활습관의 기초를 형성하는 것이다. 2세 영아가 신체의 청결과 위생, 즐거운 식사, 배변습관의 형성, 안전한 놀이와 생활, 위험한 상황에서의 대처 등 일상생활에서 건강하고 안전한 생활습관의 기초를 형성하는 것을 목표로 한다.

| 표 3-3 | 개정 표준보육과정(2세) 안전교육 내용

내용범주	내용
건강하게 생활하기	• 자신의 몸과 주변을 깨끗이 해 본다. • 음식을 즐겁게 먹는다. • 하루 일과를 즐겁게 경험한다. • 건강한 배변 습관을 갖는다.
안전하게 생활하기	• 안전하게 놀이하고 생활한다. • 안전한 상황에서 교통수단을 이용해 본다. • 위험한 상황에 대처하는 방법을 경험한다.

2세 안전교육에서 교사는 영아가 안전한 상황과 장소에서 놀이 및 일상생활을 하고 주변의 위험 요소에 주의를 기울이거나 이를 조심하여 안전하게 지내도록 하며, 영아가 교통수단을 안전하게 이용해 보는 경험을 통해 교통수단의 위험을 인식하고 사고위험으로부터 자신을 보호하는 안전습관의 기초를 형성하도록 도와야 한다. 또한 영아가 사고, 화재, 재난 등 위험한 상황에서 어른의 지시에 따라 대피하거나 대처하는 방법을 경험해 보도록 함으로써 비상시 대처능력의 기초를 형성하도록 지도해야 한다.

2 개정 누리과정의 안전교육

개정 누리과정에 근거한 누리과정(3~5세)의 '안전하게 생활하기' 내용범주에서 제시된 내용을 살펴보면 다음과 같다.

2019 개정 누리과정－신체운동 · 건강영역－안전하게 생활하기

누리과정의 안전 관련 영역은 신체운동 · 건강영역에서 내용범주는 '안전하게 생활하기'이며, 3~5세는 「일상에서 안전하게 놀이하고 생활한다. TV, 컴퓨터, 스마트폰 등을 바르게 사용한다. 교통안전 규칙을 지킨다. 안전사고, 화재, 재난, 학대, 유괴 등에 대처하는 방법을 경험한다」로 나누어 제시되어 있다. 이에 관련된 목표 및 내용은 〈표 3-4〉와 같다.

■ 목표: 실내외에서 신체활동을 즐기고, 건강하고 안전한 생활을 한다.
1) 신체활동에 즐겁게 참여한다.
2) 건강한 생활습관을 기른다.
3) 안전한 생활습관을 기른다.

| 표 3-4 | 누리과정(3~5세)의 안전교육의 내용

내용범주	내용
신체활동 즐기기	• 신체를 인식하고 움직인다. • 신체 움직임을 조절한다. • 기초적인 이동운동, 제자리 운동, 도구를 이용한 운동을 한다. • 실내외 신체활동에 자발적으로 참여한다.
건강하게 생활하기	• 자신의 몸과 주변을 깨끗이 한다. • 몸에 좋은 음식에 관심을 가지고 바른 태도로 즐겁게 먹는다. • 하루 일과에서 적당한 휴식을 취한다. • 질병을 예방하는 방법을 알고 실천한다.
안전하게 생활하기	• 일상에서 안전하게 놀이하고 생활한다. • TV, 컴퓨터, 스마트폰 등을 바르게 사용한다. • 교통안전 규칙을 지킨다. • 안전사고, 화재, 재난, 학대, 유괴 등에 대처하는 방법을 경험한다.

개정 누리과정에서 안전하게 생활하기와 관련하여 교사는 다음과 같이 지도해야 한다.

(1) 일상에서 안전하게 놀이하고 생활한다.

교사는 유아가 일상에서 위험한 장소, 상황, 도구 등을 알고, 안전한 놀이 방법과 놀이규칙을 지키며 놀이하고 생활할 수 있는 필요한 지식, 기능, 태도를 갖도록 지도해야 한다.

(2) TV, 컴퓨터, 스마트폰 등을 바르게 사용한다.

교사는 유아가 일상에서 자주 접하는 TV, 컴퓨터, 스마트폰 등을 필요한 상황에서 적절하게 사용하며, 바른 자세로 이용할 수 있는 필요한 지식, 기능, 태도를 형성하도록 지도해야 한다.

(3) 교통안전 규칙을 지킨다.

교사는 유아가 안전한 보행 및 도로 횡단, 교통기관의 안전한 이용 등 교통안전 규칙을 알고 실천할 수 있도록 지도해야 한다.

(4) 안전사고, 화재, 재난, 학대, 유괴 등에 대처하는 방법을 경험한다.

교사는 유아가 안전사고, 화재, 재난, 학대, 유괴 등의 위험에 처한 상황을 알고, 주변에 도움을 요청하는 방법을 배우며, 평소 훈련에 따라 대피하는 연습을 하는 등의 안전교육과 관련된 필요한 지식, 기능, 태도를 형성하도록 지도해야 한다.

참고문헌

교육부(2021). 2019 개정 누리과정 해설서 자료.

교육부(2024). 2024 개정 표준보육과정(0~2세) 고시문.

보건복지부(2021). 제4차 어린이집 표준보육과정 해설서 자료.

CHAPTER 04

교통안전교육

1 교통안전교육의 개념 및 필요성

1) 교통안전교육의 개념

교통이란 사람의 왕복, 화물의 수송, 기차, 자동차 등을 운행하는 일의 총칭이며, 도로교통법 제54조 제1항에서 교통사고란 차의 교통으로 인하여 사람을 사상하거나 물건을 손괴하는 것을 말한다.

영유아 교통안전교육이란 '안전을 위협하는 여러 가지 환경적 요소로부터 영유아의 안전한 생활의 유지 및 확보를 목적으로 하는 교육이다.' 이에 교통안전교육은 교통사고를 미연에 방지하기 위하여 교통사고에 관한 지식, 태도, 능력을 형성하려는 의도적이고 체계적인 노력이라고 정의할 수 있다(정재경, 김형숙, 김형재, 이순애, 최지현, 현혜정, 2015). 그러므로 영유아 스스로 사고의 위험을 미연에 방지할 수 있도록 안전에 관련된 지식을 습득시키고 질서 및 안전을 지키려는 태도를 형성시켜 자발적인 자기보호와 타인의 피해를 최소화시켜야 한다.

2) 교통안전교육의 필요성

영유아기는 발달 특성상 자기중심적이고 직관적이며 주변 사물과 환경에 대한 호기심이 많고 신체적으로 미숙하기 때문에 위험으로부터 상황판단이나 대처능력이 부족하다. 또한 좁은 도로 여건과 대도시 인구 밀접 등의 사회적 여건으로 인해 영유아들이 놀이할 공간이 확보되지 않은 환경적 요인과 운전자들의 부주의로 인해 영유아들이 교통사고의 위험에 많이 노출되어 있다. 따라서 영유아를 돌보는 교사나 부모 등 성인들이 영유아의 안전한 환경과 적절한 감독을 제공해 줌으로써 사고의 위험으로부터 영유아를 보호해야 하며, 영유아 자신이 스스로 자신을 적극적으로 보호하는 능력과 태도를 기를 수 있도록 체계적이며 지속적인 교통안전교육을 실시하는 것이 필요하다(정정옥, 임미혜, 2013).

교통안전교육은 교통수단에 대한 이해, 표지판이나 신호등 등 교통규칙에 대한 이해, 교통사고의 위험성 이해, 교통수단을 안전하게 이용하는 방법, 안전한 보행 및 도로 횡단 방법 등을 포함하고 체험을 통한 반복학습이 중요하다.

영유아기의 효율적인 교통안전교육의 방향은 다음과 같다.

첫째, 영유아와 부모, 교사 등 영유아의 교육에 참여하고 있는 성인 등과 함께 이루어져야 한다.

둘째, 교통안전교육은 체계적이고 지속적인 교육으로 이루어져야 한다.

셋째, 교통안전교육은 실제적인 목표와 행동훈련을 구체적이고 집중적인 교육으로 이루어져야 한다.

넷째, 영유아기의 교통안전교육이 성인이 되었을 때에도 교통안전의 사회적 책임을 다하는 성인이 되는 기초를 형성해 나갈 수 있는 교육으로 이루어져야 한다.

이와 같이 영유아 교통안전교육은 효율적인 교통안전교육의 방향을 토대로 영유아가 교통과 관련된 위험으로부터 스스로를 안전하게 지킬 수 있도록 습관화하는 것이 중요하며, 자신과 타인의 생명을 존중하고 사회 질서를 준수하는 성숙하고 바람직한 시민으로 성장함과 동시에 장래 모범적인 교통사회인으로 생활할 수 있도록 교통안전의 올바른 태도를 기르는 것이다.

2 교통안전사고의 실태

경찰청 통계(2024)에 의하면 어린이 교통사고의 발생건수는 8,753건이며 사망자 수는 14명, 부상자 수는 10,910명으로 나타났다.

| 표 4-1 | 최근 5년간 어린이 교통사고 추세

연도별	사고 건수	사망자 수	부상자 수
2019년	11,054	28	14,115
2020년	8,400	24	10,500
2021년	8,889	23	10,978
2022년	9,163	18	11,389
2023년	8,753	14	10,910

최근 5년간 어린이 교통사고 추세

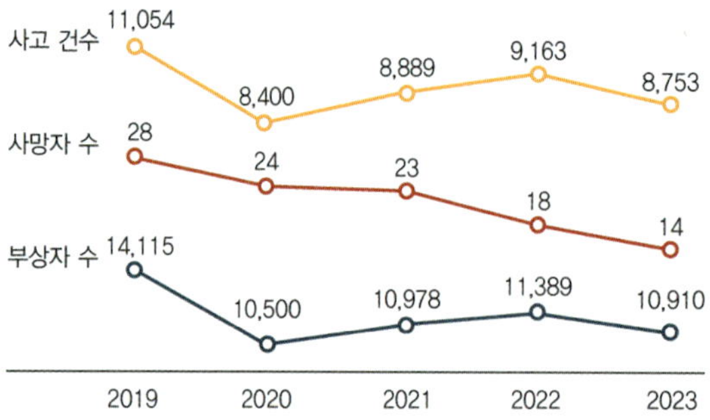

(단위: 건, 명)

그리고 어린이 보호구역(스쿨존) 내 사고를 줄이기 위해 차량 통행속도를 제한하는 등 대책이 강화되고 있지만 해마다 500명가량의 어린이들이 보호구역 내 교통사고로 부상을 당하는 것으로 나타났다. 2023년 어린이 보호구역(School Zone) 내 어린이 교통사고 발생 건수 486건, 사망자 수 2명, 부상자 수 523명으로 나타났다.

| 표 4-2 | 어린이 보호구역 내 어린이(12세 이하) 교통사고

구분	2021년			2022년			2023년		
	사고(건)	사망(명)	부상(명)	사고(건)	사망(명)	부상(명)	사고(건)	사망(명)	부상(명)
계	523	2	563	514	3	529	486	2	523
신호위반	95	0	116	104	1	108	90	1	93
중앙선침범	3	0	3	6	0	8	9	1	12
과속	-	-	-	-	-	-	-	-	-
보행자보호의무위반	140	0	144	169	0	174	149	0	154
안전운전불이행	182	2	190	203	2	206	192	0	213
기타	103	0	110	32	0	33	46	0	51

출처: 최근 3년간 법규위반별 어린이보호구역 내 어린이 교통사고 현황, 경찰청.

행정안전부는 2020년 초에 어린이 교통사고 예방 및 감축을 위해 범정부 차원의 『어린이보호구역 교통안전 강화대책』을 마련한 바 있으며, 어린이 보호구역 내 안전운전의 중요성에 대한 국민적 공감대를 형성하고, 안전운전 문화의 정착을 지원하고자 민·관이 협력하여 어린이 교통안전 캠페인을 진행하였다.

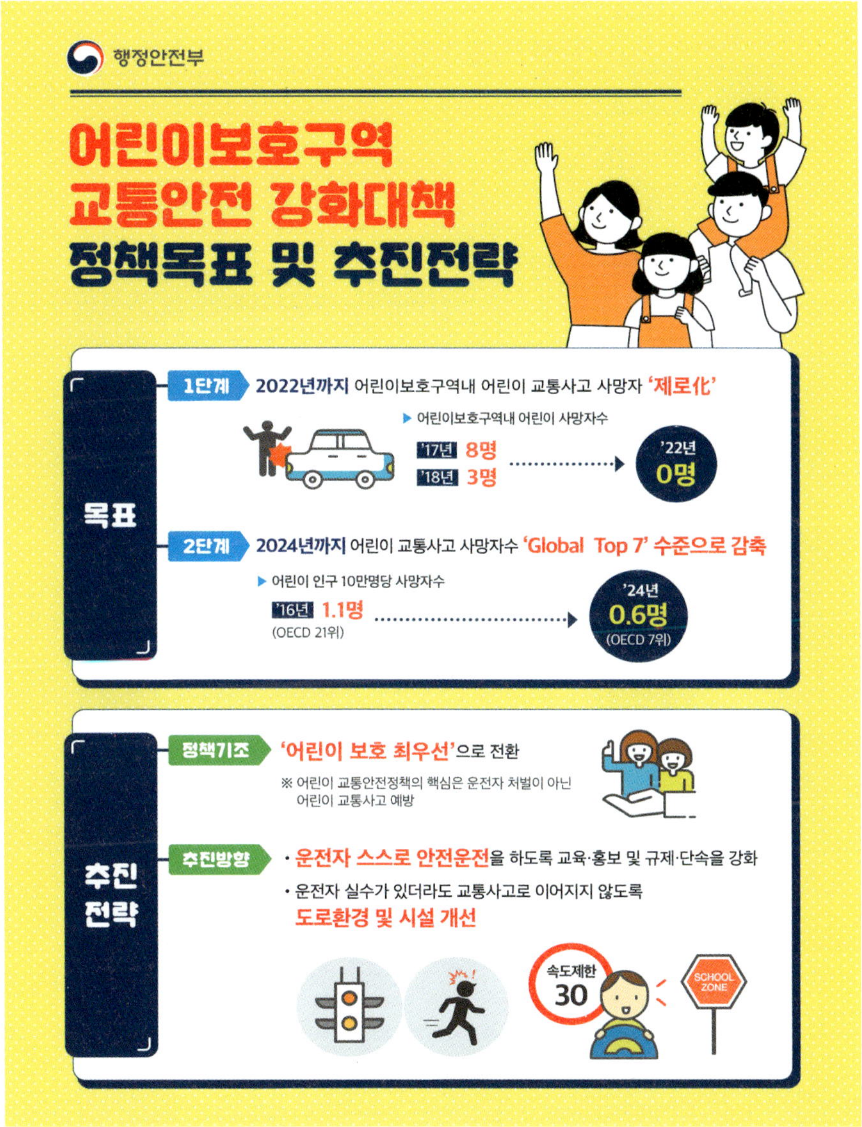

출처: 행정안전부.

주 요 과 제

어린이보호구역 안전시설 획기적 개선

- 무인교통단속장비 등 교통안전시설 설치 확대
- 통학로 설치 등 어린이 등·하굣길 보행안전 확보
- 보호구역 정비 표준모델 개선 및 확산, 보호구역 지정개선
- 아파트 단지, 주차장 등 도로외 구역 안전관리 강화

고질적 안전무시 관행 근절

- 어린이 보행자 보호 및 법규 위반자 단속·처벌강화
- 보호구역내 불법 노상주차장 폐지 및 주민신고제 도입
- 주차수요를 고려, 주차환경 개선지원

어린이 우선 교통문화 정착

- 노인 일자리 사업 연계, 등·하교 교통안전 프로그램 활성화
- 어린이 교통안전교육 내실화, 운전자 교통안전교육 강화
- 민관 협업을 통한 홍보 확대 및 대국민 인식 제고

어린이보호구역 효율적 관리체계 구축

- "지역교통안전협의체"를 통해 지자체, 주민 중심의 교통안전정책 추진
- 시설개선 중장기 계획 마련 및 전국 단위 통합관리시스템 구축
- 어린이 통학안전을 위한 연구개발(R&D) 활성화
- 보호구역 안전진단 확대 및 신호 운영체계 개선

어린이 통학버스 안전의무 강화

- 통학버스 신고의무 대상 확대 등 관리 사각지대 해소
- 통학버스 관계자 안전인식 제고, 안전의무 위반 단속 및 처벌강화
- 통학버스 승하차 구역(drop zone) 도입 검토

출처: 행정안전부.

3 교통안전교육의 내용 및 대처방법

1) 보행 안전교육의 내용 및 대처방법

(1) 어린이 교통사고 10가지 유형별 안전교육 내용

영유아는 가장 관심 있는 것에만 집중하는 경향이 있기 때문에 보행 중에 주위를 살피는데 미숙하며, 영유아는 자기중심적인 특성으로 영유아 자신이 운전자를 볼 수 있으면 운전자도 자신을 볼 수 있으며, 영유아 자신이 손을 들고 건너면 달리는 자동차가 멈출 것이라고 생각한다. 또한 차의 방향과 속도를 예측할 수 없기 때문에 안전한 방향으로 피하는 행동도 미숙하다. 이에 도로교통공단(2015)에서 제시한 어린이 교통사고 10가지 유형의 안전교육에 대해 살펴보면 다음과 같다.

① 무단횡단 사고

횡단보도 없는 곳에서 무단으로 횡단하다 발생하는 것으로 길을 건널 때에는 반드시 횡단보도를 이용하도록 지도해야 한다.

② 신호등이 있는 횡단보도 사고

보행자용 초록색 불이 들어와 달리던 차가 멈추어야 함에도 불구하고 그냥 지나치는 차가 많아 발생한다. 보행자용 초록색 불이 켜지자마자 바로 건너지 말고 횡단보도 앞에서 차가 멈추었는지를 확인한 후 손을 들고 천천히 건너도록 지도해야 한다.

③ 신호등이 없는 횡단보도 사고

보행자는 먼저 길을 건너려 하고 운전하는 계속 달리려고 하다가 사고가 발생한다. 길을 건너기 전에 반드시 손을 들어서 건너가겠다는 신호를 보내고 운전자가 횡단보도 앞에서 멈추면 계속 손을 들고 운전자와 눈을 마주치며 건넌다. 이때 차가 먼 쪽인 횡단보도 오른쪽으로 건너다가 중앙선을 넘어설 땐 횡단보도 왼쪽으로 건너야 반대편 차와 먼 쪽으로 건너게 된다.

④ 주정차 된 차량 사이 횡단 사고

멈춰 있는 차량 사이로 뛰어서 건너면 천천히 걸을 때 보다 사고 발생률이 18배나 높다. 특히 어린이는 체구가 작아 차량 사이로 건너면 운전자의 시야에 들어오지 않아 사고가 날 수 있으니, 반드시 차가 멈추었는지를 확인하고 건넌다. 조금 더 걷더라도 가능한 한 근처에서 횡단보도를 찾아 건너도록 지도한다.

⑤ 갑자기 뛰어나오다 발생한 사고

대로변보다는 이면 도로, 골목길 등에서 주로 발생한다. 따라서 좁은 골목길, 특히 모퉁이가 있는 곳에서는 뛰지 않고 벽에 붙어서 다니도록 지도한다. 또한 길을 건널 때나 차도로 나갈 때에는 먼저 걸음을 멈춘 후 차가 오는지 오른쪽과 왼쪽을 살피고, 손을 들어 횡단할 수 있도록 지도한다.

⑥ 버스의 바로 앞뒤 횡단 사고

통학버스 등을 이용할 때 주로 발생하는 사고이다. 하차 후 정차해 있는 버스 앞 또는 뒤로 지나지 말고 버스가 출발한 후 횡단하는 것이 제일 좋다. 만약 하차 후 건너야 할 경우에는 버스 운전자의 시야 범위 내인 버스 앞쪽에서 3m 정도 떨어져서 건너도록 지도한다.

⑦ 큰 차가 회전하다가 나는 사고

버스를 기다리거나 횡단할 때에는 절대로 차가 다니는 차도로 내려오지 말아야 한다. 커다란 버스가 급하게 회전하다 보면 앞바퀴보다 뒷바퀴가 안쪽으로 통과하기 때문에 더 위험하다. 버스를 기다리거나 횡단할 때에 차도로 내려오지 않고 인도에서 기다린다. 이때 차도 쪽 인도 끝에서 장난하지 않고 안쪽에서 기다리도록 지도한다.

⑧ 차 뒤의 밑에서 놀다 일어나는 사고

차가 정차해 있어도 영유아가 뒤쪽에 있으면 체구가 작기 때문에 운전자의 실내경으로 보이지 않을 수가 있다. 정차해 있던 차가 움직일 때에는 대부분 뒤로 먼저 움직이므로 차 뒤쪽에 있지 않아야 하며, 차 밑으로 물건이 들어가면 직접 들어가지 말고 어른에게 꺼내 달라고 도움을 요청하도록 지도한다.

⑨ 보호장구 미장착으로 일어나는 사고

교통사고가 일어났을 때 가장 위험한 자리는 조수석이다. 영유아는 반드시 뒷자리에서 보호장구를 착용해야 하는데 이는 법적 규제 사항이기도 하다. 보호장구를 착용하면 90% 사망사고 감소효과를 볼 수 있다.

⑩ 자전거와 킥보드 사고

자신의 체격에 맞는 자전거를 타야 하며, 안장에 앉았을 때 발끝이 땅에 닿는 것이 적당하다. 자전거와 킥보드가 익숙해질 때까지 차가 없는 곳에서 충분히 연습을 해야 하며, 차가 다닐 수 있는 곳에서는 타지 않도록 지도한다.

(2) 보행 안전교육의 내용 및 대처법

① 보행자 안전수칙: 보건복지부(2010). 보육시설 안전관리 매뉴얼.

- 보도 안쪽으로 걷기
- 걸어갈 때 길에서 장난하지 않기
- 걸어갈 때 차도 옆으로 다가가지 않기
- 걸어갈 때 갑자기 방향을 바꾸지 않기
- 걸어갈 때 정차한 차량 사이로 다니지 않기
- 걸어갈 때 손에 물건을 들고 다니지 않기
- 골목에서 큰길로 갈 때 멈춰서 좌우를 살핀 후 걷기
- 골목에서 차도로 나올 때 뛰지 않기

② 위험한 장소 안전교육 수칙

- 정차 한 차량 사이 또는 앞뒤로 다니지 않고 주차한 차는 항상 움직일 수 있음을 알기
- 주차장에서 놀거나 차 뒤에서 술래잡기나 숨바꼭질 놀이하지 않기
- 주차장에 공이나 놀잇감이 들어가면 반드시 선생님에게 알리기

③ 신호등이 있는 횡단보도를 건널 때의 안전수칙

- 신호를 기다릴 때 보도 끝에서 세 걸음 안으로 물러서서 기다린다.
- 정면에 있는 보행자 신호등을 보고 녹색불이 켜졌을 때 건너간다.

④ 신호등이 없는 횡단보도를 건널 때의 안전수칙

- 성인과 함께 길을 건너간다.
- 길을 건너갈 때 뛰어서 건너지 않는다.
- 길을 건널 때 차가 섰는지 확인한 후 건너간다.

⑤ 등원 및 하원 시 보행 안전교육

영유아는 영유아교육기관을 등원과 하원을 걸어서 하는 경우도 있으며, 산책과 견학 등을 가기도 하므로 영유아에게 보행자가 지켜야 할 안전규칙을 알려주고 일상생활에서 반복적인 경험을 할 수 있도록 보행자 규칙을 지키도록 지도해야 한다.

- 등원 및 하원은 항상 다니던 길로 다닌다.
- 등원 및 하원 시 부모나 영유아와 관련 있는 성인이 동행한다.
- 반드시 인도로 걷고, 보행 시 장난하지 않는다.

2) 교통 신호 및 표지판과 관련된 내용

(1) 신호등 신호

신호등은 색깔과 녹색 화살표시의 점멸로 통행 차량이나 사람에게 정지·우회·진행 따위를 지시한다. 그러므로 보행자는 신호등의 녹색, 황색, 적색 신호 및 녹색화살표시의 의미를 바로 알고 신호등의 지시를 따라야 한다.

(2) 교통안전 표지판

교통안전 표지판은 안전하고 원활한 교통에 필요한 규제·지시·주의·안내 등의 정보를 그림이나 문자로 표시한 것이다. 교통안전 표지판의 의미를 살펴보면 다음과 같다(운전면허시험관리공단, 2018).

① 규제표지

굵은 빨간색 테두리와 흰색 바탕 위에 검은 무늬와 규제표지는 도로 사용자에게 "위험하니까 다니지 마세요."라고 알려주는 것을 말한다.

통행금지

보행자 및 차마 등의 통행을 금지하는 것이다.
- 보행자 및 차마 등의 통행을 금지하는 구역
- 도로의 구간 또는 장소의 도로의 중앙 또는 우측에 설치
- 통행금지 구간·기간 및 이유를 명시한 보조표지를 부착·설치

이륜자동차 및 원동기 장치 자전거 통행금지

이륜자동차 및 원동기 장치 자전거의 통행을 금지하는 것이다.
- 이륜자동차 및 원동기 장치 자전거의 통행을 금지하는 구역
- 도로의 구간 또는 장소의 전면이나 도로의 중앙 또는 우측에 설치

차량 진입금지

차의 진입을 금지하는 것이다.

• 차의 진입을 금지하는 구역 및 도로의 중앙 또는 우측에 설치

② 지시표지

파란색 바당에 흰무늬의 지시표지는 도로교통의 안전을 위하여 필요한 지시를 하는 경우에 도로 사용자에게 "어떠어떠하게 다니세요."라고 알려주는 것을 말한다.

자전거 및 보행자 통행 구분

자전거 및 보행자 통행 구분을 지시하는 것이다.

• 자전거 및 보행자 겸용도로에서 자전거와 보행자를 구분하여 통행하도록 지시하는 것이다.

보행자 전용도로

보행자 전용도로임을 지시하는 것이다.

• 보행자 전용도로의 입구, 기타 필요한 구간의 도로 우측 또는 중앙에 설치
• 구간의 시작 및 끝의 보조표지를 부착·설치
• 구간 내에 교차하는 도로가 있을 경우에 교차로 부근의 도로 우측 또는 중앙에 설치

노인보호

노인보호구역 안에서 노인의 보호를 지시하는 것이다.

③ 주의표지

굵은 빨간색 테두리의 노란색 바탕에 검은 무늬로 된 주의표지는 도로상태가 위험하거나 도로 또는 그 부근에 위험물이 있는 경우에 필요한 안전조치를 할 수 있도록 도로 사용자에게 "위험하니까 조심하세요."라고 알려주는 것을 말한다.

도로 미끄럼

눈이나 비 등의 원인으로 자동차 등이 미끄러지기 쉬운 도로에 주의하는 것이다.

- 도로 결빙 등에 의해 자동차 등이 미끄러운 도로에 설치

철길 건널목

철길 건널목이 있음을 알리는 것이다.

- 철길 건널목이 있는 지점에 설치
- 주행속도가 높은 구간에는 적당한 간격으로 중복 설치
- 철길 건널목 전 50미터 내지 120미터의 도로 우측에 설치

낙석 주의

전방 100미터 앞부터 낙석 우려가 있는 도로이므로 주의하는 것이다.

- 낙석 우려 지점 전 30미터 내지 200미터의 도로 우측에 설치

3) 차량 이용 시 안전교육

(1) 등·하원 어린이 통학버스 이용 시 안전수칙

등·하원 어린이 통학버스를 이용하는 영유아는 버스를 타고 내릴 때 부모나 성인의 안내하에 안전하게 이용하도록 해야 한다. 이에 어린이 통학버스 승·하차 시 안전수칙은 다음과 같다(김영실, 윤진주, 김정주, 2015).

① 영유아의 안전수칙

- 통학버스에 탑승 시 줄을 서서 차례대로 탑승한다.

- 차 안에서 큰 소리를 내거나 장난치지 않는다.
- 앞좌석을 발로 차지 않는다.
- 순서대로 천천히 좌석에 앉으면 안전벨트를 맨다.
- 유리창 밖으로 손이나 머리를 내밀지 않는다.
- 버스가 완전히 정차한 후에는 교사가 신호를 보낼 때까지 기다린다.

② 교사의 안전수칙

- 통학버스 내에 구급상자, 안전수칙 준수사항, 안전점검표, 소화기 상태 등을 매일 확인한다.
- 통학버스 내에 날카롭거나 불필요한 물건이 있는지 확인한다.
- 통학버스에 반드시 영유아를 보호할 수 있는 교사가 함께 탑승한다.
- 통학버스에 영유아를 안전하게 탑승시키고 영유아와 교사는 안전벨트를 맨다.
- 통학버스 운행 시 영유아가 자리에서 일어나지 않도록 지도한다.
- 통학버스가 출발 또는 후진 전에 영유아가 어디 있는지 살핀다.
- 영유아는 항상 보호자에게 직접 인계한다.
- 정차 후 차 안에 남아 있는 영유아가 있는지 매일 확인한다.

(2) 승용차 이용 시 안전수칙

승용차 탑승 시 영유아는 뒷좌석에 탑승시키고 안전벨트를 꼭 매야 하나 영유아가 성인용 안전벨트를 해야 하는 경우 안전벨트가 목을 압박하여 질식사할 수도 있으므로 영유아용 카시트에 앉힌 후 안전벨트를 해야 한다. 이에 어린이 승용차 탑승 시 안전수칙은 다음과 같다(도로교통공단, 2015).

① 어린 영유아를 성인의 무릎에 안고 타지 않는다.
② 13세 이하 어린이는 반드시 자동차 뒷좌석에 타도록 한다.
③ 안전벨트가 꼬여 있지 않은지 확인한다.
④ 차량이 장기간 햇빛에 노출되어 있었다면 영유아를 앉게 하지 않는다.
⑤ 여름철 불볕더위에 영유아를 차 안에 혼자 남겨 두어서는 절대 안 된다.
⑥ 차량용 어린이 보호장구는 영유아의 체격과 기능 등을 고려하여 선택하는데 카시트는 생후 1세까지 사용 가능한 영아용, 1~4세까지 사용 가능한 유아용, 4~10세까지 사용 가능한 아동용이 있다.

어린이 카시트의 올바른 사용법: 한국어린이안전재단(2016). 카시트무상대여사업.

- 등받이가 영유아의 머리 부분보다 높아야 한다.
- 영유아의 등과 엉덩이가 카시트에 밀착되도록 바른 자세로 앉힌다.
- 영유아를 조인 카시트의 어깨끈이 헐렁하면 안전하지 않으므로 영유아의 몸과 끈 사이에 손바닥 하나 정도가 들어갈 만큼의 여유만 두고 끈을 몸에 맞게 한다.
- 영유아들이 보호 장구 안전벨트의 버클을 풀어놓는 경우가 있으므로 출발 전 항상 확인한다.
- 영유아용 카시트는 되도록 뒷자리에 장착하도록 한다.
- 영유아가 카시트 착용을 습관화하도록 한다.
- 영아용 카시트: 체중이 9kg 이하나 1세 미만의 영아 사용.
- 컨버터블 카시트: 체중이 9~18kg 이하나 4세 미만의 유아 사용.
- 부스터 카시트: 체중이 18~27kg 이하나 4~8세 아동 사용.

(3) 지하철 이용 시 안전수칙

① 성인과 함께 승차 표시가 되어 있는 위치의 안전선 안에서 기다린다.
② 지하철과 승강장 사이에 발이 빠지지 않도록 잘 살핀 후 안전하게 타고 내린다.
③ 지하철 문에 영유아의 손이 잘 빨려 들어가므로 입구에 서 있지 않도록 한다.
④ 승강장에서 영유아가 밀고 당기는 등의 장난을 하지 않도록 지도한다.
⑤ 지하철이 완전히 멈춘 후 내릴 사람이 모두 내린 후에 차례대로 타도록 한다.
⑥ 내린 후 지하철에서 멀리 떨어지게 이동한다.
⑦ 문이 열렸을 때 손이나 옷, 가장 등이 끼지 않도록 주의한다.
⑧ 객차와 객차 사이의 연결 통로에 서 있거나 돌아다니지 않도록 지도한다.

4) 교통안전사고 사례 유형별 안전교육 및 대처방법

어린이집안전공제회 어린이집 안전사고 사례집(2018)에서 살펴본 어린이 차량 관련 사고 유형은 다음과 같다.

(1) 차량 탑승 발판에 걸려 넘어졌어요.

[사례] 오늘은 현장학습이 있는 날로 농장체험을 갈 예정입니다. 방문 장소인 근처 농장까지는 어린이집 차량을 이용하여 이동해야 합니다. 선생님과 아이들은 오전부터 분주히 준비를 시작했습니다. 며칠 전부터 농장체험을 기대해 온 주호는 옷을 입고 스스로 신발

도 신으며 어서 출발하기만을 기다렸습니다. 현관에서부터 폴짝폴짝 뛰며 즐거워하던 주호는 차량탑승을 위한 도움 발판에 걸려 넘어져 차량계단에 이마를 찧고 말았습니다.

[지도 지침] 어린이집 등·하원차량은 계단 높이가 영유아의 보폭 이상이기 때문에 계단 기능을 하는 발판이 장착되어 있다. 이 발판이 앞으로 충분히 나올 때까지 기다리지 못하고 탐승하거나 하차할 때 사고가 발생하기 쉽다. 발판이 완전히 나와 멈춘 상태에서 탐승할 수 있도록 지도하고, 발판에 걸려 넘어지거나 헛디뎌 계단에서 구르는 일이 없도록 지도해야 한다. 아울러 영유아는 항상 교사의 보호 아래 차량에 탑승 혹은 하차할 수 있도록 지도해야 한다.

(2) 안전띠에 부딪혔어요.

[사례] 오후 5시 하원 시간이 되었습니다. 승재는 이제 어린이집 생활에 익숙하여 차를 타고 내리는 것에 자신이 있었습니다. 차에 앉은 승재는 잠시 기다리라는 선생님의 말씀을 듣지 않고 스스로 안전띠를 매기 위해 끈을 잡아당겼습니다. 머리 위쪽에서 안전띠를 힘껏 당기다가 놓친 승재는 딱딱한 버클 부분을 눈에 맞아 멍이 들었습니다.

[지도 지침] 안전띠를 매는 습관을 가지는 것은 매우 중요한 교통안전교육이다. 그러나 안전띠의 길이조절과 버클 채우기는 성인의 도움이 필요하다. 안전띠는 탄력이 있으므로 잡아당겼다가 놓치게 되면, 안전띠가 말려 들어가면서 금속의 버클 부분이 영유아의 신체에 부딪혀 다칠 수 있음을 인식하도록 지도하여야 한다. 차량의 안쪽부터 영유아들을 앉히면서 교사가 직접 안전띠를 매주도록 한다.

(3) 교통사고

[사례] 수요일 11시, 실외활동을 위해 어린이집 밖으로 나온 아이들은 선생님과 주변의 꽃, 나무를 살펴보는 활동을 하고 있었습니다. 점심시간이 다 되어서 이제 원으로 돌아가기 위해 선생님은 아이들을 불러 모았습니다. "여러분~ 들어가서 맛있는 점심 먹어요." 라고 말한 뒤 선생님은 어린이집 방향으로 아이들을 유도하였습니다. 맨 끝에서 따라가던 준호가 길가에 지나가는 고양이를 발견하였습니다. "와, 고양이다."라고 소리치자 고양이는 차도를 향해 잽싸게 달려가 버렸습니다. 준호는 짝과 잡은 손을 뿌리치고 고양이를 따라 차도로 뛰어들었습니다. 맞은편에는 승용차가 속도를 내면서 달려오고 있었습니다.

[지도 지침] 실외활동 전 교통안전에 대한 교육을 충분히 지도해야 한다. 자전거를 만났을 때 피하기, 도로와 인도의 개념, 차도 진입 금지, 횡단보도 건너는 방법 등을 항상 강조해야 합니다. 두 세 명의 영유아가 손을 잡고 이동할 수 있도록 지도해야 한다. 또한 산책 시 동물들을 만나면 시선을 빼앗길 수 있으므로 주의를 해야 함을 지도해야 한다.

(4) 차에서 잠들었어요.

[사례] 평범한 수요일 아침, 여느 때와 마찬가지로 어린이집 등원이 시작되었습니다. 선생님과 운전기사 선생님은 원아들의 아파트 단지를 돌며, 한 명씩 차례로 태운 후 어린이집 주차장에 도착하였습니다. 선생님은 안전띠를 풀어주고 아이들의 하차를 도왔습니다. 교실에 도착한 아이들은 겉옷을 정리하며 수업준비를 시작하였습니다.
한 시간이 흐른 후, 다연이 담임선생님은 다연이가 오늘 등원하지 않은 사실을 알게 되었고, 부모님께 확인 차 연락을 하였습니다. 그러자 옆에 있던 운전기사 선생님이 말하였습니다. "다연이 오늘 차 탔는데요." 담임선생님은 주차장으로 뛰어가 맨 뒷자리에서 혼자 자고 있는 다연이를 발견하였습니다.

[지도 지침] 영유아의 몸 상태가 좋지 않거나 차량에서의 이동 시간이 길면 영유아들은 쉽게 잠들 수 있음을 인식하고 영유아를 차에 둔 채 방치하게 되면 생명에 위협이 될 수 있을 만큼 큰 사고가 발생할 수 있음을 인식하여야 한다. 따라서 승하차 지도 시 탑승 인원과 하차 인원을 정확히 점검하여 차량 운행 일지에 기록하고, 영유아들이 모두 내리고 난 후 차량의 안쪽부터 잠든 영유아가 있는지, 두고 내린 소지품이 있는지, 차량의 안전 문제를 천천히 살피는 것이 중요하다.

(5) 차량 의자에 손이 끼었어요.

[사례] 어린이집 근처의 실내놀이터를 이용한 후 다시 원으로 복귀 중인 차 안이었습니다. 오늘은 이동할 아이들이 많지 않아 접이식 의자를 펴지 않았습니다. 어느새 차는 어린이집에 도착하였고, 하차 준비를 시작했습니다. 그때 설아가 옆자리에 있는 접이식 의자를 짚으며 일어섰는데 접힌 부분 틈에 손이 끼었습니다. 당황한 설아는 손목을 돌려 빼려고 했지만 억지로 움직일수록 손은 더 쉽게 빠지지 않았습니다. 결국, 손가락이 골절되고 손톱에 상처를 입었고 수술을 받았습니다.

[지도 지침] 차량 내 접이식 의자를 사용하지 않을 시에는 접어 세워두고 차량 내 통행에 방해되지 않도록 해야 한다. 또한 차량 이동 중에는 영유아가 움직이지 않도록 하고, 하차할 때에는 차량 내에서 하차를 돕는 역할과 차량 밖에서 하차한 영유아들을 안전하게 관리 지도해야 한다.

5) 영유아교육기관에서의 교통안전교육의 방법

영유아기는 기본생활습관이 형성되는 시기이므로 일상생활을 통해 안전에 관한 올바른 지식을 습득하고 실천적인 태도를 습관화할 수 있도록 반복적인 교육을 제공하는 것이 가장 효과적이다. 그러므로 교육방법에 있어서 안전에 대한 지식, 기술, 태도, 참여, 가치관 형성 등이 균형 있게 다루어져야 한다.

교통안전교육방법은 설명, 시연, 토의, 문제해결, 역할놀이, 시뮬레이션의 방법으로 나누어 제시하고 지도해야 한다(이윤경 외, 2015; 곽은복, 2001; 박성익, 1997; 이성호, 1997).

첫째, 설명 및 시연의 방법은 직접적인 안전교육방법으로 행동 변화에 중점을 둔 것이다. 교사가 영유아에게 직접 설명하거나 시범 보이기, 현장견학, 예행연습, 실행연습, 반복학습과 같은 형태로 이루어지는 교수의 형태를 말한다.

둘째, 토의 방법은 교통안전 관련 특정 주제에 대해 언어적 및 비언어적 방법을 사용하여 서로의 의견을 교환함으로써 정보 습득 및 문제를 해결해 나가는 것이다.

셋째, 문제해결의 방법은 영유아의 논리적 추론 능력을 길러 줌으로써 안전에 대한 문제해결 사고와 능력을 길러 주고자 하는 것으로 탐구식 교수 방법이다.

넷째, 역할놀이 방법은 타인의 역할을 경험해 봄으로써 자신과 타인을 이해하는 데 도움을 주는 극화된 놀이 활동이다.

다섯째, 시뮬레이션 방법은 영유아들이 문제상황에 직접 참여하고 행동의 결과를 경험할 수 있는 기회를 가지는 것으로 실제와 유사한 상황을 영유아에게 제공하여 영유아로 하여금 안전하게 행동하는 방법을 시연해 보는 활동이다.

그러므로 교통안전교육은 실생활에 적용할 수 있도록 영유아의 일상생활과 밀접한 주제와 소재를 이용하여 통합적으로 접근하는 것이 중요하다. 더 나아가 영유아뿐 아니라 부모 및 영유아교육기관 관련자, 일반 시민을 대상으로 하는 교통안전교육도 영유아를 보호하고 교통 관련 사고를 예방하기 위해 매우 중요하다. 가정과 지역사회와의 연계도 반드시 실천해야 하는 부분이므로 각 가정에서도 일관된 교통안전교육이 진행될 수 있도록 가정통신문, 소책자 등을 통해 교통안전의 중요성을 강조하고 유익한 정보를 제공해야 한다. 지역사회와의 연계를 위해서는 지방자치단체 및 경찰서와 협력하여 일반 시민을 대상으로 꾸준히 영유아 보호를 위한 교통안전교육을 전개해 나가야 한다(이윤경 외, 2015).

어린이통학버스 운전자 및 동승보호자 표준매뉴얼

운전자 매뉴얼

◉ 공통

① 어린이는 뛰어다니는 경향이 있으므로 항상 주위를 살핀다.

② 어린이는 몸이 작아 잘 보이지 않고, 작은 충격으로도 큰 피해를 입을 수 있으니 항상 속도를 줄여 운행한다.

◉ 승차 시

① 차량 주위에 어린이가 있는지 확인한다.

② 보도나 길가장자리구역 옆에 안전하게 정차한다.

③ 동승보호자가 어린이를 차례대로 승차시키는지 확인한다.

④ 동승보호자가 어린이를 좌석에 앉힌 후 안전띠를 매는지 확인한다.

⑤ 모두 승차하고 동승보호자가 문을 닫으면 출발을 알린다.

⑥ 광각실외후사경 등을 확인 차량 주위에 어린이가 있는지 확인한다.

⑦ 다른 어린이가 있는 경우 동승보호자를 통해 안전한 곳으로 이동 시킨다.

⑧ 안전하게 서서히 출발한다.

◉ 운행 중

① 어린이가 안전띠를 풀고 있지 않은지 수시로 확인한다.

② 어린이 안전띠가 풀어진 경우 서행하면서 동승자에게 즉시 안전띠를 매도록 한다.

③ 어린이가 차창 밖으로 손, 물건 등을 내밀거나 장난치지 않도록 수시 확인한다.

◉ 하차 시

① 차를 보도나 길가장자리구역 옆에 안전하게 정차한다.

② 기어를 주차(수동일 경우 중립)에 놓고, 사이드브레이크를 올린 후 동승보호자에게 알린다.

③ 동승보호자에게 오토바이나 자전거가 오는지 뒤쪽을 살피도록 한다.

④ 동승보호자가 문을 열고 먼저 내리도록 한다.

⑤ 한 명씩 안전하게 하차시켜 보호자에게 인계하는 것을 확인한다.

⑥ 하차한 어린이가 안전한 장소에 도착한 것을 확인한다.
(어린이가 반대편으로 길을 건널 경우 동승보호자가 함께 건너도록 한다.)

⑦ 차량에 남아 있는 아동이 없는지 차량 맨 뒷좌석까지 확인한다.

⑧ 차문을 닫고 서서히 출발한다.

출처: 보건복지부(2021). 2021년도 보육사업안내(부록). 세종: 보건복지부, 299.

동승자보호 매뉴얼

◉ 공통

① 어린이는 뛰어다니는 경향이 있으므로 항상 주위를 살핀다.

② 어린이는 몸이 작아 잘 보이지 않고, 작은 충격으로도 큰 피해를 입을 수 있으니 항상 세심한 주의를 기울여야 한다.

◉ 승차 시

① 차량이 보도나 길가장자리구역 옆에 안전하게 정지한 것을 확인한다.

② 어린이를 차례대로 승차시킨다.

③ 좌석에 앉힌 후 안전띠를 매준다.

④ 주변에 다른 어린이가 있는지 다시 확인한다.

⑤ 모두 승차하면 문을 닫는다.

⑥ 운전자에게 알려 서서히 출발하도록 한다.

◉ 차량 운행 중

① 어린이가 안전띠를 풀고 있지 않은지 수시로 확인한다.

② 어린이 안전띠가 풀어진 경우 즉시 매준다.

③ 어린이가 차창 밖으로 손, 물건 등을 내밀거나 장난치지 않도록 한다.

◉ 하차 시

① 차량이 보도나 길가장자리구역 옆에 안전하게 정지한 것을 확인한다.

② 어린이 안전띠를 풀어준다.

③ 오토바이·자전거가 오는지 뒤쪽을 살피고, 먼저 하차한다.

④ 어린이를 한 명씩 안전하게 하차시켜 보호자에게 인계한다.

⑤ 하차한 어린이가 안전한 장소에 도착하는 것을 확인한다.
(하차한 어린이가 반대편으로 길을 건널 경우 동승보호자가 함께 건넌다.)

⑥ 차량에 남아 있는 아동이 없는지 차량 맨 뒷좌석까지 확인한다.

⑦ 차문을 닫고 운전자에게 알려 서서히 출발하도록 한다.

출처: 보건복지부(2021). 2021년도 보육사업안내(부록). 세종: 보건복지부. 300.

Activity

등·하원용 차량을 운행할 경우, 갖추어 관리해야 할 안전요건은 무엇이 있을까요?

Tip 통학버스를 운행할 경우 필요한 차량 안전장치와 운전자와 동승자가 받아야 하는 교육, 필요한 서류는 무엇이 있을지 생각해보세요.

생각해보아요.

Solution

차량안전장치 및 서류

차량안전장치 및 서류는 아래의 어린이집 평가제 지표 및 평가내용과 같은 사항이 필요하다.

3-4. 등·하원의 안전

3-4-3. 등·하원용 차량을 운행할 경우 안전요건을 갖추어 관리한다.

1) 차량에 안전수칙, 영아용 보호장구, 개별 안전띠, 차량용 소화기, 어린이 하차확인 장치, 비상약품을 구비함.
2) 운전자는 매일 차량 안전점검을 실시함.
3) 운전자와 차량에 동승하는 모든 성인은 어린이통학버스 안전교육을 받음.
4) 운전자와 함께 차량에 동승한 성인은 영유아를 안전하게 보호함.

출처: 보건복지부·한국보육진흥원(2021). 2021어린이집 평가 매뉴얼 어린이집용. 서울: 한국보육진흥원, 193.

참고문헌

경찰청(2024). 어린이 교통사고 통계 현황.

곽은복(2001). 유아 안전교육 프로그램의 구성 및 효과에 관한 연구. 중앙대학교 대학원 박사학위논문.

권덕수 외(2020). 아동안전관리. 경기: 정민사.

어린이집안전공제회(2024). 2023 어린이집 안전공제회 통계자료.

한국어린이안전재단(https://childsafe.or.kr).

CHAPTER 05

화재안전교육

1 화재안전교육의 개념 및 필요성

1) 화재안전교육의 개념

화재는 인간이 의도하지 않게 불이 나거나 고의로 불을 낸 것을 의미하며, 소화시설을 이용해 끌 필요가 있는 화학적인 폭발현상이다.

영유아의 화재안전 교육이란 영유아 스스로 위험으로부터 자신을 보호할 수 있도록 화재안전에 관한 지식, 기술, 태도를 익히고 안전한 생활을 습관화할 수 있도록 해야 한다. 그러므로 화재는 아주 작은 불씨로부터 시작된다는 점을 인지하고 평소 생활공간의 정기적인 점검을 통해 화재예방에 노력하고 지속적인 대피훈련을 실시하여 화재로 인한 인적, 물적 피해를 최소화해야 한다(정재경, 김형숙, 김형재, 이순애, 최지현, 현혜정, 2015).

2) 화재안전교육의 필요성

화재는 전기화재, 유류화재, 가스화재, 부주의에 의한 화재, 방화 등이 있는데 화재가 발생되면 물질적 피해뿐만 아니라 인명 피해 등 여러 피해를 입게 된다. 특히 화재 발생 시 인명피해를 발생시키는 주요 원인은 대부분 불에 직접 닿아 사망하기보다는 연기와 유독가스로 인한 질식사이다. 화재 발생 후 5분이 지나면 갑자기 화재가 실내 전체로 번지는 플래시오버(Flash Over) 현상이 발생하는데 이 현상이 시작되면 생존 가능성이 극히 희박해진다(김영실, 윤진주, 김정주, 2015).

영유아는 위험 상황 대처능력이 부족하기 때문에 생활하는 공간에서 화재로부터 안전한 환경을 제공할 수 있어야 한다. 화재사고의 대부분은 화재 취급 시의 부주의와 안전에 대한 인식 부족으로 발생하므로 화재 예방을 위한 노력과 안전지식 및 화재 발생 시 대처방법을 영유아를 대상으로 교육함으로써 영유아기부터 제대로 화재를 예방할 수 있는 능력을 습득할 수 있도록 돕는 것이 필요하다.

그러므로 영유아 화재안전교육은 영유아들이 항상 안전하고 건강하게 성장할 수 있도록 먼저 안전한 환경을 제공하고 점검하며, 영유아에게 일어날 수 있는 안전사고의 가능성을 인식시키고 자신의 몸을 스스로 보호할 수 있는 안전한 태도를 형성하는 데 목적을 두고 있다(아동복지법 제31조, 아동복지법 시행령 제28조).

영유아의 화재사고 예방을 위한 화재안전교육의 방향은 다음과 같다.

첫째, 영유아의 발달에 적합한 화재안전교육으로 다양한 시청각 교재와 체험활동으로 전개가 이루어져야 한다. 각 연령과 발달수준에 적합한 교재 제공이 필요하다. 또한 지역사회기관과 화재관련 전문가와 함께 실제적이고 체험활동으로 이루어져야 한다.

둘째, 영유아를 대상으로 하는 화재안전교육뿐만 아니라 영유아를 돌보는 보호자나 교사들을 대상으로 하는 화재안전교육의 실시도 이루어져야 한다.

셋째, 영유아의 교육을 담당하는 영유아교육기관에서는 평소 정기적으로 화재, 소방 등 대피훈련을 실시하여야 하고 영유아의 행동특성을 숙지하고 영유아들을 안전한 장소로 대피할 수 있도록 안내하여야 한다. 또한 가정과 연계한 화재안전교육을 병행하여야 한다.

이와 같이 영유아 화재안전교육은 효율적인 화재안전교육의 방향을 토대로 영유아에게 화재에 관련된 적절한 교육을 실시하여 화재사고를 예방하고 대처할 수 있는 능력을 기르도록 돕고, 장기적으로 화재 안전에 대한 바른 의식과 올바른 태도를 함양할 수 있도록 해야 한다.

2 화재안전사고의 실태 및 유형

1) 화재안전사고의 실태

소방청의 2023년 전국에서 발생한 화재 발생 현황에 따르면 총 38,857건으로 전년도 40,113건 대비 3.1% 줄었으며, 화재로 인한 인명피해 역시 2,488명(사망 283, 부상 2,194)으로, 사망자는 전년도(341명) 대비 17.0% 줄어든 283명, 부상자는 전년도(2,327명) 대비 5.7% 줄어든 2,194명으로 나타났다.

또한, 2023년도는 비주거 시설에서 발생한 화재가 37.3%로 가장 높은 비율을 차지하고 있으며, 그 뒤로 주거, 기타 야외, 차량 순의 비율로 화재가 발생하였다. 화재가 전년도 대비 감소하여 대부분의 장소에서도 화재건수는 감소하였는데, 주거시설 중 아파트 화재가 증가하였으며 아파트 화재로 인한 인명피해도 최근 3년 중 가장 많이 발생하였다.

향후 전망은 기후변화와 건축·구조물의 복잡 다양화, 사용 에너지원이 다양해지는 만큼 화재 양상도 변화하고 있다. 또한 2023년은 자연적 요인에 의한 화재가 크게 증가하였는데, 그 세부적 요인을 살펴보면 자연재난(태풍, 홍수, 낙뢰 등)에 의한 화재가 증가하였다. 화재 발생 건수는 매년 일정하지 않게 증가 또는 감소하고 있으나 인명·재산피해는 화재 건수에 비례하여 증가 또는 감소하고 있다.

| 표 5-1 | 화재 발생 현황

구분	발생 건수(건)	인명피해(명)			재산피해
		소계	사망	부상	
2020년	38,659	2,282	365	1,917	600,475
2021년	36,267	2,130	276	1,854	1,099,125
2022년	40,113	2,668	341	2,327	1,210,397
2023년	38,857	2,477	283	2,194	952,972

출처: 소방청 「화재통계연보」.

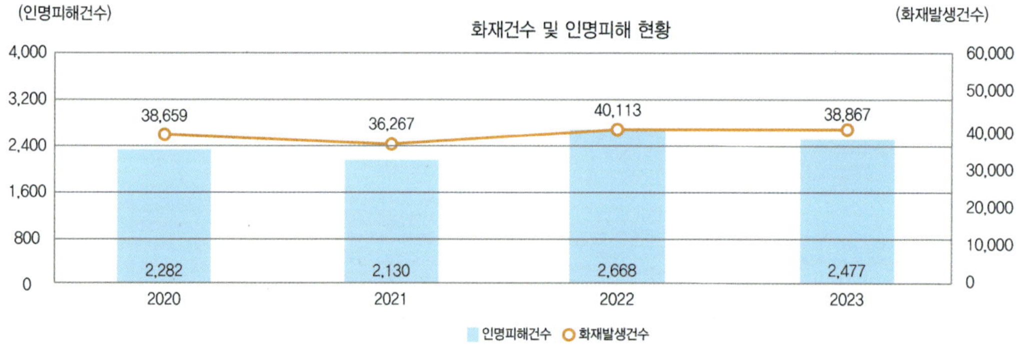

출처: 소방청 「화재통계연보」.

그리고 화재 발생 원인은 최근 3년간 부주의가 55,727건으로 제일 높게 나타났는데 사소한 부주의가 얼마나 큰 인적·물적 피해를 일으키고 있음을 알 수 있다. 다음으로 전기적 요인이 28,812건, 기계적 요인이 11,947건 순으로 나타났다.

| 표 5-2 | 최근(2020~2022년) 원인별 화재발생현황_1

발생 건수(건)	계	전기적 요인	기계적 요인	화학적 요인	가스누출	교통사고
2020년	38,659	9,329	4,053	630	141	458
2021년	36,267	9,472	4,038	683	146	398
2022년	40,113	10,011	3,856	686	151	430

출처: 소방청. 「화재발생총괄표」.

| 표 5-3 | 최근(2020~2022년) 원인별 화재발생현황_2

발생 건수(건)	부주의	기타	자연적 요인	방화	방화의심	미상
2020년	19,186	600	238	377	381	3,266
2021년	16,875	679	241	308	339	3,088
2022년	19,666	516	214	400	346	167

출처: 소방청. 「화재발생총괄표」.

이처럼 화재안전사고는 끊임없이 발생하고 있으며, 화재 취급 및 안전에 대한 의식이 부족한 영유아들은 화재사고가 발생하면 영유아 스스로 화재 상황을 인식하고 대처하지 못하므로 매우 위험한 상황에 놓일 수 있다. 그러므로 영유아 화재안전교육을 통해 화재사고에 대한 인식과 예방 그리고 대처방법을 지속적이고 반복적으로 익히도록 해야 한다.

2) 화재안전의 유형

(1) 연료의 종류에 따른 화재의 종류

화재는 무엇이 타느냐에 따라 소화방법이 다르기 때문에 연료의 종류에 따라 화재의 종류를 구분하여 A형, B형, C형으로 나눌 수 있다(권혜진, 김헤라, 전숙영, 정윤주, 채진영, 한유진, 2015).

① A형은 쉽게 접할 수 있는 종이, 나무, 직물 등 일반 가열물이 연료로 타는 화재로 그 연료가 무엇이든 재를 남기며, 대개 물을 사용하여 끄는 화재 유형이다.

② B형은 가연성의 액체나 가스에 의한 불로 급속도로 번지는 특징이 있으며, 산소를 차단시켜 불을 끄는 화재 유형이다. 불이 일어난 범위가 작은 경우에는 담요 등을 덮어 끄고, 범위가 큰 경우에는 소화기를 사용하여 불을 끈다. 물을 섞으면 불꽃이 사방으로 튀어 불이 번지게 되고 더 큰불을 초래하므로 물을 사용하지 않는다.

③ C형은 전기를 통한 상태에서 발생하는 화재로 과전류가 흘러 전선이나 전자제품이 과열되거나 하나의 콘센트에 너무 많은 가전제품을 연결하여 사용할 때 발생한다. 물은 전기를 통하게 해주는 도체이므로 감전의 위험이 있기 때문에 물로 불을 끄면 안 되며, 전원을 차단하고 반드시 소화기로 불을 꺼야 하는 화재 유형이다.

(2) 발화요인에 따른 화재의 종류

발화요인별로 화재의 종류를 구분해 보면 다음과 같다.

① 전기화재

전기화재는 합선이나 누전, 과전류 등으로 인해 화재가 발생하는 것으로 화재 발생 건수에서 차지하는 비율이 매우 높다. 합선에 의한 발화는 전선이나 전기기구의 절연체가 파괴되거나 두 가닥의 전선이 어떤 원인에 의해 서로 접촉하여 순간적으로 발생된 큰 전류와 높은 열에 의해 화재가 발생하는 경우이다. 누전에 의한 발화는 전선이나 전기기구 등의 절연 불량 등의 원인으로 화재가 발생하는 경우이며, 과전류에 의한 발화는 하나의 콘센트에 많은 전기기구를 사용하거나 적정 용량을 초과하여 전기를 과다하게 사용하는 경우에 발생하는 화재이다. 그 외에도 규격 미달의 전선이나 전기기계 등을 사용할 때도 전기화재가 발생할 수 있다.

② 유류화재

유류는 가연성 액체로 상온보다 낮은 인화점을 지니고 있어 공기 중에 가연성 증기를 발생시키며 이 증기가 불씨와 접촉하면 쉽게 인화되는 특성을 지닌다. 유류화재의 원인으로는 주유 중 흘린 기름이나 기름의 증기에 불씨가 닿을 경우, 유류기구를 사용하는 도중 이동하거나 넘어질 경우 또는 튀김요리 중 튀김기름이 가열되어 넘치는 경우를 들 수 있다. 유류화재는 급격히 확산되어 소화활동이 매우 어려우므로 발생되지 않도록 예방하고 유류를 조심히 다루어야 한다.

③ 가스화재

가스화재는 실내에 보관된 용기에서 가스가 누출되는 경우, 점화 미확인이나 환기 불량에 의한 누설 폭발, 인화성 물질의 동시 사용 등으로 인해 화재가 발생하는 것을 의미한다. 가스는 열량이 높고 사용하기 편리하여 널리 사용되는 연료이지만 가스가 공기와 일정 비율로 혼합되어 있을 때 착화되면 연소 또는 폭발하기 때문에 매우 위험하므로 안전하게 사용하고 자주 점검해야 한다.

④ 부주의에 의한 화재

사소한 부주의에 의해서도 화재가 자주 발생한다. 담배꽁초의 방치, 음식물 조리 중 발화, 쓰레기 조각, 불씨나 불꽃의 방치, 불장난, 용접이나 절단 등의 불티 발생, 임야나 논 태우기, 가연물들의 근접 방치, 빨래 삶기, 폭죽놀이 등 다양한 원인으로 인해 화재가 발생할 수 있다.

⑤ 방화

방화는 고의적으로 건물이나 구조물, 탈 것 등에 불을 지르는 것을 의미하며 이는 법률상 범죄로 규정되어 있다. 최근에는 개인적으로 내재된 불만을 해소하기 위해서 또는 사회적 관심을 끌기 위해서 방화를 저지르는 경우도 종종 있기 때문에 철저한 대비가 필요하다.

3 화재안전교육의 내용 및 대처방법

1) 화재안전교육의 내용

영유아교육기관과 가정에서는 항상 화재의 위험에 존재하기 때문에 화재가 일어나기 전에 사전에 예방하는 것이 중요하다. 이에 영유아교육기관과 가정에서 화재 관련 예방법을 살펴보면 다음과 같다(이기숙, 장영희, 정미라, 배소연, 박희숙, 2008; 권혜진 외, 2015).

(1) 전기화재 안전수칙

① 합선으로 인한 화재를 예방하기 위해서는 퓨즈, 과전류 차단기, 전선은 용량에 적합한 제품을 사용한다.

② 누전에 의한 화재를 예방하기 위해서 배선의 피복 손상 여부를 수시로 확인해야 한다.

③ 각종 전기기기는 사용 후 반드시 플러그를 뽑아 둔다.

④ 전기 시설 부근에는 가구, 타기 쉬운 가연물을 두지 않는다.

⑤ 전기장판 등 발열체를 장시간 사용하지 않는다.

⑥ 전열기 등의 자동 온도 조절기의 고장 여부를 수시로 확인한다.

⑦ 접지극이 있는 제품사용을 권장한다.

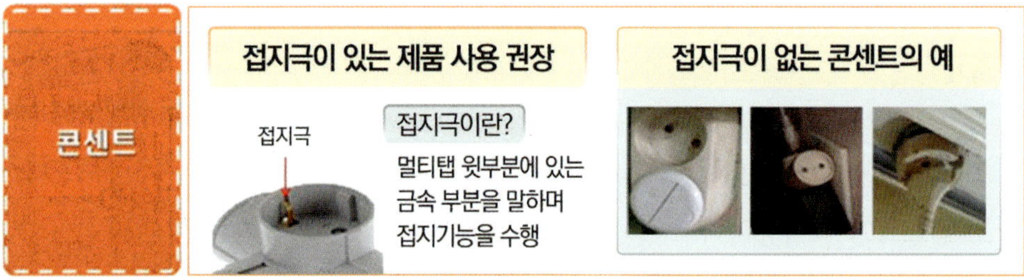

출처: 어린이집안전공제회(2018). 어린이집 사고와 안전관리 자료집.

(2) 유류화재 안전수칙

① 유류저장소는 환기가 잘되도록 하며 인화성 기체가 체류하지 않도록 한다.
② 급유 중 흘린 기름을 반드시 바로 닦는다.
③ 열기구 주변에는 가연성 물건을 두지 말고 소화기나 모래를 준비해 둔다.
④ 외출하거나 잠자리에 들기 전 반드시 열기구를 점검하는 습관을 기른다.

(3) 가스화재 안전수칙

① 사용 전 가스가 새는지 냄새로 확인하고 창문을 열어 가스 연소에 필요한 공기가 충분히 들어오도록 한다.
② 사용 중에는 불이 확실히 점화되었는지 확인하고 파란 불꽃이 되도록 공기 구멍을 조절하여 사용한다.
③ 사용 후에는 점화콕과 중간밸브를 잠근다.

(4) 불장난 화재 안전수칙

① 영유아가 라이터, 양초, 폭죽 등을 가지고 놀지 않도록 하고 점화물건들이 영유아의 손이 닿지 않는 곳에 보관한다.
② 성인이 없을 때는 영유아가 혼자서 불을 켜지 않도록 지도한다.

2) 화재안전교육의 대처법

(1) 발화초기의 안전 조치

① 화재가 발생하면 최초 발견자는 큰 소리로 '불이야'를 외치거나 비상벨을 눌러 다른 사람들에게 화재가 발생했다는 사실을 알려야 한다.

② 즉시 소화기, 모래, 옥내 소화전 등을 이용하여 불을 끄도록 해야 한다.

③ 초기 소화가 불가능하다고 판단되면 지체 없이 소방관서에 신고를 하고 즉시 대피해야 한다.

④ 영유아의 경우 화재가 발생한 사실을 알면 바로 건물 밖으로 대피해야 한다.

(2) 소화기 사용

① 소화기 사용

- 화재가 발생했을 때 가장 중요한 것은 초기 진압이며 이때 가장 많이 사용되는 기구가 소화기이다.
- 영유아교육기관에서는 소화기를 교실과 복도에 1개 이상씩 비치하고 눈에 잘 띄는 곳, 습기가 적은 곳에 보관한다.
- 소화기 점검표를 소화기 두는 곳에 부착하여 정기적으로 점검한다.
- 압력이 낮은 것은 소방전문업체에 점검을 의뢰하여 관리하고 5년 이상이 된 것은 새것으로 교체하며, 분말소화기의 내용연수는 10년이다.

| 일반 소화기 사용법 |

1. 불이 난 장소로 소화기를 가져가서 소화기 안전핀을 뺀다.
2. 노즐을 빼서 불 쪽으로 향한다.
3. 손잡이를 움켜쥔다.
4. 바람을 뒤로 하고 소화기 호스를 불이 난 곳으로 향한 후 빗자루로 쓸 듯이 소화액을 분사한다.

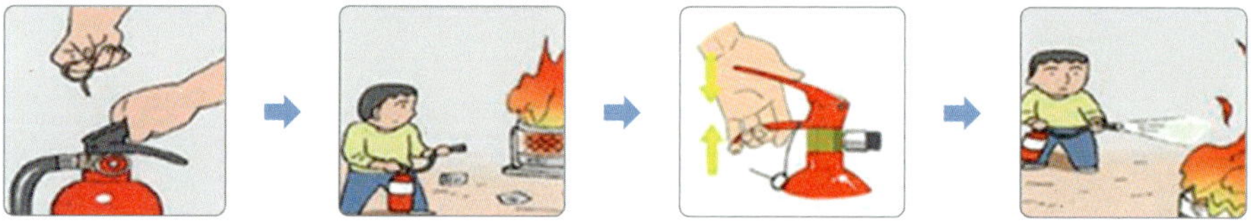

① 소화기의 안전핀을 뺀다. → ② 노즐을 빼서 불 쪽으로 향한다. → ③ 손잡이를 움켜쥔다. → ④ 바람을 등지고 골고루 분사한다.

출처: 어린이집 안전공제회(2018). 어린이집 사고와 안전관리 자료집.

② 소화기 종류

	분말소화기	투척용소화기	K급소화기(주방화재용)
소화기 종류		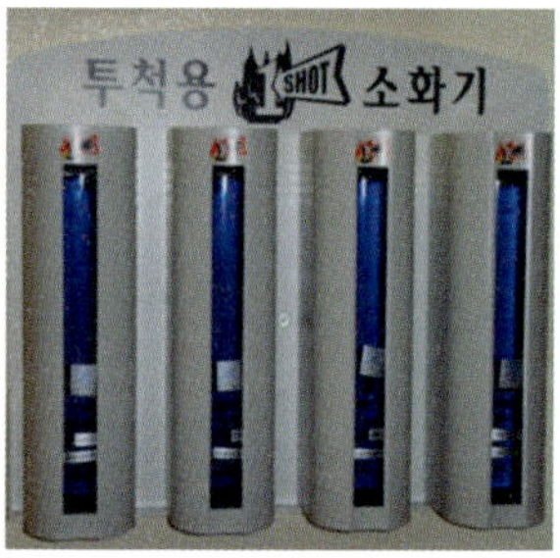	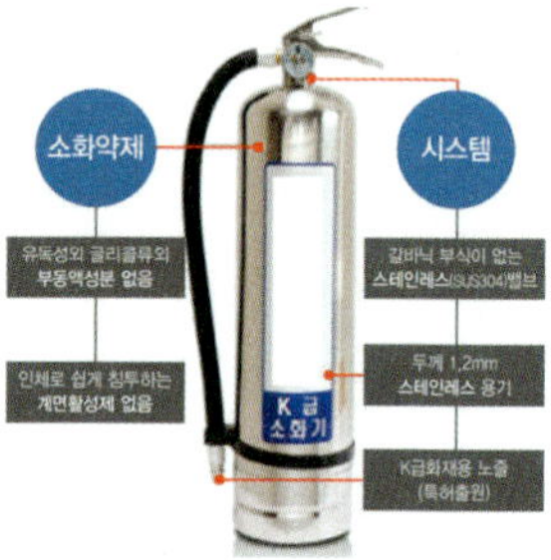
관리 상태 확인	• 소화기 손잡이 주변의 지시압력계가 녹색 범위 안에 있는지 확인 • 분말 소방약제가 굳어 있지 않은지 확인	4개 한 세트로 설치되어 있는지 확인	주방화재(K급화재)에 대비하여 주방에는 주방화재용 K급소화기 비치 유무 확인

③ 소화기 관리 및 점검 방법

[소화기 관리]

- 정상 상태: 녹색부분
- 이상차압상태: 적색부분
- 압력미만상태: 흰색 또는 노란색 부분

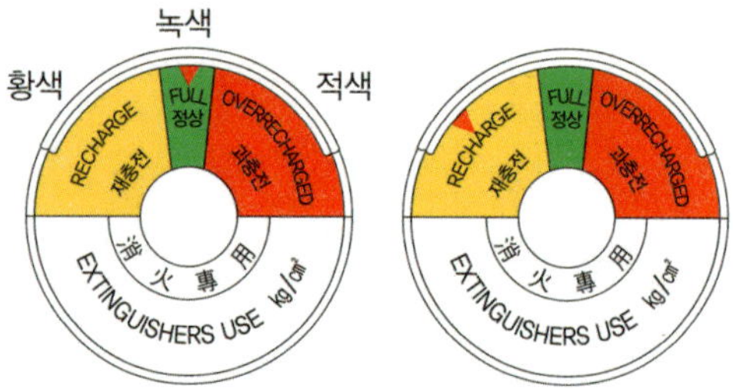

(정상) (재충전)

[소화기 점검 방법]

외관상으로 녹이 슬거나 파손된 부분은 없는지 살핀다.

액체가 굳지는 않았는지, 거꾸로 흔들어서 미세한 분말이 움직이는 느낌이 있는지 확인한다.

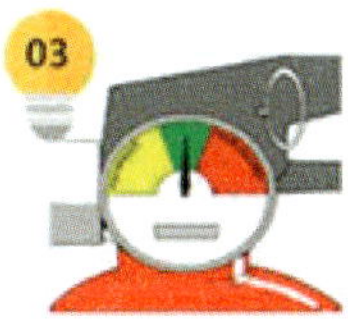

지시압력계 바늘이 녹색범위를 가리키고 있는지 확인한다.

소화기와 소화기 점검표를 함께 비치하여 정기적으로 점검 및 관리한다.

④ 옥내 소화전 사용법

1 화재가 발생하면 화재를 알리고자 발신기 스위치를 누르고 소화전 문을 열고 관창(물을 뿌리는 부분, 노즐)과 호스를 꺼낸다.

↓

2 다른 사람은 호스의 접힌 부분을 펴주고 관창(노즐)을 가지고 간 사람이 물 뿌릴 준비가 되었으면 소화전함 개폐밸브를 돌려 개방한다.

↓

3 관창을 잡고 불이 타는 곳으로 물을 뿌린다.

(3) 화재 경보 설비 및 피난설비

① 화재 경보 설비

「화재예방, 소방시설 설치·유지 및 안전관리에 관한 법률」 제9조 제1항에 따라 영유아교육기관에서는 소방청장이 정하여 고시하는 단독경보형 감지기의 화재안전기준에 따른 단독경보형감지기를 설치해야 한다(2018년 6월 13일부터 시행).

② 피난설비: 비상출구(비상대피로), 비상계단, 피난기구

어린이집안전공제회(2018) 어린이집 사고와 안전관리에 제시한 피난설비에 대해 살펴보면 다음과 같다.

- 비상시 양방향 대피가 가능해야 한다.
- 문은 대피 방향으로 열리도록 한다.
- 문은 잘 열려야 하며 항상 개방되어 있어야 한다.
- 강화 통유리인 경우 비상구 규격에 맞아야 하며, 옆에 비상 망치를 구비해 두어야 한다.
- 개방에 방해되는 커튼, 거울, 교구장, 짐 등을 놓아서 비상출구를 막지 않도록 해야 한다.
- 비상계단은 주 계단 외에 각 층별로 건물내부를 경유하지 않고 직접 지상으로 바로 연결되는 계단이어야 한다.
- 피난기구는 화재가 발생하였을 때 영유아와 사람들을 안전한 장소로 피난시킬 수 있는 기구이어야 한다.

(4) 화재신고 방법

① 화재가 발생했을 때 먼저 119에 신고를 하고 소화기나 물을 이용하여 초기 소화를 시도해야 한다.

② 진화가 불가능하다고 판단되면 즉시 대피해야 한다.

③ 소방관서에 화재신고를 할 때에는 침착하게 화재발생 장소, 주소, 주요 건축물 또는 목표물, 화재의 종류 등을 상세하게 설명하여야 한다.

(5) 화재 대피 안전수칙

① 건물 내부에서 화재가 발생했을 때 영유아는 신속하게 건물 밖으로 나올 수 있도록 지도해야 한다.

② 건물에서 밖으로 나올 수 있는 출구나 비상구 표시를 익히도록 지도해야 한다.

③ 화재가 발생했을 때에는 엘리베이터 사용은 피하는 것이 좋다.

④ 일단 외부로 대피했을 때에는 절대 건물 안으로 다시 진입해서는 안 된다.

3) 화재안전교육 내용 및 대처방법

(1) 화재안전교육 사례 유형별 안전교육 및 대처방법

어린이집안전공제회(2018) 어린이집 안전사고 사례집에서 살펴본 어린이 차량 관련 사고 유형은 다음과 같다.

① 갑자기 나온 온수에 화상을 입었어요.

[사례] 간식을 먹은 후 아이를 세수시키기 위해 선생님은 민혁이를 안고 화장실로 갔습니다. 선생님이 물을 틀자 민혁이는 씻기 싫다고 발버둥을 치면서 소리를 질렀습니다. 선생님은 민혁이를 제대로 앉히기 위해 자세를 바꾸는 순간, 세게 발버둥 치던 민혁이가 발로 수도꼭지를 차버렸습니다. 미지근한 물이 나오던 수도꼭지에서 갑자기 뜨거운 물이 쏟아져 나오면서 민혁이는 발과 다리에 화상을 입게 되었습니다.

[지도 지침] 영유아의 피부는 매우 약해서 화상사고에 아주 취약하다. 세면대 밑 밸브를 통해 온수 온도와 유입량을 조절하여 이로 인한 화상사고가 일어나지 않도록 유의해야 한다.

② 전기주전자의 물이 쏟아졌어요.

[사례] 선생님은 0세 아이들의 분유를 타기 위해 전기주전자에 물을 끓이고 있었습니다. 그리고 어느 정도 식히기 위해 싱크대에 전기주전자를 올려놓고 다른 아이들의 간식을 준비하였습니다. 이때 유희실에 있던 경훈이가 뒤뚱거리면서 걷다가 넘어져 우는 소리가 들렸습니다. 선생님은 주방 안전문을 열고 경훈이에게로 뛰어갔습니다. 마침 바로 옆 보육실에서 나오던 이수는 살짝 열린 안전문을 밀고 주방으로 기어갔습니다. 싱크대까지 기어온 이수는 전기주전자의 줄을 발견하고 호기심에 휙 잡아당겨 보았습니다. 주전자가 바닥으로 떨어지면서 아직 식지 않은 뜨거운 물이 이수 몸 전체에 쏟아졌고 이수는 큰 화상을 입게 되었습니다.

[지도 지침] 전열기구 등은 영유아들의 손이 닿는 곳에 노출되지 않도록 해야 한다. 분유를 타기 위한 온수는 영유아들이 출입할 수 없도록 조리실 안전문을 잠근 후 주방에서 끓이고 충분히 식힌 후 적정온도인지 확인하고 보육실로 가지고 와서 사용하도록 한다.

③ 불을 이용한 활동은 주의 또 주의

[사례] 금요일 특별활동 시간에는 아이들과 허브 향초 만들기를 하였습니다. 향초를 만들기 위한 준비물을 설명하고 만드는 방법도 자세히 알려주었습니다. 20분 뒤 색깔별로 몇 가지 향초를 다 만들어 활동을 마무리하려는데 호준이가 녹색으로도 향초 만들기를 원하였습니다.

선생님은 다시 젤 왁스를 냄비에 넣고 녹이기를 하는데 갑자기 버너에서 불꽃이 튀어 황급히 불을 껐습니다. 그리고 아이들에게 뜨거우니 조심하라는 주의를 한 번 더 준 후 다시 시작하려는 순간, 냄비 바로 옆에 앉아 있던 호준이 다리에 부글부글 끓던 왁스 용액이 튀면서 화상을 입게 되었습니다.

[지도 지침] 불을 사용하는 활동은 가급적 제한하는 것이 좋다. 꼭 필요하다면 영유아들은 불과 일정 간격을 두어 활동하도록 해야 하며 가열 시 약한 불을 사용해야 한다. 가열하는 동안에는 내용물이 밖으로 튀지 않도록 내열유리로 된 뚜껑을 사용하는 것이 좋다.

④ 방금 도착한 오토바이

[사례] 체험학습을 온 사랑반 아이들은 미술관 입장을 위해 한 줄로 서서 선생님의 말씀에 따라 대기하고 있었습니다. 다리가 아파 계속 서 있기 힘들었던 승빈이는 미술관 앞에 세워져 있던 오토바이에 잠시 기대어 섰습니다.

그런데 조금 후 승빈이가 갑자기 "앗 뜨거워"라고 소리를 질렀습니다. 이에 놀란 선생님이 달려와 아이를 보자 오른쪽 다리의 종아리 부분이 빨갛게 부어올라 있었습니다. 시동을 끈 지 얼마 되지 않은 오토바이에 아이의 살이 닿아 화상을 입은 것이었습니다.

[지도 지침] 현장학습지는 영유아들을 위한 공간이 아니므로 안전사고가 일어나기 쉽습니다. 시동을 끈 지 얼마 되지 않은 오토바이, 여름철 자동차, 철로 만든 미끄럼틀, 지열에 달아오른 아스팔트 바닥 등은 부주의하게 접촉하였을 때 화상사고가 발생할 수 있으므로 주의해야 함을 지도해야 한다.

⑤ 생일 축하파티

[사례] 오늘은 5월 생일을 맞은 어린이집 친구들의 파티가 있는 날입니다. 친구들은 고깔모자를 나눠 쓰고 각자 준비한 작은 선물을 챙겨 보육실로 모였습니다. 보육실 한가운데에는 다양한 간식거리와 생일케이크가 준비되어 있었습니다. 아이들은 다 같이 생일축하 노래를 목청껏 부르며 즐거워하였습니다. 노래가 끝나자 생일인 친구들이 촛불을 후 불었고, 신이 난 승윤이는 박수를 치며 보육실을 뛰어다녔습니다. 친구들이 모여 있는 곳으로 다시 돌아온 승윤이는 그만 속도 조절을 하지 못하여 막 불이 꺼진 초에 턱 부분이 닿아 화상을 입었습니다.

[지도 지침] 영유아들이 들뜨기 쉬운 새로운 활동 시간에는 교사의 지도가 중요하다. 영유아들이 흥미로운 사물을 만지기 위해 손을 뻗을 수도 있고 성급한 행동을 할 수도 있기 때문이다. 생일상과 영유아들과의 안전거리를 유지하고 촛불을 끄자마자 초를 제거하여 불씨가 남지 않도록 물티슈에 대어 소화하도록 한다.

(2) 영유아 대상의 화재안전교육

표준보육과정과 누리과정에서 재난 및 사고 등 비상시에 적절하게 대처하는 능력, 기술, 방법을 내용으로 다루어야 한다고 명시하고 있다. 그리고 영유아교육기관의 장은 매년 안전교육 계획을 수립하여 교육을 실시하고 그 결과를 교육감이나 시, 군, 구청장에게 매년 1회 보고해야 한다(보건복지부, 2016).

영유아교육기관에서의 화재안전교육의 방법은 다음과 같다(이윤경, 문혁준, 권희경, 김명애, 김해금, 김해연, 서소정, 안효진, 정지나, 조해정, 천희영, 2015).

① 연간 화재안전교육 계획을 수립하여 실천하되 교육과정 운영과 연계하여 주제 선정에 따른 통합적 접근방법으로 교육을 실시한다.
② 어린 영아와 장애영유아들은 연령과 발달 특성을 고려하여 교육을 계획하여야 한다.
③ 영유아교육기관의 실정에 맞는 화재안전 관련 수칙을 지정하며, 안전행동 홍보를 위한 환경물을 조성한다.
④ 매월 1회 화재대피훈련을 실시하며, 영유아교육기관과 가정은 안전점검의 날을 운영하도록 한다.
⑤ 매일의 일과운영 안에서 지속적으로 화재안전교육에 익숙해지도록 지도해야 한다.
⑥ 지역사회 및 가정과의 연계교육을 통해 실생활에서 화재를 예방하고 대처할 수 있도록 한다. 화재안전 전문가 또는 관련기관에 소방안전교육을 요청하여 연계해 나가야 한다.
⑦ 소방서, 어린이 안전재단 등을 방문하여 직접 가상의 상황에서 대피훈련을 하고 소화기 사용법을 익히는 등 체험교육을 한다.
⑧ 가정통신문 등을 통해 연중 화재안전교육을 가정과 연계하여 실시한다.

(3) 교사 및 부모 대상의 화재 안전교육

① 교사 대상의 화재안전교육

- 영유아교육기관은 모든 교직원을 대상으로 연간 자체 화재안전교육 계획을 수립하고 정기적으로 점검 및 훈련을 실시해야 한다.
- 영유아교육기관의 교직원은 화재안전교육 지침을 숙지하여야 하며, 안전관련기관에서 화재안전교육이 시행될 때 적극적으로 참여하고 화재관련 지식을 습득하여야 한다.

② 부모 대상의 화재안전교육

- 영유아 화재안전교육은 가정과의 연계가 매우 중요하다. 그러므로 영유아교육기관은 부모 대상의 연간 화재안전교육 계획을 수립하고 실시해야 한다.
- 부모들에게 영유아의 화재안전교육과 관련된 정보를 가정통신문, 홈페이지 게시판, 부모교육 등을 통해 다양한 정보를 정기적으로 제공해야 한다.

Activity

소화약제를 압력에 따라 방사하는 기구로서 사람이 수동으로 조작하여 소화하는 소화기의 관리 방법과 압력계 점검방법에 대해 설명해 보세요.

생각해보아요.

1. 소화기 관리방법

2. 소화기 압력계 점검방법

Solution

1. 소화기 관리방법

내용연한

검사일자 기준으로 10년입니다.
분말 소화기는 10년이 지나면 교체하거나 성능확인 검사를 받아야 합니다.

외관 점검

손잡이나 호스 등의 손상이나 변형을 확인합니다.
호스와 노즐이 정확하게 결합되었는지, 외관상 녹이 슬거나 파손되지 않았는지 수시로 확인합니다.

압력계 확인 점검

지시 압력계 바늘이 녹색 범위를 가리키고 있는지 확인합니다.
• 적색 - 과압 이지만 사용가능 • 황색 - 압력부족으로 교체

위아래 거꾸로 들기

신형 축압식 소화기는 습기가 들어 갈 확률이 적어 자주 흔들 필요는 없지만 자체 분말 압력으로 굳을 수 있습니다.
게이지 확인 및 바닥 부식 상태 확인을 위해 직접 들어보는 것을 권장합니다.

소화기 점검표 기록

소화기에 소화기 점검표를 부착하여 정기적으로 육안 점검을 실시합니다.
소화기 점검표에 점검 결과를 기록·관리합니다.
※ 소화기 점검표[별첨 2] 참고, p.127

2. 소화기 압력계 점검방법
   - 점검은 소화기에 부착된 압력계의 지시침을 확인한다.
   - 지시침은 정상상태 시 녹색 부분을, 이상차압상태 시 적색 부분을, 압력 미만 상태 시 흰색 또는 노란색 부분을 가리킨다.
   - 예외적으로 이산화탄소 소화기는 압력계가 부착되어 있지 않아 압력이 외관상으로 확인되지 않는다.

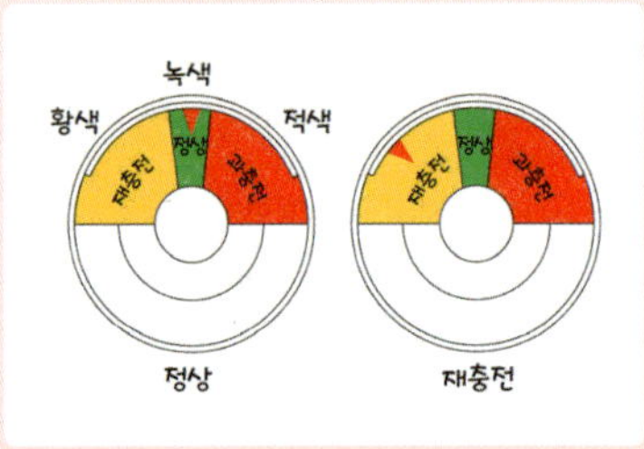

소화기 압력계

출처: 어린이집안전공제회(2021). 2019개정판 어린이집 안전관리백과; 소방·재난. 서울: 어린이집안전공제회, 48-49.

참고문헌

권혜진, 김혜라, 전숙영, 정윤주, 채진영, 한유진(2015). 아동안전관리. 서울: 창지사.

소방청(2024). 「화재발생총괄표」.

소방청(2024). 「화재통계연보」.

어린이집안전공제회(2024). 2023 어린이집 안전공제회 통계자료.

이윤경, 문혁준, 권희경, 김명애, 김해금, 김해연, 서소정, 안효진, 정지나, 조해정, 천희영(2015). 아동안전관리. 서울: 창지사.

CHAPTER 06

대인관계 안전교육

1 아동학대

1) 아동학대의 개념 및 필요성

(1) 아동학대의 개념

아동학대란 보호자를 포함한 성인이 아동의 건강 또는 복지를 해치거나 정상적 발달을 저해할 수 있는 신체적·정신적·성적 폭력이나 가혹행위를 하는 것과 아동의 보호자가 아동을 유기하거나 방임하는 것을 말한다(아동복지법 제3조 제7호).

아동학대범죄란 보호자에 의한 아동학대를 말하며 형법상범죄(상해, 폭행, 유기, 학대, 체포, 강간, 강요, 재물손괴 등), 복지법상 범죄(신체, 정서, 성, 방임), 다른 법률에 의해 가중처벌 되는 죄, 아동학대처벌법에 규정된 범죄(아동학대치사, 중상해, 상습범)가 해당된다(아동학대범죄의 처벌 등에 관한 특례법 제2조 제4호).

① 신체학대(Physical Abuse)

보호자를 포함한 성인이 아동의 건강 또는 복지를 해치거나 정상적 발달을 저해할 수 있는 신체적 폭력이나 가혹행위(아동복지법 제3조 제7호)를 하는 것으로 보호자를 포함한 성인이 아동에게 우발적인 사고가 아닌 상황에서 신체적 손상을 입히거나 또는 신체손상을 입도록 허용한 모든 행위를 의미한다. 예를 들어 직접적으로 신체에 가해지는 행위, 도구를 사용하여 신체를 가해하는 행위, 완력을 사용하여 신체를 위협하는 행위, 신체에 유해한 물질로 신체에 가해지는 행위이다.

② 정서학대(Emotional Abuse)

보호자를 포함한 성인이 아동의 건강 또는 복지를 해치거나 정상적 발달을 저해할 수 있는 정신적 폭력이나 가혹행위(아동복지법 제3조 제7호)를 하는 것으로 보호자를 포함한 성인이 아동에게 행하는 언어적 모욕, 정서적 위협, 감금이나 억제, 기타 가학적인 행위를 말하며 언어적, 정신적, 심리적 학대라고도 한다. 예를 들어 원망적·거부적·적대적 또는 경멸적인 언어폭력, 잠을 재우지 않는 것, 집을 내쫓는 행위, 형제나 친구 등과 비교, 차별, 편애하는 행위, 가족 내에서 왕따시키는 행위, 아동이 가정폭력을 목격하도록 하는 행위 등이다.

③ 방임(Neglect) 및 유기

방임이란 아동의 보호자가 아동을 방임하는 행위(아동복지법 제3조 제7호)를 말하며, 기본적인 의식주를 제공하지 않거나 불결한 환경에 아동을 방치하는 행위, 아동에게 필요한 의료처리를 하지 않거나 학교에 보내지 않는 행위, 아동을 보호하지 않고 버리는 행위 등이 포함된다. 물리적 방임은 기본적인 의식주를 제공하지 않는 행위, 불결한 환경이나 위험한 상태에서 아동을 방치하는 행위, 아동의 출생신고를 하지 않는 행위 등이다. 교육적 방임은 보호자가 아동을 특별한 사유 없이 학교(의무교육)에 보내지 않거나 아동의 무단결석을 허용하는 행위이다. 의료적 방임은 아동에게 필요한 의료적 처치 및 개입을 하지 않는 행위이다. 유기는 아동을 보호하지 않고 버리는 행위, 아동을 병원에 입원시키고 사라진 경우 등이다.

④ 성학대(Sexual Abuse)

보호자를 포함한 성인이 아동의 건강 또는 복지를 해치거나 정상적 발달을 목적으로 18세 미만의 아동에게 행하는 모든 성적 행위를 말한다. 자신의 성적 만족을 위해 아동을 관찰하거나 아동에게 성적인 노출을 하는 행위, 아동을 성적으로 추행하는 행위, 아동에게 유사성행위를 하는 행위, 성교를 하는 행위, 성매매를 시키거나 성매매를 매개하는 행위 등이다.

(2) 아동학대 예방교육의 필요성

아동학대는 외상후 스트레스장애를 비롯한 영유아의 전반적 정신건강, 부모 자녀 관계 및 가족관계, 그리고 낮은 자존감, 분노 및 공격성, 행동문제, 학습장애, 가출, 높은 자살률, 범죄행위 연루 비율, 건강한 대인관계 형성 및 유지의 어려움, 성적 문란 행동, 신체질병 등 다양한 병리적 문제를 보이게 된다(박진아, 이경숙, 2015).

2) 아동학대 안전사고의 실태 및 유형

2023년 집계된 전체 신고접수 건수는 총 48,522건이며, 이 중 아동학대의심사례는 45,771건으로 전체 신고접수의 94.3%, 그 외 동일신고가 753건(1.6%), 일반상담이 1,997건(4.1%)이었다. 전년 대비 신고접수 건수가 5.2% 증가하였으며 2021년에 신고접수가 일시적으로 급증함에 따라 전년과 비교하여 감소한 2022년을 제외하면 최근 5년간 신고접수 건수는 지속 증가 추세인 것으로 나타났다. 사례 판단 결과 아동학대의심사례 45,771건 중 아동학대사례로 판단된 사례는 25,739건(56.2%), 일반사례 19,530건(42.7%), 조사 진행 중 사례는 502건(1.1%)으로 나타났다.

| 표 6-1 | 아동학대 신고 및 학대 판단 건수

(단위: 건)

구분	2019년	2020년	2021년	2022년	2023년
전체 신고 건수	41,389	42,251	53,932	46,103	48,522
아동학대 의심사례 건수[1)]	38,380	38,929	52,083	44,531	45,771
아동학대 판단 건수[2)]	30,045	30,905	37,605	27,971	25,739

* 1) 아동학대 의심사례 건수: 아동학대 신고 건 중 동일 건 신고 등으로 바로 종결 처리한 건을 제외하고, 실제로 아동학대 여부를 판단한 건수

2) 아동학대 판단 건수: 아동학대 의심사례 중 지자체에서 아동학대로 판단한 건수

출처: 보건복지부(www.mohw.go.kr). 2023 아동학대 주요 통계.

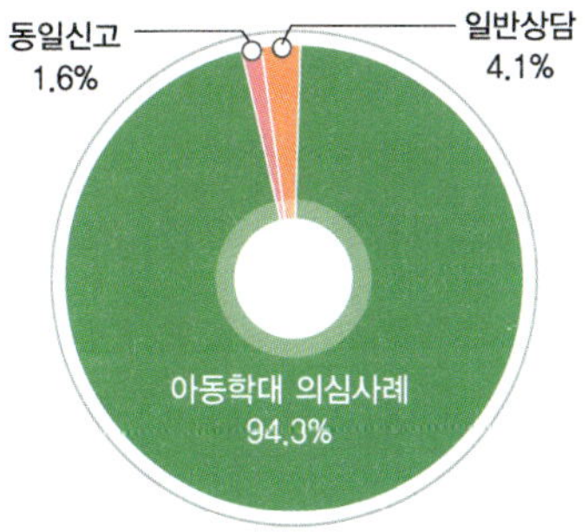

출처: 보건복지부(www.mohw.go.kr). 2023 아동학대 주요 통계.

| 그림 6-1 | 신고접수 건수

아동학대의심사례로 신고접수된 45,771건에 대한 신고자 유형을 살펴보았다. 신고의무자에 의한 신고는 12,553건(27.4%)으로 나타났으며, 이 중 초·중·고교 직원이 5,307건(11.6%)으로 가장 높았다. 비신고의무자에 의한 신고접수 건수는 33,218건(72.6%)이었으며, 부모 13,946건(30.5%), 아동본인 11,399건(24.9%) 순으로 높게 나타났다.

| 표 6-2 | 신고자 유형 (단위: 건, %)

신고의무자			비신고의무자		
초·중·고교 직원	5,307	(11.6)	아동 본인	11,399	(24.9)
의료인·의료기사	447	(1.0)	부모	13,946	(30.5)
아동복지시설 종사자	577	(1.3)	형제, 자매	782	(1.7)
장애인복지시설 종사자	48	(0.1)	친인척	688	(1.5)
보육교직원	160	(0.4)	이웃·친구	3,079	(6.7)
유치원교직원·강사	178	(0.4)	경찰	276	(0.6)
학원 및 교습소 종사자	46	(0.1)	종교인	11	(0.0)
소방구급대원	42	(0.1)	사회복지관련 종사자	355	(0.8)
성매매피해시설상담 종사자	2	(0.0)	의료사회복지사	6	(0.0)
한부모가족복지시설 종사자	10	(0.0)	낯선 사람	962	(2.1)
가정폭력피해자보호시설 및 상담소 종사자	84	(0.2)	익명	252	(0.6)
사회복지시설종사자	158	(0.4)	법원	55	(0.1)

아동권리보장원·가정위탁지원센터 종사자	22	(0.1)	기타	1,407	(3.1)
사회복지전담공무원	2,330	(5.1)			
아동복지전담공무원	2,103	(4.6)			
아동보호전문기관장과 종사자	621	(1.4)			
건강가정지원센터 종사자	29	(0.1)			
다문화가족지원센터 종사자	24	(0.1)			
정신건강복지센터 종사자	30	(0.1)			
성폭력피해자보호시설·성폭력피해자통합지원센터 종사자	25	(0.1)			
응급구조사	1	(0.0)			
청소년시설 및 단체 종사자	109	(0.2)			
청소년보호센터 및 재활센터종사자	112	(0.2)			
아이돌보미	20	(0.0)			
취약계층아동 통합서비스 지원인력	65	(0.1)			
육아종합지원센터 종사자	2	(0.0)			
입양기관 종사자	1	(0.0)			
소계	12,553	(27.4)	소계	33,218	(72.6)
계			45,771		

출처: 보건복지부(www.mohw.go.kr). 2023 아동학대 주요 통계.

출처: 보건복지부(www.mohw.go.kr). 2023 아동학대 주요 통계.

| 그림 6-2 | 신고자 유형

학대행위자와 피해아동과의 관계는 부모에 의한 발생 건수가 22,106건(85.9%)으로 가장 높았고, 대리양육자 1,874건(7.3%), 타인 846건(3.3%) 순으로 나타났다. 부모에 의해 발생한 사례 중 친부에 의해 발생한 사례가 12,414건(48.2%), 친모가 8,921건(34.7%) 순으로 높은 비율을 차지했다.

| 표 6-3 | 아동학대 행위자 유형

(단위: 건, %)

구분		2019년	2020년	2021년	2022년	2023년
아동학대 판단(전체)		30,045(100)	30,905(100)	37,605(100)	27,971(100)	25,739(100)
부모		22,700(75.6)	25,380(82.1)	31,486(83.7)	23,119(82.7)	22,106(85.9)
친인척		1,332(4.4)	1,661(5.4)	1,517(4.0)	879(3.1)	771(3.0)
대리양육자		4,986(16.6)	2,930(9.5)	3,609(9.6)	3,047(10.9)	1,874(7.3)
	부모의 동거인	363(1.2)	444(1.4)	403(1.1)	193(0.7)	190(0.7)
	유치원 교직원	155(0.5)	118(0.4)	140(0.4)	100(0.4)	59(0.2)
	초·중·고교 직원	2,154(7.2)	882(2.9)	1,089(2.9)	1,602(5.7)	793(3.1)
	학원 및 교습소 종사자	320(1.1)	208(0.7)	319(0.8)	254(0.9)	259(1.0)
	보육 교직원	1,384(4.6)	634(2.1)	1,221(3.2)	600(2.1)	356(1.4)
	아동복지시설 종사자	408(1.4)	556(1.8)	217(0.6)	175(0.6)	129(0.5)
	기타 시설 종사자	63(0.2)	12(0.0)	93(0.2)	69(0.2)	50(0.2)
	청소년 관련 시설 종사자	87(0.3)	14(0.0)	58(0.2)	8(0.0)	3(0.0)
	위탁부	3(0.0)	4(0.0)	6(0.0)	2(0.0)	2(0.0)
	위탁모	8(0.0)	16(0.1)	17(0.0)	9(0.0)	3(0.0)
	아이돌보미	41(0.1)	42(0.1)	46(0.1)	35(0.1)	30(0.1)
타인		663(2.2)	565(1.8)	658(1.7)	573(2.0)	846(3.3)
기타		364(1.2)	369(1.2)	335(0.9)	353(1.3)	142(0.6)

출처: 보건복지부(www.mohw.go.kr). 2023 아동학대 주요 통계.

아동학대 발생장소의 경우, 전체 아동학대사례 중 가정 내에서 발생한 사례가 21,336건(82.9%)으로 가장 높게 나타났고, 그중 아동 가정 내에서 발생한 사례가 20,659건(80.3%)이었다. 어린이집, 유치원, 학교와 같이 아동을 돌보고 교육하는 기관에서 발생한 아동학대는 각각 382건(1.5%), 62건(0.2%), 889건(3.5%)으로 파악되었다. 또한 복지시설의 경우, 아동복지시설이 154건(0.6%), 기타 복지시설이 55건(0.2%)으로 전체 사례 중 0.8%였다.

| 표 6-4 | 아동학대 발생장소

(단위: 건, %)

발생장소		건수(비율)	
가정 내	아동 가정 내	20,659	(80.3)
	학대행위자 가정 내	677	(2.6)
소계		21,336	(82.9)
집 근처 또는 길가		1,809	(7.0)
친척집		161	(0.6)
이웃집		55	(0.2)
어린이집		382	(1.5)
유치원		62	(0.2)
학교		889	(3.5)
학원		250	(1.0)
병원		40	(0.2)
복지시설	아동복지시설	154	(0.6)
	기타복지시설	55	(0.2)
숙박업소		129	(0.5)
종교시설		27	(0.1)
기타		390	(1.5)
계		25,739	(100.0)

출처: 보건복지부(www.mohw.go.kr). 2023 아동학대 주요 통계.

아동학대사례 유형은 정서학대가 11,094건(43.1%), 중복학대 7,383건(28.7%), 신체학대 4,698건(18.3%), 방임 1,979건(7.7%), 성학대 585건(2.3%) 순으로 높게 나타났다. 중복학대 중에서는 신체학대·정서학대가 6,330건(24.6%)으로 가장 높았고, 그다음으로 정서학대·방임 456건(1.8%), 신체학대·정서학대·방임 251건(1.0%) 순으로 나타났다.

| 표 6-5 | 아동학대 유형별 발생 현황

(단위: 건)

구분	2019년	2020년	2021년	2022년	2023년
아동학대 판단(전체)	30,045	30,905	37,605	27,971	25,739
중복	14,476	14,934	16,026	9,775	7,383
신체	4,179	3,807	5,780	4,911	4,698
정서	7,622	8,732	12,351	10,632	11,094
성	883	695	655	609	585
방임	2,885	2,737	2,793	2,044	1,979

출처: 보건복지부(www.mohw.go.kr). 2023 아동학대 주요 통계.

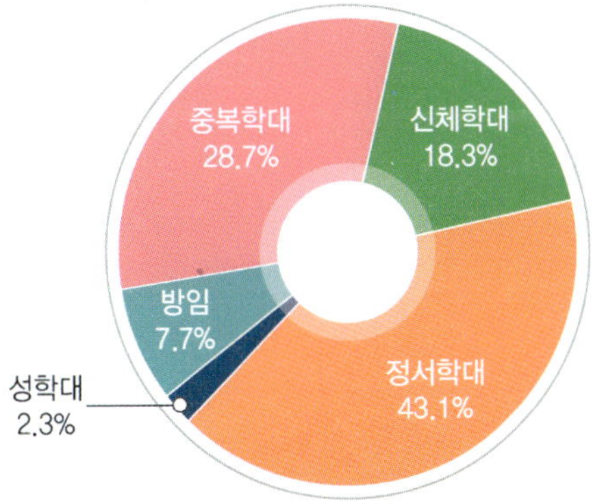

출처: 보건복지부(www.mohw.go.kr). 2023 아동학대 주요 통계.

| 그림 6-3 | 아동학대 사례 유형

아동학대로 판단된 25,739건 중 남아가 12,878건(50.0%), 여아가 12,861건(50.0%)으로 거의 동일한 것으로 나타났다.

| 표 6-6 | 피해아동 성별

(단위: 건, 명, %)

구분	남아		여아		계	
건수(비율)	12,878	(50.0)	12,861	(50.0)	25,739	(100.0)
명수(비율)	10,051	(50.0)	9,896	(50.0)	19,947	(100.0)

※ 아동학대사례 25,739건에는 동일한 아동이 두 번 이상 신고되어 아동학대로 판단된 경우이거나, 혹은 동일한 아동이 두 명 이상의 학대행위자에게 학대를 받은 경우가 포함되어 있으므로 피해아동 건수와 명수는 일치하지 않음.
출처: 보건복지부(www.mohw.go.kr). 2023 아동학대 주요 통계.

피해아동의 연령의 경우, 13~15세가 6,328건(24.6%)으로 가장 큰 비중을 차지했고, 그다음으로 10~12세 6,141건(23.9%), 7~9세 4,713건(18.3%) 순으로 나타났다.

| 표 6-7 | 피해아동 연령

(단위: 건, 명, %)

연령	건수(비율)		명수(비율)	
1세 미만	442	(1.7)	291	(1.5)
1세	578	(2.3)	367	(1.8)
2세	775	(3.0)	516	(2.6)
3세	900	(3.5)	617	(3.1)
소계	2,253	(8.8)	1,500	(7.5)
4세	970	(3.8)	671	(3.4)
5세	964	(3.8)	677	(3.4)
6세	1,182	(4.6)	824	(4.1)
소계	3,116	(12.1)	2,172	(10.9)
7세	1,416	(5.5)	1,048	(5.3)
8세	1,652	(6.4)	1,224	(6.1)
9세	1,645	(6.4)	1,257	(6.3)
소계	4,713	(18.3)	3,529	(17.7)
10세	1,848	(7.2)	1,432	(7.2)
11세	2,073	(8.1)	1,602	(8.0)
12세	2,220	(8.6)	1,792	(9.0)
소계	6,141	(23.9)	4,826	(24.2)
13세	2,222	(8.6)	1,808	(9.1)
14세	2,173	(8.4)	1,817	(9.1)
15세	1,933	(7.5)	1,619	(8.1)
소계	6,328	(24.6)	5,244	(26.3)
16세	1,591	(6.2)	1,365	(6.8)
17세	1,155	(4.5)	1,020	(5.1)
소계	2,746	(10.7)	2,385	(12.0)
계	25,739	(100.0)	19,947	(100.0)

출처: 보건복지부(www.mohw.go.kr). 2023 아동학대 주요 통계.

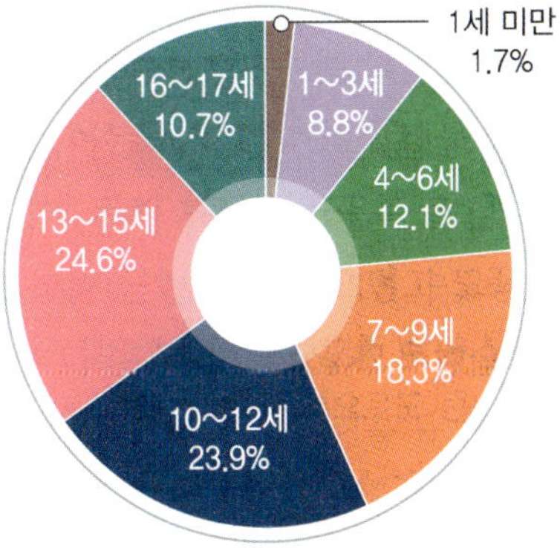

출처: 보건복지부(www.mohw.go.kr). 2023 아동학대 주요 통계.

| 그림 6-4 | 피해아동 연령

아동학대사례로 판단된 피해아동 가족유형의 경우, 친부모가정 17,218건(66.9%), 모자가정 3,171건(12.3%), 부자가정 2,168건(8.4%), 재혼가정 1,298건(5.0%) 순으로 나타났다.

| 표 6-8 | 피해아동 가족 유형

(단위: 건, %)

친부모 가정	부자 가정	모자 가정	미혼 부·모 가정	재혼 가정	친인척 보호	동거 (사실혼 포함)	가정 위탁	입양 가정	시설 보호	기타	계
17,218	2,168	3,171	383	1,298	232	296	43	46	122	762	25,739
(66.9)	(8.4)	(12.3)	(1.5)	(5.0)	(0.9)	(1.2)	(0.2)	(0.2)	(0.5)	(3.0)	(100.0)

- 친부모가정: 혼인절차에 의한 부모와 부모 사이의 자녀로 구성된 가족 형태
- 부자·모자가정: 부모의 이혼 및 사별 등의 사유로 부와 자녀 또는 모와 자녀로 구성된 가족 형태
- 미혼부·모가정: 혼인절차 없이 자녀를 출산하여 부와 자녀 또는 모와 자녀로 구성된 가족 형태
- 재혼가정: 이혼 혹은 사별 이후 혼인관계를 통해 재구성된 가족 형태
- 친인척보호가정: 8촌 이내의 혈족, 4촌 이내의 인척에게 보호되는 가족 형태
- 동거(사실혼 포함): 혼인신고 없이 동일한 주거지에서 생활하는 가족 형태
- 가정위탁: 가정위탁절차를 통해 보호가 필요한 아동을 보호하기에 적합한 가정에 일정기간 위탁하여 보호하는 형태
- 입양가정: 입양절차를 통해 양부모-양자의 관례를 맺은 가족 형태
- 시설보호: 보호조치를 통해 아동복지시설 등에서 보호하는 형태

출처: 보건복지부(www.mohw.go.kr). 2023 아동학대 주요 통계.

| 표 6-9 | 즉각 분리보호된 아동 현황

(단위: 건, %)

유형	2022년		2023년	
	건수	비율	건수	비율
합계	1,153	(100.0)	1,431	(100.0)
친족 보호	132	(11.4)	218	(15.2)
가정위탁	23	(2.0)	25	(1.8)
시설입소	991	(85.9)	1,186	(82.9)
기타	7	(0.6)	2	(0.1)

* 즉각분리(일시보호): 반복적으로 학대신고가 접수되거나 학대징후가 강하게 의심될 때 담당공무원이 피해의심 아동을 분리하여 보호조치 전까지 보호(2021.3.30.시행)

출처: 보건복지부(www.mohw.go.kr). 2023 아동학대 주요 통계.

| 표 6-10 | 재학대 발생 건수

(단위: 건)

2019년	2020년	2021년	2022년	2023년
3,431	3,671	5,517	4,475	4,048

* 재학대: 최근 5년간 아동학대 사례로 판단된 적이 있으면서 '23년에도 신고되어 아동학대로 판단된 사례를 의미

출처: 보건복지부(www.mohw.go.kr). 2023 아동학대 주요 통계.

| 표 6-11 | 아동학대 사망사고 발생 현황

(단위: 명)

2019년	2020년	2021년	2022년	2023년
42	43	40	50	44

출처: 보건복지부(www.mohw.go.kr). 2023 아동학대 주요 통계.

| 표 6-12 | 아동학대 발견율

(단위: 명)

2019년	2020년	2021년	2022년	2023년
3.81	4.02	5.02	3.85	3.64

출처: 보건복지부(www.mohw.go.kr). 2023 아동학대 주요 통계.

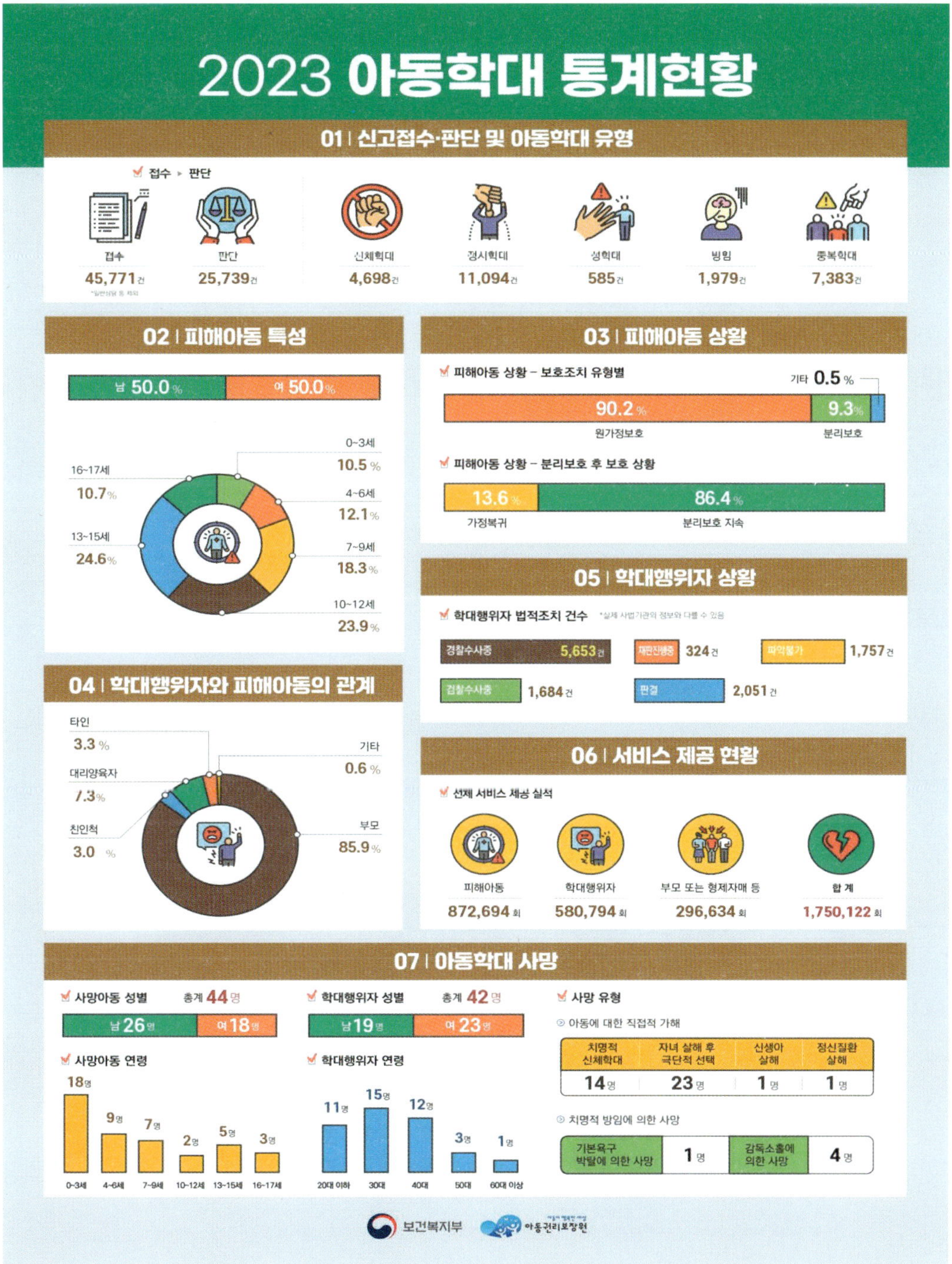

출처: 보건복지부(www.mohw.go.kr). 2023년 아동학대 통계 현황.

3) 아동학대 예방과 안전교육

(1) 아동학대의 징후

유형		징후
신체학대	신체적	• 발생 및 회복에 있어 시간 차가 있는 상처 • 사용된 도구의 모양이 그대로 나타나는 상처 • 손바닥, 발바닥, 등, 엉덩이에 담뱃불 자국, 양말 모양, 장갑 모양, 도넛 모양 상처 • 뜨거운 물에 잠겨서 생긴 화상자국 • 팔, 다리, 목 등에 묶은 줄 자국의 화상
	행동적	• 어른과의 접촉회피 • 다른 아동이 울 때 공포를 나타냄 • 공격적이거나 위축적인 극단적 행동 • 부모에 대한 두려움 • 집에 가는 것을 두려워함 • 위험에 대한 지속적인 경계를 보임
정서학대	신체적	• 성장장애 • 신체발달 저하 • 언어장애
	행동적	• 특정물건에 대해 계속 빨고 있거나 물어뜯음 • 반사회적, 파괴적 행동장애, 수면장애, 놀이장애, 히스테리, 강박, 공포 • 극단 행동, 지나친 행동 • 발달지연 • 자살시도
성학대	신체적	• 걷거나 앉는데 어려움 • 찢어지고 피로 얼룩진 속옷 • 회음부의 동통과 가려움 • 회음부, 질, 항문부위의 출혈이나 멍 • 십대 이전의 성병감염 • 임신
	행동적	• 위축, 환상, 유아적 행동 • 기괴하고 미묘한 성적 행동과 지식 • 친한 친구가 없음 • 비행, 가출 • 성적 모독을 호소함
방임	신체적	• 지속적인 배고픔, 나쁜 위생상태, 부적절한 옷차림 • 의학적 치료와 치과 치료의 부족 • 지속적인 피로, 불안정감, 수업 중 조는 태도
	행동적	• 음식을 구걸하거나 훔침 • 위험한 행동에 대한 감독 소홀·비행 • 학교에 일찍 등교하고 집에 늦게 하교함

(2) 아동학대 발생원인 및 후유증

아동학대 발생원인은 부모요인, 아동요인, 사회적·가족적 요인이 있으며, 아동학대를 받은 아동의 후유증은 바람직한 성장이 어렵고 심각한 후유증을 발생시킬 수 있다. 특히 영아의 경우 사망으로 이어지는 등 그 피해는 더 심각하며 또 다른 장애를 동반하는 경우가 흔하기 때문에 후유증에 대한 관찰과 치료가 중요하다. 아동학대 후유증은 크게 신체적 후유증과 정신적 후유증으로 나누어 볼 수 있으며 내용은 다음과 같다.

| 표 6-13 | 아동학대 발생원인

부모요인	아동요인	사회적·가족적 요인
• 부모의 미성숙 • 아동양육에 대한 지식부족 • 지나친 기대 • 잦은 가정의 위기 • 사회적 고립 • 어릴적 학대경험 • 약물, 알코올 중독 • 부모의 그릇된 아동관 및 양육관 • 부모의 낮은 자아존중감 • 부모의 분노, 좌절, 감정조절의 무능력 • 부모의 불안, 우울 등 정신질환	• 미숙아, 기형아 • 만성 혹은 급성질환아 • 신체적·정신적·기질적으로 특이하거나 장애를 가진 아동 • 운동 및 언어 등 발달이 늦은 아동 • 심하게 보채거나 밤에 잘 자지 않는 아동 • 문제행동을 보이는 아동 • 음식을 먹거나 잠을 자는데 어려움을 나타내는 아동 • 사회적 반응의 결핍아동 • 자신감 결여, 지나친 경계, 무반응, 겁이 많은 아동 • 적대적 행위, 충동적 특성, 폭력적 행동, 고집이 센 아동 • 대인관계에 눈감한 아동	• 가족관계 문제 • 가족구조 문제 • 사회적 고립 및 사회적 지지 체계 결여 • 신체적인 체벌에 대해 허용적인 문화 • 아동을 존중하지 않는 문화/자녀에 대한 소유 의식 • 폭력에 대한 가치와 규범

| 표 6-14 | 아동학대 후유증

구분	내용
신체적 후유증	• 신체손상: 신체일부의 변형, 피부의 결손, 자상, 화상, 기능소실과 신체장애(청력저하, 시력저하, 대·소변 조절 능력의 저하, 뇌졸중 등) • 발육부진: 표준 체중과 신장에 미달
정신적 후유증	• 지능손상: 지능발달에서 결함을 보임 • 충동조절 능력의 저하: 높은 충동성으로 인해 각종 충동적인 행동을 보임 • 감정의 불안정성: 불안, 우울, 감정의 기복 등을 보임 • 사회성의 저하: 또래관계 및 대인관계를 잘 맺지 못하거나 유지하기가 어려움 • 학교 부적응: 학교를 자주 결석하거나 혹은 졸업을 하지 못함 • 각종 정신과적 장애: 반응성 애착장애, 탈억제형 사회적 참여 장애, 외상 후 스트레스 장애, 급성 스트레스 장애, 적응장애

4) 아동학대 신고의무 교육

(1) 신고의무자 역할

아동학대 신고의무자를 지정해야만 하는 이유는 영유아 교사는 가장 영향력 있는 아동권리의 대변자이며 옹호자이므로 아동학대 관리와 예방에 책임감을 갖고 능동적으로 참여해야 한다. 만약 아동학대 신고의무자가 아동학대를 행할 경우 가중 처벌된다.

[매일] 영유아 건강·안전 확인 및 결석 아동의 결석 사유 확인
- 부모는 유선, 스마트알림장 등 대화방법을 통해 교사와 아동의 결석 사유 공유
- 교사는 아동 결석 당일 지속적으로 유선 연락하여 결석 사유 확인

[무단결석] 2일 이상 무단결석 시 전화연락 또는 가정방문
- 가정방문은 교직원, 읍·면·동 공무원으로 구성된 2인이 함께 실시

(2) 아동학대 신고 – 공공 아동보호시스템 강화(2020년 10월)

보건복지부와 법무부는 민간중심의 아동보호체계를 전면 개편한 공공 아동보호체계를 본격적으로 가동하였다. 아동학대, 부모 이혼 등의 사유로 보호가 필요한 아동이 발생하면 상담·가정환경조사와 보호계획 수립, 양육상황 점검, 사후관리까지 지자체가 책임지고 수행한다. 지자체 아동복지심의위원회는 아동 최선의 이익을 고려한 가정위탁, 시설 입소 등의 보호조치를 결정하고 원가정 복귀 등 보호 종결을 심의, 결정해 재학대 발생 등을 최대한 방지한다. 또한, 아동학대 신고 접수(112·지자체) 이후 시군구 아동학대전담공무원이 경찰과 함께 출동하여 학대 여부 조사, 필요 시 응급조치(분리보호 등), 학대 여부 판단 및 피해 아동 보호 계획을 수립한다.

(3) 아동학대 신고의무자의 신고절차

(4) 아동학대 사례 개입 과정

개입과정	역할
① 신고접수 및 현장조사	〈신고접수〉 • 아동학대범죄를 알게 된 경우나 그 의심이 있는 경우에는 112, 지자체에 신고 • 아동학대 의심사례 접수 시 현장조사 실시 〈현장조사〉 • 학대발생지 및 관련 장소 내 조사 – (필수조사) 피해아동, 학대행위자 – (추가조사) 신고자, 목격자, 이웃 등 관련인 • 아동학대혐의 판단
② 피해아동 및 대행위자 조치	〈피해아동 보호조치〉 • 응급조치: 피해아동을 보호시설로 인도, 의료기관으로 인도 • 보호명령 – 피해아동 보호위탁, 상담 및 치료위탁, 가정위탁, 친권·후견인 권한 제한 및 정지 〈학대행위자 조치〉 • 응급조치: 학대행위자 범죄 행위 제지 및 피해 아동으로부터 격리 • 임시조치: 학대행위자 퇴거 등 격리, 접근금지, 친권·후견인 행사 제한 및 정지, 상담 및 교육위탁, 의료기관 위탁, 유치장·구치소 유치 • 보호명령: 행위자 퇴거 등 격리, 접근 제한, 행위자 친권 정지
③ 사례관리	• 피해아동: 상담, 의료지원, 심리치료, 학습지원, 수사 및 사건처리지원, 사회복지서비스 연계 등 • 학대행위자: 보호처분, 임시조치 등의 결과 상담, 교육프로그램 운영, 심리치료, 의료지원, 가정지원(경제 및 가사지원) 등 • 가족: 상담, 가족치료, 가정지원(경제 및 가사지원), 원가정 복귀를 위한 가족기능 강화 프로그램 등
④ 사후관리	• 사후관리 연계기관 결정 • 사후관리 서비스제공 모니터링

2 성폭력

1) 성폭력의 개념 및 필요성

(1) 성폭력의 개념

"아동 성폭력"이란 「형법」 제305조에서는 '만 13세 미만의 사람에 대한 간음 또는 추행', 「성폭력범죄의 처벌 등에 관한 특례법」 제7조에서는 '만 13세 미만의 사람에 대한 강간, 강제추행'을 규정하고 있다. 기존의 형법 및 특별범죄가중처벌에 해당하는 강제추행, 강간, 강간미수, 위력 혹은 위계에 의한 간음, 아동 성추행, 친족에 의한 강간, 장애인에 대한 준강간, 업무상 위력 등에 의한 추행, 버스나 지하철과 같이 공중 밀집장소에서의 신체적인 추행, 언어적인 추행, 음담패설이나 통신매체이용 음란의 죄 등이 이에 해당한다(성폭력범죄의 처벌 등에 관한 특례법 제7조).

즉 아동 성폭력은 아동을 대상으로 힘의 차이를 이용하여 가해자의 성적 욕구충족 및 성적 착취 등 아동에게 가해지는 모든 성적 행위를 의미하며, 힘의 차이란 물리적인 힘뿐만 아니라 역할 관계, 연령, 지적 수준, 사회적 지위 차이 등을 포함한 힘의 불균형 상태를 말한다. 또한 또래 아동 사이에서의 성적 호기심, 성적 놀이로 상대방에게 원하지 않는 성적 접촉을 한다면 또한 성폭력이 될 수 있다.

(2) 성폭력 예방교육의 필요성

유아 성폭력 예방교육이란 유아를 대상으로 교육이라는 수단을 통해 성폭력을 예방하기 위해 필요한 지식, 태도, 기술을 익히게 하여, 잠재적으로 위험이 있는 상황에서 능동적으로 안전하게 대처하도록 하며, 안전하고 건강한 생활을 영위할 수 있는 습관을 육성하도록 하는 것이다(교육인적자원부, 2006).

유아기는 발달적 특성상 주변 사물이나 환경에 대한 호기심이 많고 탐구하려는 충동이 강하다. 반면에 신체기능은 미숙하여 신체 균형 유지 능력이나 운동 기능이 충분하지 않으며, 판단능력과 자기조절 및 상황에 대한 인식 능력이 부족하여 어느 시기보다 성폭력 피해의 위험이 높은 시기라 할 수 있다. 이러한 특성을 고려하여 Briggs(1995)는 모든 유아는 나이, 성별, 인종, 민족, 사회계층, 종교적 배경 등에 관계없이 성폭력에 취약하므로 유아를 성폭력으로부터 보호하기 위한 프로그램이 반드시 실시되어야 함을 강조하면서 그 이유를 다음과 같이 제시하였다.

- 유아는 힘이 없다.
- 정보가 없는 유아는 모든 성인을 믿는다.
- 유아는 성인의 동기를 평가할 수 있는 능력이 부족하다.
- 유아는 성인에게 복종하는 것이 좋은 것이라고 배운다.
- 유아는 자신의 신체에 대한 호기심이 많으나 성에 관한 지식 및 개념은 부족하다.
- 성 안전에 대해 배우지 못한 유아들은 성폭력이 잘못된 행동이란 것을 모른다.
- 일반적으로 유아는 외모로 판단한다.
- 유아들은 비밀은 반드시 지켜야 한다고 생각한다.

위와 같이 유아는 발달 특성상 애정표현과 성폭력 행동을 구분할 수 있는 능력이 부족하며, 성폭력을 당한 경우에도 외부에 도움을 요청할 수 있는 능력이나 기회도 상대적으로 제한되어 있다. 따라서 유아를 성적 학대의 가능성에 보호하고, 성폭력 관련 사고를 예방하기 위해서는 유아의 발달 수준에 맞는 내용과 접근 방식을 고려한 성폭력 예방교육이 필요하다. 이때 유아를 대상으로 하는 성폭력 예방교육은 단순한 지식 전달 수준으로만 그쳐서는 안 되며, 성폭력에 대한 유아들의 올바른 태도 형성 및 실제 성폭력 상황에 적절히 대처할 수 있는 기능까지 습득할 수 있도록 해야 한다.

2) 성폭력 안전사고의 실태 및 유형

(1) 성폭력 안전사고의 실태

국내 성폭력범죄의 발생 추이를 살펴보면, 2023년 13세 미만 아동을 대상으로 한 성폭력범죄는 총 1,500건이었다. 13세 미만 아동 대상 성폭력 범죄는 2014년부터 증가하는 추세를 보이다 2020년에는 감소 후 2021년부터 다시 증가하고 있다. 지난 10년 동안 13세 미만 아동 대상 성폭력범죄는 24.2% 증가하였다.

13세~20세 청소년을 대상으로 한 성폭력범죄는 2017년을 제외하고는 2014년부터 2020년까지 감소하였고, 2021년부터 2022년까지 증가 후 2023년에는 전년대비 감소하였다. 지난 10년 동안 13세~20세 청소년을 대상으로 한 성폭력 범죄는 0.2% 감소하였다.

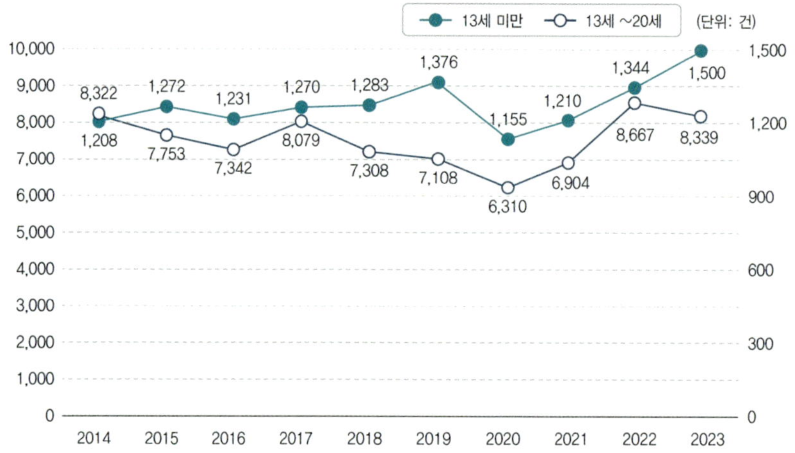

출처: 대검찰청(www.spo.go.kr). 2024 범죄분석.

| 그림 6-5 | 성폭력범죄 피해자의 연령별 발생건수

피해자의 성(性)과 연령을 살펴보면 13세 미만 아동 피해자의 86.3%가 여성 아동이고 아동피해자 중 13.7%가 남성 아동이었다.

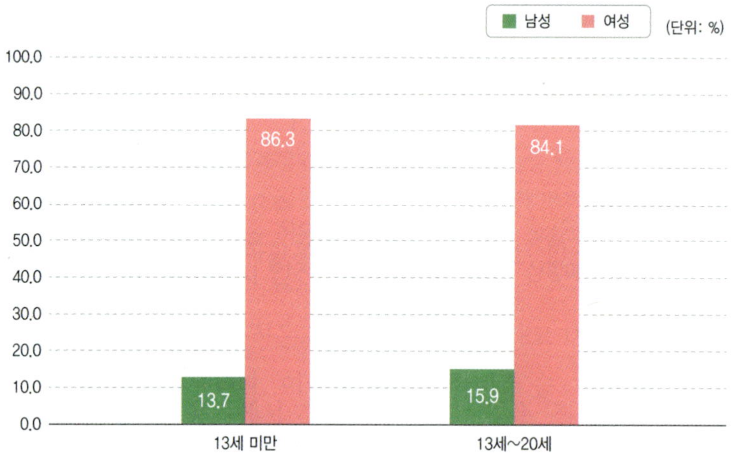

출처: 대검찰청(www.spo.go.kr). 2024 범죄분석.

| 그림 6-6 | 성폭력범죄 피해자의 성별 연령별 비율

13세 미만 아동성폭력범죄가 가장 많이 발생하는 시간은 오후(12:00~17:59, 54.5%)인 것으로 나타났으며, 장소는 기타(33.7%)를 제외하고 주거지(32.9%)이며, 그다음은 노상(15.9%), 숙박/유흥업소(5.3%), 학교(4.6%), 상점/시장(3.9), 교통수단(3.7%) 순으로 나타났다.

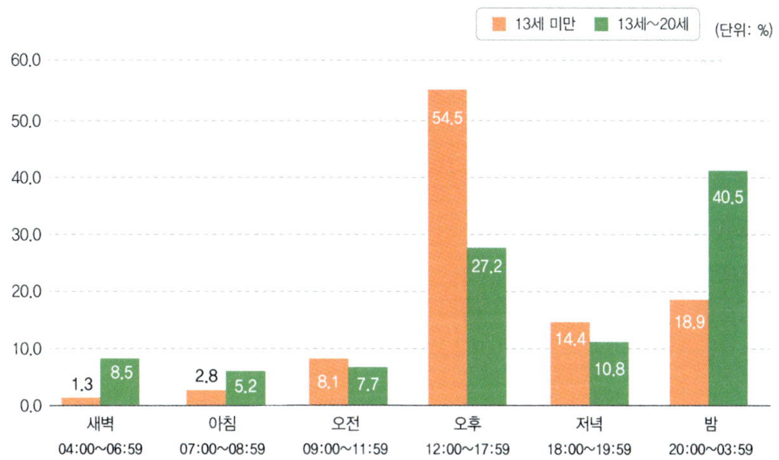

출처: 대검찰청(www.spo.go.kr). 2024 범죄분석.

| 그림 6-7 | 성폭력범죄 피해자의 연령별 범죄발생 시간별 비율

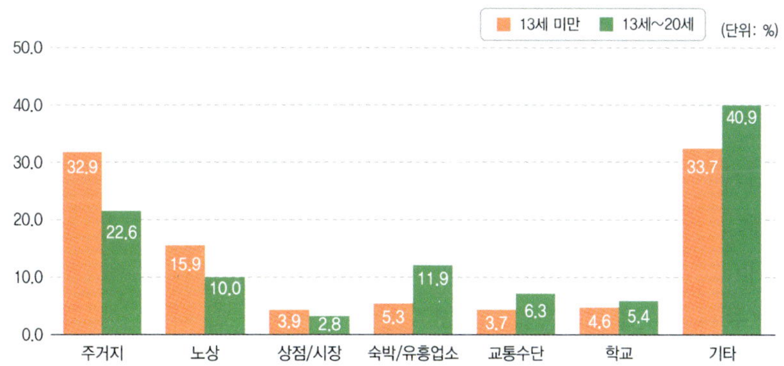

출처: 대검찰청(www.spo.go.kr). 2024 범죄분석.

| 그림 6-8 | 성폭력범죄 피해자의 연령별 범죄발생 장소별 비율

13세 미만 아동대상 성폭력범죄 범죄자의 97.4%는 남성이고, 여성은 2.6%에 불과하며, 범죄자 중 가장 높은 비율을 차지하고 있는 연령대는 19세~30세(21.0%), 18세 이하(20.7%), 61세 이상(19.5%) 순으로 나타났다.

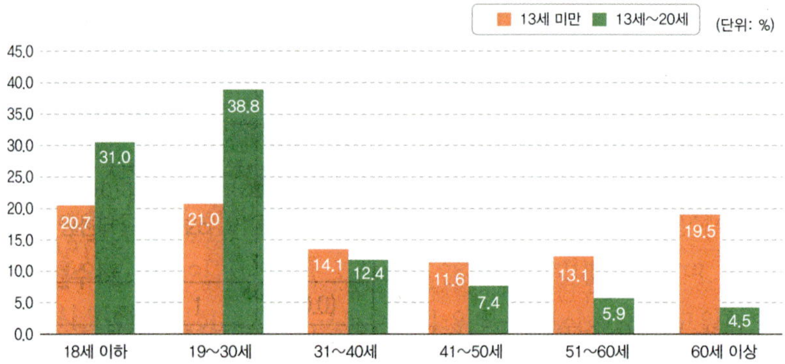

출처: 대검찰청(www.spo.go.kr). 2024 범죄분석.

| 그림 6-9 | 성폭력범죄 피해자의 연령별 범죄자 비율

13세 미만 아동대상 성폭력범죄 범죄자와 피해자의 관계를 살펴보면, 타인(64.6%), 그다음으로 친족(14.0%), 이웃/지인(13.2%) 등의 순으로 나타나 13세~20세 연령층 대상 성폭력범죄에 비해 범죄자가 피해자의 친족이거나 이웃/지인, 타인인 비율이 상대적으로 더 높았다.

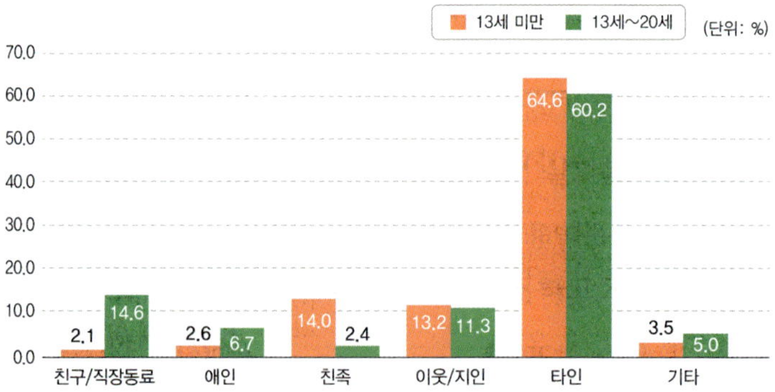

출처: 대검찰청(www.spo.go.kr). 2024 범죄분석.

| 그림 6-10 | 성폭력범죄 피해자의 범죄자와 피해자의 관계별 비율

(2) 아동성폭력 가해자의 일반적인 단계별 범행 패턴

일반적으로 가해자들은 자신을 신고하지 않을 것이라고 믿는 아동들을 골라 다음 각 단계별로 범행을 한다. 자녀와 편안한 분위기에서 자주 대화함으로써 혹시라도 가해자가 접근한다면 미리 알아내고 적절하게 대처함으로써 피해를 미연에 방지해야 한다.

[1단계] 접근

가해자가 아동에게 성폭력 의도를 가지고 접촉하는 단계

가해자는 주로 피해 아동의 집이나 가해자의 집, 혹은 차량 등 은밀한 장소에 단둘이 있을 기회를 의도적으로 만든다. 이들은 아동과 친밀감을 형성하기 위해 게임이나 놀이, 선물, 먹을 것 등으로 유인한다.

↓

[2단계] 성폭력

가해자가 아동에게 실제 성폭력을 하는 단계

피해 아동에게 성적 행위를 가르치거나 신체에 대한 질문을 하고 성적인 그림이나 사진 등을 보여주기도 한다.

↓

[3단계] 비밀유지

성폭력 행위 이후, 가해자는 아동에게 비밀을 유지할 것을 강요한다. 비밀유지는 가해자가 성폭력에 대한 책임을 회피하고 성폭력을 지속하는 수단이 된다.

출처: 교육인적자원부(2006). 유아를 위한 성교육 프로그램.

| 피해 아동이 자신의 피해 사실을 말하는 것을 어렵게 만드는 요인 |

◉ 가해자가 아동에게 하는 위협

- "다른 사람에게 말하면 혼낼 거야(때릴 거야, 죽여 버릴 거야)."
- "다른 사람에게 말하면 아무도 널 믿지 않고 괜히 혼만 날 거야.", "네 부모님이 이 사실을 안다면 충격으로 죽을 것이다.", "너희 가족 모두 뿔뿔이 흩어지게 될 거야.", "모든 사람이 너를 싫어하고 너랑 말도 하지 않을 거야."라고 위협

◉ 가해자의 뇌물 또는 약속

- 보상(장난감, 돈 등)
- 특별한 관심과 애정. "이건 너와 나만의 비밀이야. 누구한테도 말하면 안돼. 엄마 아빠한테도"
- 비밀유지에 책임을 지도록 하고 죄의식과 책임감을 조장
- "만약 누군가 알게 되면 그건 네 책임이고, 그래서 엄마 아빠가 슬퍼하고 싸우면 다 네 책임이야."

◉ 피해 아동 스스로의 생각

- "내가 말하면 부모는 나를 사랑하지 않을 거야.", "아무도 나를 믿지 않을 거야.", "이건 내 잘못이야.", "나는 더러워졌어.", "나는 나쁜 아이야.", "우리 가족은 이제 모두 뿔뿔이 헤어지게 될 거야."
- "(싫어요, 안돼요)라고 배웠는데, 그렇게 하지 못했다고 혼날 거야."

◉ 주변 환경적인 요소

- 친구가 없고 가족이나 친지 중 마음 터놓고 이야기할 사람이 없다.
- 고통이나 아픔, 괴로움 등을 토로해도 비난과 질책만 돌아온다.
- 부모가 폭력적인 행동을 한 것을 목격한다.

Tip 길들이기 과정(Grooming)란?

가해자가 피해아동을 고르고, 피해아동의 신뢰를 얻고 성폭력 후 피해아동을 통제하는 모든 과정을 의미한다.

- 아이에게 성적인 질문, 농담을 하는 것
- 아이가 볼 수 있는 곳에 음란물을 놓아두는 것
- 성장을 체크한다며 몸을 살피는 것
- 아이가 옷을 입거나 목욕하는 것을 도와주는 것
- 간지럼을 태우거나 레슬링 등 몸을 만질 수 있는 기회를 만드는 것
- 애정의 욕구를 채워줌
- 선물이나 특별한 특권을 줌

Tip 경계(Boundary)란?

'길들이기 과정(Grooming)'을 깨는 가장 좋은 방법은 일상에서 자기표현을 많이 하는 것이다.

- 자신의 경계도 존중받고 상대방의 경계도 존중해야 한다.
- 상대방이 자신의 경계를 침해하려 할 때는 '싫어요', '안돼요'라고 말해도 괜찮다.
- 스킨십 등 상대방의 경계를 침범해야 할 경우에는 동의를 구해야 하며, 거절도 존중해야 한다.
- 장난과 폭력을 구분한다.

3) 성폭력 예방과 안전교육

성폭력 예방교육의 목적은 인간에 대한 이해와 인간 가치의 중요성 인식을 바탕으로, 개인적으로는 건전하고 올바른 성의식 및 자각을 길러 장차 사회에 대한 연대 의식과 책임감을 가지는 건전한 사회인으로 양성하는 것이다. 그러나 일반적으로 성폭력 예방교육은 유아로 하여금 성폭력에 대항하는 지식, 태도, 기술을 습득하게 하는 것을 목표로 하고 있다. 유아의 성폭력 예방 능력을 향상시키기 위한 세 가지 요소의 내용은 다음과 같다(곽은복, 2001; 교육인적자원부, 2006).

| 표 6-15 | 유아기에 형성해야 할 성폭력 예방의 지식, 태도 및 기술

내용 영역	내용
지식	• 어떤 것이 성폭력인지를 알게 된다. • 위험한 상황에서 자신을 보호하는 방법을 알게 한다. • 위험한 상황에서 자신을 보호해야 할 필요성을 알게 한다. • 기분 좋은 접촉과 나쁜 접촉을 구별하게 한다.
태도	• 자신의 몸이나 타인의 몸을 소중하게 여기도록 한다. • 위험한 상황에 대처하는 바른 태도를 기르게 한다. • 위험한 상황에서 자신을 보호하려는 적극적인 태도를 기르게 한다. • 위험에 처했을 때 침착하게 대처하는 행동을 기르게 한다. • 위험 상황이 있음을 알고, 위험에 처한 사람을 돕는 태도를 기르게 한다. • 위험한 상황을 인식하고 대처하는 태도를 기르게 한다.
기술	• 위험한 상황으로부터 도움을 청하는 방법을 알게 한다. • 성폭력 가능성을 인식하고 올바른 방법으로 대처하도록 한다. • 성폭력을 당했을 때 도움을 구하거나 대처할 수 있는 방법을 알게 한다.

출처: 곽은복(2001). 영·유아를 위한 안전교육 프로그램.

(1) 성폭력 예방을 위해 들려줄 말

유아의 성폭력 예방을 위해 몸의 소중함, 위험한 상황에 대한 대처, 도움을 청하는 방법 등을 알려준다. 특히 유아에게 사랑받는 존재로 언제든 도움을 청할 수 있음을 인지시켜 준다.

(2) 성폭력 예방 교육 시 주의할 점

지나치게 주입시키지 않는다.
항상 "하지 마라, ~하면 큰일 난다."는 식으로 교육을 받은 유아는 피해를 당한 후 약속을 지키지 못했다는 죄책감을 가져 피해 사실을 말하지 않게 된다.

평소 유아들을 관심 있게 살펴본다.
유아의 표정이 갑자기 어두워졌다거나 말이 없고 짜증이 늘고, 악몽을 꾼다거나 특정 사람을 무서워하기도 하고, 분리불안을 보이고, 작은 대소변 실수 등 갑자기 유아의 행동이 달라졌다면 성폭력 피해를 의심해 볼 수 있다.

항상 유아들과 많은 이야기를 나눈다.
대화를 통해 서로의 감정을 표현하는 것에 익숙한 유아는 말 못할 어려움이 생겼을 경우, 성인을 신뢰하고 마음을 열기가 훨씬 쉽다.

출처: 교육부(2006). 유아를 위한 성교육 프로그램.

(3) 성폭력 피해가 의심되는 유아와의 대화(어떤 말을 할까요?)

① 아이의 눈을 보면서 자연스럽게 일상적인 대화를 시작한다.
② 편안한 얼굴로 긴장을 풀어준다.
③ 가능성을 탐색하며 진지하게 물어본다.

(4) 성폭력 피해가 의심되는 유아와의 대화(어떤 말을 해서는 안 될까요?)

① 당황하며 다그치면 안 된다.
② 지나치게 구체적으로 묻지 않는다.
③ 반복해서 묻지 않는다.

④ 대답을 유도하지 않는다.

⑤ 추궁하거나 비난하지 않는다.

＊ 아동이 자발적으로 피해 사실을 이야기하면 막지 않고 잘 듣고 공감해 주며, 법적 조치에 필요한 증거자료를 가능한 보존하도록 몸은 씻지 말고, 입었던 옷 그대로 혹은 피해 당시 입었던 옷이나 몸을 닦았던 모든 물품을 봉투에 담아 경찰이나 담당기관에 전달한다.

4) 영유아의 성 행동(문제) 관리 및 대응

(1) 영유아 성 행동의 용어

취학 전 영유아의 성 관련 행동은 성 개념을 획득하는 영유아의 발달과정임을 감안하여 영유아 성 관련 행동에 대한 접근방법을 기초로 영유아 성 관련 행동에 대해 영유아의 성행동문제 발생 시 '성폭력', '성폭행' 등의 용어 대신 중립적인 용어를 사용하도록 제시(교육부, 보건복지부, 2020)하며 내용은 다음과 같다.

'영유아의 성 행동'에 대한 용어 사용

- 영유아의 성 행동: 영유아가 성장 발달하면서 나타내는 성과 관련된 행동
- 영유아의 성행동문제: 영유아가 해당 연령의 자연스러운 발달 특성에서 벗어나 우려하거나 위험한 수준의, 혹은 문제가 될 수 있는 성 행동 또는 행동에 따른 문제
- 피해 영유아: 또래의 성행동문제로 심리적 혹은 신체적 피해를 입은 영유아
- 행위 영유아: 성행동문제로 또래에게 피해를 입힌 영유아
  (낙인이 되지 않도록 '가해 영유아'라는 용어 사용하지 않음)

(2) 영유아 성 행동 수준별 판단기준 및 행동특성

연령별 발달과정에서 나타나는 일반적 행동을 기준으로 수준별 판단기준은 '주의 전환 가능 여부', '지속성 및 반복성', '은밀한 행동', '강요 및 폭력성', '심신의 피해 발생' 등이다.

판단 기준	다른 관심사로 주의 전환 가능	일상적인 수준 + 반복, 지속, 은밀	우려할 수준 + 강요, 폭력, 심신 피해
행동수준	일상적인 수준	우려할 수준	위험한 수준
어린이집 대응	• 영유아 성교육 담당자 지정 • 발달단계에 맞게 교육, 지도, 관찰 • 일상적인 행동에 대한 부모 소통 · 교육 • 육아종합지원센터 자문 요청(필요시)	• 행동중지, 상황 파악 • 부모 면담(필요시) • 육아종합지원센터 자문 · 지원 요청(필요시)	• 즉시 중지, 분리 조치, 모든 영유아 보호 • 상황 파악 • 부모(혹은 보호자)에 연락, 피해아동 치료 연계 • 지자체 보고, 육아종합지원센터 사례관리 지원 요청
육아종합 지원센터 대응	• 어린이집 교육 • 어린이집 자문 · 대응 지원(필요시) • 자문 · 지원과정에서 우려 또는 위험한 수준으로 판단 시 상위 수준에 맞게 대응	• 어린이집 자문 • 사례별 대응지원 • 자문 · 지원과정에서 위험 수준으로 판단 시 지자체 보고 및 사례회의 요청 (위험한 수준에 준하여 대응)	• 지자체 보고 • 초기조사 지원 • 사례위원회 총괄 지원 • 중재안 및 치료 · 상담 등 사후관리 연계 방안 마련 지원
지자체 대응			• 전문가 사례위 구성 • 초기조사 • 사례회의 개최 (아동 치료 · 상담, 중재, 교육 등 사후관리안 마련) • 중재 • 사후관리 연계 · 실행

출처: 보건복지부 · 중앙육아종합지원센터(2020). 어린이집 영유아의 성 행동문제 관리 · 대응 매뉴얼.

3 유괴 및 실종

1) 유괴와 실종 안전의 개념 및 필요성

(1) 유괴 및 실종의 개념

유괴란 사람을 종래의 생활환경에서 이탈시켜 자기 또는 제3자의 실력적 지배하에 두어 그 자유를 침해하는 일이라고 정의한다. 유괴의 방법이 폭행·협박을 수단으로 하는 경우를 약취(略取)라 하고, 기망·유혹을 수단으로 하는 경우를 유인(誘引)이라고 하며, 약취와 유인을 총칭하여 유괴라고 한다.

어린이 유괴는 만 14세 미만의 어린이에 대하여 피해자인 어린이나 보호자의 의도와는 무관하게 현재의 위치에서 이동시키거나 자유를 침해하는 행위라고 정의할 수 있다. 일반인들 사이에서 '유괴'라는 용어가 사용되기는 하지만 우리나라의 경우 「형법」상 '유괴범죄'를 따로 규정하고 있지 않은 실정이다.

실종아동 등이란 납치, 유인, 유기, 사고, 가출, 길을 잃는 등의 사유로 인하여 보호자로부터 이탈된 실종 당시 18세 미만인 아동, 지적장애인, 자폐성 장애인, 정신장애인, 치매질환자를 말한다.

실종이란 약취·유인·유기·사고 또는 가출하거나 길을 잃는 등의 사유로 보호자로부터 이탈된 경우를 지칭하고 있으나 '민법'에 따르면 '실종'의 범위를 '부재자의 생사가 5년간 분명하지 않을 경우' 실종선고를 하도록 하고 있다.

그러나 실종이란 사전적 의미가 '사람의 소재 및 생사여부를 알 수 없게 됨'에 의미한다는 점에 비추어 과거에 일반적으로 통용되었던 '미아'라는 용어는 대개의 경우 단순히 잃어버린 아동을 의미한다. 그러나 앞서 언급한 바와 같이, 실제 상황에서는 이러한 약취·유인, 유기, 단순미아, 사고 등이 아동이 발견되기 전까지는 분류될 수 없고 이러한 혼란을 막기 위하여 '실종아동법'에서는 미아라는 용어 대신 실종아동이라는 개념으로 대치되어 현재에는 실무상 그 용어가 통일되어 사용되고 있는 실정이다.

(2) 유괴 및 실종 예방 교육의 필요성

다른 범죄보다 특히 유괴범죄는 의사능력이나 위험에 처했을 때 대처능력이 부족한 아동이 대상이 되기 때문에 성인의 보호에 있지 않은 아동은 쉽게 범죄자의 대상으로 지목될 수 있다.

또한 유괴범죄는 의사능력과 대처능력이 부족한 아동들을 대상으로 하여 피해 아동의 신체와 생명을 위협한다. 이로 인해 한 가정에서는 물론 사회적으로도 문제시되고 있으며, 유괴 대상 연령도 점점 낮아지고 있어 좀 더 어린 시기에 유괴 예방교육의 필요성이 요구되고 있다.

아동 유괴의 경우 억지로 끌고 가기보다는 부드러운 속임수를 쓰거나 친근감을 주어 아동들이 그 의도를 쉽게 알아차리지 못하게 하는 형태로 나타난다. 이는 우리 문화가 어른들에 대해 공손하고 예의 바르게 대하도록 가르쳐왔기 때문에 자신에게 무엇인가를 요청하거나 해치려고 하는 어른들에게 아동 등이 부정적인 감정을 쉽게 드러내지 못하게 된다. 이렇듯 아동발달 특성상 판단기준과 방어기술이 부족한 아동기에 학부모들과 사회에서 보다 적극적으로 대처하여 유괴에 대한 인식의 확산을 넓혀가야 할 것이다.

범죄 관련 실종아동은 범죄 피해로 인해 실종되는 것을 의미하며, 친족에 의하거나 원한관계 또는 정신질환자 등에 의한 무동기성 범죄를 제외한 대부분은 범인이 이루고자 하는 목적을 달성하기 위한 수단으로 아동을 약취·유인하는 경우이다.

실종을 경험한 영유아는 부모와의 분리 경험으로 건강한 성장과 발달에 어려움을 겪을 수 있다. 또한 자녀의 실종을 경험한 가족들은 슬픔, 죄의식, 죄책감으로 인해 스트레스를 겪으며, 많은 경우 가족 관계의 갈등을 야기하여 가족이 해체되기도 한다. 또한 실종아동 찾기 활동으로 인해 실직이 발생하고 이로 인한 경제적 어려움을 겪게 된다. 이는 사회 전체의 문제로 확대되어 실종아동 보호 양육과 실종 가족지원에 따른 사회적 비용을 증가하게 한다.

따라서 범죄 관련 실종아동은 그 목적에 따라 금품 목적, 성목적, 양육목적, 노동력 갈취(일명 앵벌이) 목적, 협박 목적, 국가지원비 탈취목적, 무동기성 등으로 세분화할 수 있다.

2) 유괴 및 실종 안전사고의 실태

(1) 유괴 안전사고의 실태

어린이 유괴사건의 실태분석을 위하여 경찰에서 범인을 인지하고 검거한 최근 5년간의 어린이 유괴사건 사례 87건에 대하여 일반적인 특징, 발생상의 특징, 과정상의 특징, 범죄자의 특징, 피해자의 특징으로 나누어 보면 다음과 같다.

2023년 총 349건의 약취유인범죄가 발생하였으며, 이 중 58.5%에 해당하는 204건이 13세 미만 아동을 대상으로 하는 유괴범죄였다. 아동유괴 피해자의 37.7%가 남성 아동이고, 62.3%가 여성 아동으로 여성아동 비율이 훨씬 더 높았다.

아동유괴범죄가 가장 많이 발생하는 시간은 오후 시간대(12:00~17:59)로 전체 범죄의 65.2%를 차지하였다. 아동유괴범죄의 발생장소는 49.5%(101건)가 노상에서 발생하였으며, 그 외 주거지(44건, 21.6%), 기타(59건, 28.9%)에서 순으로 발생하였다.

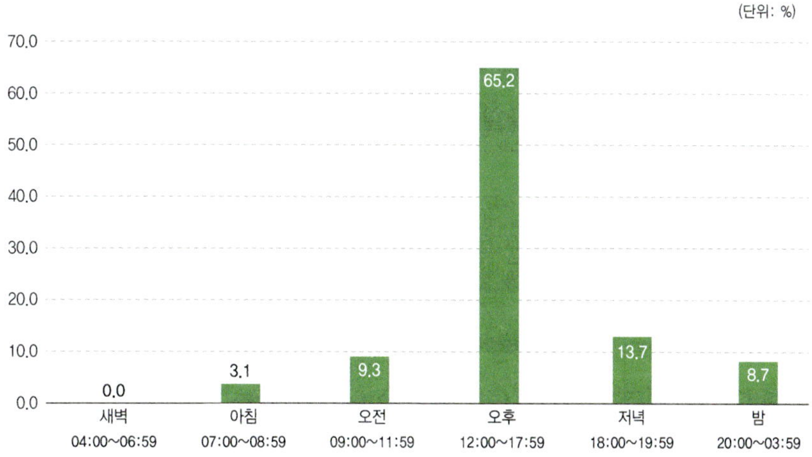

출처: 대검찰청(www.spo.go.kr). 2024 범죄분석.

| 그림 6-11 | 아동유괴범죄의 범죄발생시간

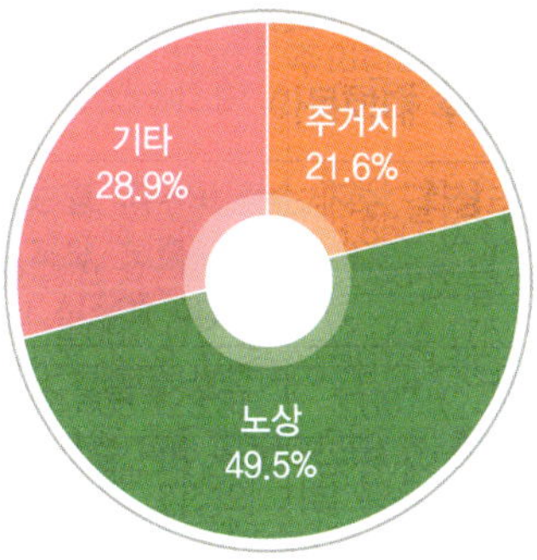

출처: 대검찰청(www.spo.go.kr). 2024 범죄분석.

| 그림 6-12 | 아동유괴범죄의 범죄발생장소

아동유괴범죄 범죄자의 73.3%(129명)가 남성이며, 26.7%(47명)가 여성이었으며, 다른 범죄유형에 비해 여성범죄자의 비율이 상대적으로 높았다. 아동유괴 범죄자의 가장 높은 비율을 차지하고 있는 연령층은 61세 이상(25.1%)이며, 그다음은 31세~40세(23.4%), 51세~60세(18.3%) 등의 순으로 나타났다.

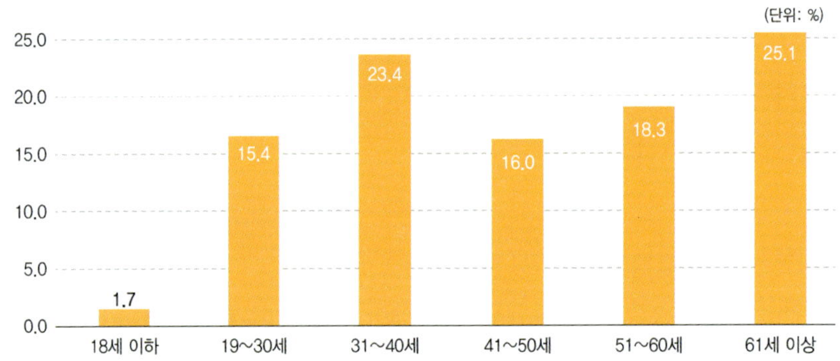

출처: 대검찰청(www.spo.go.kr). 2024 범죄분석.

| 그림 6-13 | 아동유괴범죄 범죄자의 연령

(2) 실종 안전사고의 실태

최근 실종아동 신고 접수 건수 현황을 살펴보면 2020년 1만9천146건, 2021년 2만1천379건, 2022년 2만6천416건, 2023년 2만5천628건이 신고되었다.

(단위: 건, 명, %)

연도	실종아동 신고 건수	미발견 아동 수	발견율
2019년	21,551	3	99.99
2020년	19,146	5	99.97
2021년	21,379	3	99.99
2022년	26,416	12	99.95
2023년	25,628	72	99.72

출처: 아동권리보장원(www.missingchild.or.kr).

「실종아동법」 제정 이후 사회복지법인 '초록우산 어린이재단', 2018년 '중앙입양원'을 거쳐 2019년부터 '아동권리보장원 실종아동전문센터'가 실종아동전문기관으로서 실종아동등의 보호 및 지원에 필요한 사업을 수행하고 있다. 또한 실종아동등의 가족지원을 위하여 상담비, 의료비, 활동비, 전단제작, 수색·수사비를 지원하며, 실종가족 캠프, 실종가족 지지리더 양성 등의 업무, 실종아동 등 가정 복귀 후 적응을 위한 상담 및 치료서비스 등을 제공하고 있다.

| 표 6-16 | 실종 아동·장애인 발생 및 가족복귀 현황(2023.12월 말 기준, 경찰청 통계)

(단위: 명)

연도	18세 미만 아동		장애인(지적·자폐·정신)	
	접수	미발견	접수	미발견
2019년	21,551	3	8,360	7
2020년	19,146	5	7,078	6
2021년	21,379	3	7,166	4
2022년	26,416	12	8,881	6
2023년	25,628	72	8,440	42

*(접수) 해당년도 기준, (미발견) '20.12월말 기준/미발견은 시간이 지남에 따라 감소됨

출처: 아동권리보장원(www.missingchild.or.kr).

3) 유괴 및 실종예방과 안전교육

유괴 예방적 차원에서 이루어진 외국의 선행연구를 보면 Poche, Yoder, 그리고 Miltenberger(김윤경, 1997, 재인용)는 유괴를 예방하기 위해서 3명의 유아들(3~5세)에게 모델링, 행동적 시연, 사회적 강화를 포함한 훈련을 실시하여 자기보호 행동을 가르쳤다. 이 연구는 취학 전 유아들에게 유괴의 위험 가능성이 있는 상황 내에서 적절하게 반응하도록 하는 프로그램을 개발하고 평가하기 위한 것이었다. 훈련 후 자기보호 행동은 급격히 향상되었으며, 이러한 행동기술훈련을 포함한 프로그램이 유치원이나 초등학교에서 정규 교육과정이 될 수 있다는 것을 증명하였다.

(1) 유괴 예방교육 프로그램

① 부모님이 꼭 알아두세요!!

- 아이의 지문 등 사전정보를 미리 등록하세요.
- 자녀를 집에 혼자 두지 마세요.
- 항상 자녀와 함께 다니세요.
- 실종아동 예방용품을 활용하세요.
- 자녀에 관한 정보들을 기억해주세요.
- 자녀의 하루 일과와 친한 친구들을 알아두세요.
- 정기적으로 자녀 사진을 찍어두세요.

② 아이들에게 이것만큼은 꼭 가르쳐 주세요!!

- 아이에게 이름, 나이, 주소, 전화번호, 부모 이름 등을 기억하도록 가르치세요.
- 밖에 나갈 때는 누구랑 어디에 가는지 꼭 이야기하도록 가르치세요.
- 낯선 사람을 따라가지 않도록 주의시키세요.

국내에서는 박상희(2002)가 유괴를 유아들에게 알려주어야 할 안전교육의 내용으로 접근하여 낯선 사람에 대한 정확한 이해와 다양한 상황에서의 대처법을 유아가 이해할 수 있도록 자세히 설명해주어야 함을 말하며 다음과 같이 정리하였다.

첫째, 유아들에게 낯선 사람이 길을 물으면 말로만 알려주고, 절대 따라가지 않도록 한다.

둘째, 어떤 이유라도 낯선 사람의 차는 절대로 타지 않는다. 차에 타고 있으면서 갑자기 차 안으로 유아를 끌어들일 위험이 있으므로, 차 속에서 유아에게 길을 묻는 사람을 경계해야 함을 가르쳐 준다. 그리고 낯선 사람의 차 옆에 설 때는 차의 진행 방향과 반대 방향에서 일정한 거리를 두고 서게 한다.

셋째, 유아에게 낯선 사람과는 함부로 이야기하지 않게 한다. 우리가 사는 사회에는 좋은 사람도 있지만 나쁜 사람도 있음을 알려주고, 이러한 사람들은 유아들을 유인하기 위해 거짓말도 충분히 할 수 있음을 말해준다.

넷째, 유아에게 나쁜 사람들도 옷을 잘 차려입고, 친절하게 접근할 수 있음을 설명해준다. 또한 이런 사람은 남자일 수도, 여자일 수도 있으며 전혀 모르는 사람일 수도 있지만 아는 사람일 수도 있음을 알려준다.

다섯째, 유아가 늦게까지 밖에서 놀지 않도록 하고 귀가시간을 지키도록 한다.

여섯째, 유아가 집에 혼자 있을 때는 문을 잠그게 하고, 문을 함부로 열어주지 않게 한다. 또한 전화가 걸려왔을 때 집에 혼자 있음을 상대방에게 말하지 않도록 가르친다.

일곱째, 낯선 사람이 주는 돈이나 과자, 아이스크림 등을 부모의 허락 없이는 받아 먹지 않도록 한다.

여덟째, 유아가 외출할 때에는 부모에게 행선지를 알리고, 안전한 큰길로 다니게 하며, 혼자 놀지 않도록 한다.

아홉째, 유아에게 자신의 이름과 집 주소, 살고 있는 동네까지 분명하게 외우게 한다. 만약 가능하다면 부모의 이름과 직장, 전화번호도 외우게 한다.

열째, 유아들이 비상시에 신고나 도움을 요청하기 위한 전화번호 '119'를 알고 있는지 확인한다.

열하나째, 나쁜 사람들에 의해 강제로 납치되었을 때 저항하거나 도움을 청하는 법을 가르쳐 준다.

(2) 유괴 예방수칙

| 부모님 수칙 |

① 비상시 대비하여 자녀의 친구나 그 가족들, 주변 사람들을 미리 알아두세요.
② 자녀의 이름, 주소, 전화번호 등은 눈에 띄는 곳에 적어놓지 마시고 옷 안, 신발 안, 가방 안 등 보이지 않는 곳에 써주세요.
③ 부모의 허락 없이는 낯선 차를 타거나, 아는 사람의 차라도 타지 않도록 교육하세요.
④ 혼자 있게 하지 마세요(자동차 안, 유모차, 공중화장실 갈 때 등).
⑤ 낯선 차가 접근하면 차량 근처로 가지 않게 하세요.
⑥ 누군가 억지로 데려가려고 할 때 "안돼요! 싫어요!"라고 외치게 하세요.
⑦ 자녀들이 어디에 있는지 항상 관심을 갖고 지켜보세요.
⑧ 자녀들이 자신을 스스로 보호할 수 있도록 수칙들을 반복해서 연습시키세요.

| 어린이(자녀)수칙 |

① 누군가 강제로 데려가려 하면 "안돼요! 싫어요!"라고 소리치며 발버둥 쳐요. 그리고 아는 사람이 있는지, 안전한 곳이 있는지 살펴보고 사람이 많은 곳으로 뛰어가서 큰 소리로 도움을 청해요.
② 밝고 환한 곳에서 친구들과 함께 놀아요.
③ 낯선 사람이 이름, 사는 곳, 전화번호를 물어보면 절대 알려주면 안돼요.
④ 아는 사람이 같이 가자고 해도 따라가지 말고 부모님께 먼저 말씀드리고 허락을 받으세요.
⑤ 만약 집에 혼자 있을 때에는 문과 창문을 꼭 잘 잠그고 있어요.
⑥ 만약 집에 혼자 있을 때 누군가가 찾아오면 "쉿!" 하고 없는 척을 해요.
⑦ 하루에 어떤 일들이 있었는지 엄마, 아빠와 얘기해 보아요.

출처: 어린이재단 실종아동 전문기관 보건복지가족부 위탁 실종·유괴예방 워크북.

(3) 유괴 발생 시 대처 방법

유괴를 당했을 경우 안전하게 가정으로 돌아오는 것이 가장 우선시되어야 한다. 유괴범을 자극하거나 불안함을 조성할 경우 안전에 위협을 느낄 수 있으므로 적절한 대처방법을 교육하여야 한다.

| 만약 유괴를 당했다면 |

① 격리된 공간에 유괴범과 단둘이 있을 때는 울음을 참고 고분고분할 것
② 고개를 숙이고, 유괴범의 얼굴을 가급적 보지 말 것
③ 음식을 주면 먹기 싫더라도 꼭 먹을 것
④ 묻는 말에 대답을 잘 하고 대화에 적극적으로 참여할 것

유괴 상황 발생 시 대처할 수 있는 구호 3가지

안돼요!	싫어요!	도와주세요!
가족의 허락 없이는 타인을 따라가지 않는다는 의사표현 하기!	가족 외의 타인을 따라가지 않겠다는 거부의 의사표현 하기!	강제로 데리고 가려고 할 경우 주위 사람들에게 나의 위험한 상황을 알리기 위하여 큰 소리로 '도와주세요'라고 도움 요청하기!

(4) 실종 발생 시 대처방법

실종아동들은 보통 큰 백화점, 쇼핑센터, 유원지, 놀이공원, 공공장소 등에서 순간적인 부주의로 발생한다. 가정문제로 인한 부모의 관심 부족이나 보호 소홀, 고의적인 유기, 유괴 등의 경우 아동에게 다시 집을 찾아주기란 어렵고 힘들다. 그러나 순간적인 부주의로 인한 실종아동은 작은 관심으로도 대부분 부모의 품 안으로 돌아갈 수 있음을 안다.

❙ 실종 발생 시 신고사항 ❙

- 아동의 이름
- 아동의 나이(생년월일)
- 잃어버린 일시와 장소
- 잃어버리게 된 자세한 경위
- 실종 발생 당시 아동이 입고 있던 옷차림과 신발, 소품, 신체특징(얼굴 모양, 머리 모양, 흉터나 점 등의 여부, 안경 착용 여부, 키, 몸무게 등)
- 아동의 최근 사진(가능한 다른 모습이 담긴 최근 사진 여러 장)
- 부모 이름 및 언제든지 연락이 가능한 연락처, 주소
- 실종아동찾기 대표전화 182

① 이것만을 외치도록 하자! [3단계 구호]

1단계: 멈춘다!
대형마트나 길에서 부모님을 잃었다면 그 자리 그대로 서서 부모님을 기다릴 수 있도록 한다.

2단계: 생각한다!
길을 잃었을 경우 침착하게 자신의 이름과 부모님 이름, 부모님 연락처를 여러 번 생각할 수 있게 한다.

3단계: 도와주세요!
부모님과 만나지 못하면 경찰에게 도움을 구하거나 아이를 안고 있는 아주머니에게 도움을 요청하도록 한다.

② 부모와 교사들이 알아두어야 할 안전수칙

- 함께 안전한 상황과 안전하지 못한 상황에서의 역할극을 해본다.
- 항상 누구와 함께 있으며 언제 돌아올 것인지를 확인해 둔다.
- 안전한 등하굣길을 지도에 표시하고 아동과 함께 다녀본다.
- 여럿이 다니는 것이 혼자 다니는 것보다 더 안전하다는 것을 가르친다.
- 옷이나 가방 등에 이름을 너무 눈에 띄게 크게 적지 않는다.
- 공중화장실에 아동을 혼자 보내지 않는다.
- 집 주소와 전화번호(지역번호 포함)를 알려준다.
- 위험할 때 도움을 청할 수 있는 곳(이웃집, 상점)을 아이에게 알려준다.
- 자동차에 잠시라도 혼자 두지 않는다.
- 신상명세서(몸무게, 키, 생년월일, 기타 신체적 특징)를 기록하여 보관한다.
- 6개월마다 아동의 컬러 사진을 찍어두며 미아 발생 시 모습을 쉽게 알아볼 수 있도록 대비한다.

(5) 실종 예방 수칙

| 부모님 수칙 |

① 자녀와 함께 다니고, 자녀를 집에 혼자 있게 하지 않기
② 이름, 나이, 주소, 연락처, 부모님 이름 등을 기억하도록 가르치기
③ 자녀의 정면 사진을 최소 6개월 단위로 미리 찍어두고 소지하고 다니기
④ 자녀의 신상정보는 겉으로 잘 보이지 않는 곳에 기입하거나 넣어두기
⑤ 위급상황 시 대처방법을 알려주고 몇 번씩 같이 연습해보기
⑥ 꼭꼭이의 실종예방 3단계 구호(멈춘다! 생각한다! 도와주세요!)를 암기시키기
⑦ 부모와 헤어졌을 때는 돌아다니지 않고 제자리에 멈춰 서 있게 가르치기
⑧ 길이 어긋나 못 만났을 경우 부모에게 전화(수신자부담 – 부모님 연락처)를 하거나 경찰(긴급통화 – 112)에 도움을 요청하기
⑨ 외출 시 자녀의 착의 사항을 기억하기

| 일반인 수칙 |

① 절대 아동을 다른 곳으로 데려가거나 자신의 집으로 데려가지 않기
② 겁먹은 아동을 잘 달래어 진정시켜 주기
③ 그 자리에 서서 아동의 부모를 함께 기다리기
④ 아동의 이름과 연락처 등을 물어보기
⑤ 안내방송이나 주위에 도움 요청하기
⑥ 경찰청 182에 신고하고 인근 지구대에 데려다주기
⑦ 실종아동 발견 당시 상황을 정확히 설명하기

Activity

성폭력 예방교육에 대비하여 언어적 의사소통이 가능한 유아들에게 "내가 아는 어른 중에도 나쁜 어른이 있을 수 있다"라는 것을 어떤 방법으로 지원해 주면 좋을까요?

생각해보아요.

Solution

성폭력 예방교육: 내가 아는 어른 중에도 나쁜 어른이 있을 수 있다

– 보육교직원을 위한 영유아 성교육방법 중에서(서울해바라기센터(아동) 임상심리전문가 김미정)

실제로 아동·청소년의 성폭력 피해는 모르는 사람보다 아는 사람으로부터 발생하는 빈도가 훨씬 많습니다. 그런데 우리는 습관적으로 "모르는 사람 따라가면 안돼.", "모르는 사람이 주는 음식은 먹으면 안돼."라고만 가르치기가 쉽죠. 세상에는 물론 좋은 어른이 더 많지만, 분명히 나쁜 어른도 있는 것, 외모나 말투만으로는 좋은 사람인지 나쁜 사람인지 구분할 수 없으며, 때로는 내가 아는 사람 중에도 나쁜 어른이 있을 수 있다는 것을 인지시켜 줘야 합니다.

또한, 어른은 어린이들을 도와주는 사람이지, 어린이들의 도움이 필요한 사람이 아니라는 걸 알려주세요. 특히 어딘가로 함께 이동할 것을 요청하는 어른의 부탁은 "엄마가 기다리고 계셔서 빨리 가봐야 해요."라고 거절하도록 가르쳐 주세요. 설령, 엄마는 회사에 있어서 나를 기다리고 있지 않더라도 이런 거짓말은 나를 보호하기 위해 "필요한" 거짓말이라는 걸 설명해 주세요.

출처: 어린이집안전공제회(www.csia.or.kr)>자료실>교육자료실>2020.02.18. [전문가칼럼] 보육교직원을 위한 영유아 성교육방법.

참고문헌

검찰청(www.spo.go.kr). 2024 아동학대 주요통계.

곽은복(2001). 영 · 유아를 위한 안전교육 프로그램. 서울: 창지사.

교육인적자원부(2006). 유아를 위한 성교육 프로그램.

대검찰청(www.spo.go.kr). 2024 범죄분석.

법제처(2021). 아동복지법.

보건복지부(2024). 보육사업안내서.

보건복지부(www.mohw.go.kr). 2020 아동학대 통계 현황.

보건복지부(www.mohw.go.kr). 2023 아동학대 주요 통계.

보건복지부 · 중앙육아종합지원센터(2022). 어린이집 영유아의 성 행동문제 관리 · 대응 매뉴얼.

실종아동전문기관(www.missingchild.or.kr).

실종아동전문센터(www.missingchild.or.kr). 실종아동전문센터 2020 사업보고서.

아동권리보장원(www.missingchild.or.kr).

통계청(kostat.go.kr).

한국보육진흥원(2021). 어린이집 아동학대 예방 및 대응 매뉴얼.

Briggs, F.(1995). *Developing personal safety skills in children with disabilities.* London: Jessica Kingsley Pub.

Frances(2006). *Essential touch; Meeting the needs of young children.* Washington, DC: NAEYC.

CHAPTER 07

미디어안전교육

1 미디어안전교육의 개념 및 필요성

1) 미디어안전교육의 개념

미디어란 어떤 작용을 한쪽에서 다른 쪽으로 전달하는 역할을 하는 것(표준국어사전)으로 정의하고 있어, 인간의 상호적 수단으로서의 역할이 강조되고 있다. '미디어'의 원어인 영어 'media'는 '매체'로 번역된다. 그러한 측면에서 '무엇인가 정보를 전달하는 도구'라는 의미가 보다 정확한 개념이라고 볼 수 있다. 그러나 뉴미디어의 등장과 매스미디어의 보급으로 인해 현대사회에서의 미디어는 단순한 수단이 아니라 인간이 사는 사회 전체를 통괄하고 제어하는 기능까지도 떠맡게 되었을 만큼 중요한 인간의 상호적 소통의 수단이 되고 있다.

하지만 단순히 이처럼 정보를 전달하는 '기기' 자체를 말하는 것만을 미디어의 정의로 한정하기에는 미디어가 오늘날 사회에서 차지하는 의미가 아주 크기 때문이다. 따라서 플루서의 개념을 따라 '정보를 분배 · 저장하는 담론적 미디어와 새로운 정보를 창조하는 대화적 미디어'로 구분할 수 있다(김성재, 2013). 특히, 아동과 같이 다양한 세상의 담론과 대화, 혹은 소통을 배워 가면서 세상을 바라보고 세상과 소통하고 세상으로 나아가는 데 있어서 의미심장한 역할을 하는 도구가 되는 것이다. 그러므로 미디어가 가지는 개념과 의미는 보다 거시적으로 고려해 볼 필요가 있으며 미디어안전교육은 매우 중요한 의미가 있다.

따라서 아동의 건강한 미디어 생활을 위해서는, 아동의 눈높이에 맞는 미디어의 가치와 올바른 사용을 경험할 수 있는 다양한 교육적 방안이 모색되어야 한다.

2) 미디어안전교육의 필요성

오늘날 맞벌이 부부의 증가로 부모와의 접촉 시간은 감소하고 미디어를 접하면서 보내는 시간이 증가하는 현상이 나타나고 있다. 아동의 일상은 미디어를 떠나서 생각할 수 없을 정도로 미디어는 일상의 현상이 되고 있다. 이러한 상황 속에서 아동의 미디어 이용은 미디어를 활용한 긍정적 교육의 필요와 역할을 강력하게 요구하고 있다. 무엇보다 유아기는 세상의 자극으로부터 다양한 방식으로 학습화가 일어나는 시기이다. 미디어는 가상현실, 증강현실, 홀로그램, 메타버스, AI 등 고도화된 기술이 접목되어 삶을 더욱 흥미롭고 창의적으로 만드는 데 기여하고 있다. 이러한 미디어의 기술적 양상들은 앞으로도 더욱더 진화하고 빠르게 변화해 갈 것이다. 아울러 아동 미디어안전교육의 실효성을 위해서는 국가 수준 교육과정과의 연계성이 필요하다. 특히, 영유아를 대상으로 하는 개정 표준보육과정(0~2세) 및 개정 누리과정 5개 영역(신체운동·건강, 의사소통, 사회관계, 예술경험, 자연탐구)과 연관된 영유아 미디어안전교육이 필요하다. 또한, 우리의 삶을 지배하고 있는 미디어의 역할과 기능성을 이해하고 미디어를 적절하게 활용하도록 함으로써 지나친 미디어 몰입과 미디어 중독으로 인한 문제점 등의 폐해를 예방하도록 하는 교육이 필요하다.

2 미디어안전사고의 실태

과학기술정보통신부에서 발표한 2023년 스마트폰 과의존 현황을 살펴보면 우리나라 스마트폰 이용자 중 23.1%는 스마트폰 과의존 위험군으로 나타났다. 영유아 스마트 미디어 이용자 중 과의존 위험군은 매년 증가하여, 2021년도에는 아동(만 3~9세)의 과의존 위험군 비율이 28.4%(+1.1%p)로 나타났다.

스마트폰 과의존 위험군은 전년대비 0.5%p 감소, 지난 6년간 2022년 첫 감소에 이은 연속 하락세를 보였으나 청소년은 여전히 높은 과의존 위험군 비율을 보인다.

이러한 과의존 위험군의 증가는 결국 미디어에 대한 부정적 활용과 연계되어 아동들을 대상으로 미디어를 노출하지 않도록 하는 것이 현명한 교육이라고 인식된다.

온라인 동영상 서비스 이용자의 주 이용 콘텐츠는 '푸드'(14.1%)이며, 다음으로 '스포츠'(11.5%), 'TV/연예'(10.9%), '게임'(10.1%) 등의 순으로 나타났으며, 과의존 위험군과 일반사용자군 사이의 주 이용률 차이가 가장 큰 콘텐츠는 '게임'으로 6.6%p 차이가 나타났다.

또한 온라인 동영상 서비스 이용자의 주 이용 온라인 동영상 서비스 콘텐츠 성향은 '오락

성'(80.8%), '정보성'(75.9%), '폭력성'(35.4%), '선정성'(28.3%), '사행성'(22.7%) 순으로 나타났으며, 모든 과의존 위험군은 일반사용자군보다 성향이 높게 나왔으며 가장 비율 차이가 큰 성향은 '폭력성'(18.1%p)으로 나타났다.

| 표 7-1 | 주 이용 온라인 동영상 서비스 콘텐츠

(분석단위: 온라인 동영상 서비스 이용자, 단위: %)

		푸드	스포츠	TV/연예	게임	웹드라마/예능	패션/뷰티	음악/댄스	시사/경제
전체		14.1	11.5	10.9	10.1	9.3	6.9	6.5	6.3
스마트폰 과의존 수준별	과의존위험군	12.8	10.1	11.4	15.2	11.4	7.1	6.4	4.1
	고위험군	12.7	9.6	15.9	18.0	11.2	6.4	5.9	3.8
	잠재적위험군	12.8	10.2	10.4	14.6	11.4	7.2	6.5	4.1
	일반사용자군	14.5	11.9	10.8	8.6	8.6	6.9	6.5	7.0
대상별	유아동 (만 3~9세)	5.5	1.2	1.6	17.3	2.5	0.5	2.7	0.2
	청소년 (만 10~19세)	14.8	5.3	6.0	31.5	8.7	5.4	6.3	1.1
	성인 (만 20~59세)	15.1	13.3	11.2	7.9	10.0	8.3	5.7	6.6
	20대	16.2	10.3	8.2	13.0	12.4	10.1	5.6	1.9
	30대	17.1	14.2	10.3	7.2	10.2	9.3	4.8	5.5
	40대	15.0	14.2	12.7	7.3	9.3	7.7	4.9	6.9
	50대	12.5	14.1	13.1	4.9	8.5	6.5	7.2	10.8
	60대 (만 60~69세)	11.4	10.3	15.4	3.6	8.3	3.7	11.3	10.5
성별	남성	12.2	19.0	8.8	13.9	7.8	2.8	4.6	8.9
	여성	16.0	3.5	13.2	6.2	10.7	11.3	8.4	3.5
학령별	유치원	2.1	1.3	1.0	10.0	2.4	0.3	2.2	0.2
	초등학생	11.3	1.9	3.3	32.5	4.4	2.9	5.9	0.3
	중학생	15.3	5.1	7.2	33.2	9.0	4.0	4.8	1.2
	고등학생	16.4	7.1	6.3	27.2	9.8	7.2	6.9	1.0
	대학생	16.4	10.6	6.1	16.3	12.0	9.0	6.1	1.1

		생활	영화	제품리뷰	애니메이션/만화	토크/캠방	교육/학습	키즈	Vlog	기타
전체		5.8	5.6	4.0	3.6	2.2	1.6	1.1	0.6	0.1
스마트폰 과의존 수준별	과의존위험군	2.3	5.4	3.4	4.5	2.2	1.9	1.3	0.6	0.1
	고위험군	2.2	3.3	3.1	3.4	1.7	0.8	1.3	0.7	0.0
	잠재적위험군	2.3	5.8	3.5	4.7	2.3	2.1	1.3	0.6	0.1
	일반사용자군	6.8	5.6	4.1	3.3	2.2	1.5	1.1	0.6	0.1
대상별	유아동 (만 3~9세)	0.3	0.6	0.6	39.8	0.1	7.2	19.4	0.4	0.0
	청소년 (만 10~19세)	0.8	2.1	1.3	7.7	2.2	5.2	0.9	0.7	0.0
	성인 (만 20~59세)	5.0	6.8	4.6	1.3	2.4	1.0	0.3	0.6	0.1
	20대	1.8	7.5	4.0	2.0	3.6	2.1	0.2	1.1	0.1
	30대	3.4	6.8	4.7	2.0	2.2	0.8	0.7	0.9	0.0
	40대	4.9	7.4	4.9	0.7	2.7	0.7	0.1	0.4	0.1
	50대	8.9	5.5	4.6	0.8	1.4	0.5	0.1	0.3	0.2
	60대 (만 60~69세)	14.4	3.9	4.1	0.8	1.7	0.2	0.1	0.2	0.2
성별	남성	4.9	5.2	3.1	3.3	2.4	1.3	1.0	0.5	0.1
	여성	6.7	5.9	4.9	3.9	1.9	1.9	1.2	0.7	0.1
학령별	유치원	0.1	0.8	0.6	45.7	0.0	7.1	25.8	0.4	0.0
	초등학생	0.3	0.7	0.7	22.7	0.9	5.1	6.2	0.9	0.1
	중학생	0.7	1.9	1.1	6.1	2.2	6.6	0.6	1.0	0.0
	고등학생	0.8	3.0	1.8	4.6	2.5	5.0	0.1	0.2	0.0
	대학생	1.5	7.4	3.2	2.2	3.4	3.5	0.0	1.2	0.0

출처: 과학기술정보통신부, 한국지능정보사회진흥원(2024). 2023년 스마트폰 과의존 실태조사.

(분석단위: 온라인 동영상 서비스 이용자, 단위: %)

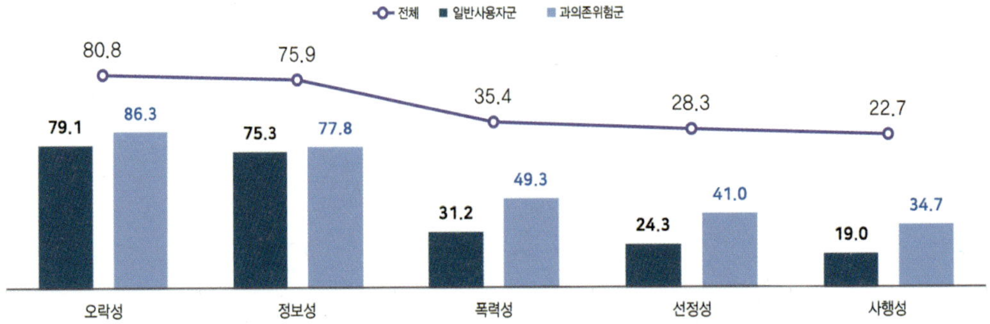

출처: 과학기술정보통신부, 한국지능정보사회진흥원(2024). 2023년 스마트폰 과의존 실태조사.

| 그림 7-1 | 평소 이용하는 온라인 동영상 서비스 콘텐츠 성향

| 표 7-2 | 평소 이용하는 온라인 동영상 서비스 콘텐츠 성향

(분석단위: 온라인 동영상 서비스 이용자, 단위: %, 점)

		오락성		정보성		폭력성		선정성		사행성	
		그렇다+ 매우 그렇다	4점 만점	그렇다+ 매우 그렇다	4점 만점	그렇다+ 매우 그렇다	4점 만점	그렇다+ 매우 그렇다	4점 만점	그렇다+ 매우 그렇다	4점 만점
전체		80.8	2.97	75.9	2.90	35.4	2.20	28.3	2.04	22.7	1.89
스마트폰 과의존 수준별	과의존위험군	86.3	3.11	77.8	2.93	49.3	2.45	41.0	2.30	34.7	2.14
	고위험군	91.0	3.26	84.8	3.11	54.3	2.59	53.0	2.52	46.2	2.31
	잠재적위험군	85.2	3.08	76.3	2.89	48.1	2.42	38.4	2.25	32.1	2.10
	일반사용자군	79.1	2.92	75.3	2.88	31.2	2.12	24.3	1.96	19.0	1.82
대상별	유아동 (만 3~9세)	80.1	2.93	60.9	2.54	20.9	1.87	17.6	1.74	17.3	1.68
	청소년 (만 10~19세)	86.7	3.15	75.7	2.91	44.6	2.36	32.1	2.13	25.2	1.95
	성인 (만 20~59세)	80.7	2.97	77.1	2.93	36.6	2.23	29.4	2.07	22.9	1.91
	20대	83.8	3.06	77.5	2.95	42.6	2.33	33.5	2.16	23.6	1.93
	30대	81.9	3.00	79.8	2.98	40.2	2.30	31.3	2.13	25.5	1.97
	40대	80.6	2.96	77.2	2.92	34.5	2.19	28.5	2.05	22.8	1.89
	50대	77.2	2.88	74.3	2.88	30.8	2.12	25.3	1.98	20.2	1.84
	60대 (만 60~69세)	77.6	2.86	74.9	2.83	27.9	2.05	23.5	1.94	21.4	1.85
성별	남성	81.7	2.99	76.4	2.92	39.4	2.27	29.4	2.07	23.4	1.92
	여성	79.9	2.95	75.4	2.87	31.3	2.12	27.1	2.02	21.9	1.87
학령별	유치원	79.4	2.92	60.7	2.53	21.2	1.85	19.0	1.72	18.3	1.68
	초등학생	84.4	3.04	69.1	2.74	29.8	2.09	19.7	1.87	17.3	1.76
	중학생	85.5	3.15	75.9	2.91	44.1	2.34	30.8	2.11	24.2	1.94
	고등학생	87.0	3.16	76.7	2.94	49.4	2.42	38.4	2.24	28.8	2.01
	대학생	83.9	3.07	73.6	2.92	42.4	2.33	30.8	2.11	23.2	1.92

출처: 과학기술정보통신부, 한국지능정보사회진흥원(2024). 2023년 스마트폰 과의존 실태조사.

출처: 과학기술정보통신부, 한국지능정보사회진흥원(2024). 2023년 스마트폰 과의존 실태조사.

| 그림 7-2 | 연도별 · 대상별 스마트폰 과의존 위험군 현황

만 3세~9세 자녀를 둔 학부모 대상 자녀의 스마트폰 과의존 주요 원인으로 '맞벌이 증가 등으로 인한 훈육 시간 부족'이 36.0%로 가장 높았으며, 그다음으로 '자녀의 스마트폰 이용 훈육 방법을 잘 몰라서'(34.0%), '부모의 편의에 의한 스마트폰 사용 방임'(19.3%), '스마트폰을 대체할 다른 놀이 환경의 부족'(10.7%) 순으로 나타났다. '자녀의 스마트폰 이용 훈육 방법을 잘 몰라서'의 응답은 과의존 위험군(40.6%)이 일반사용자군(32.2%)보다 8.4%p 높게 나타났다.

자녀에게 스마트폰을 보여주는 상황으로는 '공공장소에서 자녀를 통제하기 위해'가 41.3%로 가장 높으며, 그다음으로 '부모의 활동시간(가사, 대인관계)을 확보하기 위해'(31.6%), '식사, 재우기 등 양육의 보조수단으로'(14.8%) 등의 순으로 나타났다.

'식사, 재우기 등 양육의 보조수단으로'의 응답은 과의존 위험군(16.7%)이 일반사용자군(14.2%)보다 2.5% 높게 나타났으며, '부모의 가사, 직업활동, 대인관계 활동시간을 확보하기 위해'의 응답은 고위험군(38.2%)이 잠재적 위험군(30.0%)보다 8.2% 높게 나타났다.

출처: 과학기술정보통신부, 한국지능정보사회진흥원(2024). 2023년 스마트폰 과의존 실태조사.

| 그림 7-3 | 자녀에게 스마트폰을 보여주는 상황

출처: 과학기술정보통신부, 한국지능정보사회진흥원(2024). 2023년 스마트폰 과의존 실태조사.

| 그림 7-4 | 유아 자녀의 스마트폰 과의존 주요 원인

3 미디어안전의 예방과 안전교육 자료

1) 인터넷윤리교육 유아 프로그램

아동들의 미디어 노출은 전인적인 발달과 생활 습관 형성에도 영향을 미치게 되며 특히 유아기에 형성되는 습관은 청소년기, 성인기의 습관과도 연관된다. 미디어의 사용이 늘어갈수록 유아의 언어발달이 저하될 수 있으며, 신체 활동이 줄어들어 신체 성장에도 크게 영향을 미친다.

'생애주기별 맞춤형 인터넷 윤리교육 유아 프로그램'은 미디어로 다양한 정보를 습득하고 체험하는 이 시기의 유아들이 온라인 속 미디어 세상에 대해 바르게 인식하고, 올바른 미디어 생활 습관을 기를 수 있도록 하는 프로그램이다. 이 프로그램을 통해서 디지털 과의존으로 인해 발생할 수 있는 위험요소를 3편의 동화(동화 1편당 3단계 활동 진행)와, 각 동화와 연계하여 진행할 수 있는 놀이 중심 후속 활동(게임 및 신체 활동)을 통해 수업 환경과 상황에 따라 다양한 용도로 올바른 미디어 이용습관을 재미있게 익힐 수 있다.

생애주기별 맞춤형 인터넷 윤리교육				
유아	청소년			성인
	초등 저학년	초등 고학년	중고등	

대상	유아
교육목표	• 세상 속 미디어에 대한 자신의 경험을 돌아본다. • 디지털 과의존으로 발생할 수 있는 문제점에 대해 인지한다. • 온라인 세상 속에서 나를 지키는 올바른 습관을 기른다.
기대효과	• 온라인 환경에서 발생할 수 있는 여러 가지 문제점들을 인식할 수 있다. • 미디어에 의존하지 않는 올바른 생활습관이 무엇인지 이해할 수 있다. • 미디어를 안전하고 바르게 사용하며 나를 지키는 생활 습관을 실천할 수 있다.
교육 특징	• 교육 현장의 상황과 환경에 따라 블록형 수업으로 진행 가능 • 유아들의 신체활동을 통한 놀이 중심 프로그램 • 동화를 바탕으로 다양한 활동과 연계되는 이야기 중심 프로그램 • 유아들이 주도적으로 참여하는 활동 중심 수업 진행 • 실생활에서의 인식 변화와 실천 의지를 기를 수 있는 가정과의 연계 활동

출처: 아름다운 디지털세상 디지털윤리(https://xn--2z1b40gs9nlqcf0n.kr).

2) 유아 인터넷 윤리교육 추천 자료

두근두근 첫만남 스마트 세상과 인사해요

쉿 들키면 안돼! 늑대를 조심해요

펭귄마을이 위험해!

츄르츄리카 버튼이 내 머리에 생긴 날

유아 인터넷윤리 교육 교사용 지도서

호야의 투명풍선

[동화] 인터넷을 사랑한 공주님

유아인터넷미디어체험교실(단기)

유아인터넷미디어체험교실(장기)

두리가 스마트폰을 해요 2편 - 밥 먹을 땐 스마트폰을 하지 않아요

온비와 함께하는 스마트 세상 여행기

출처: 아름다운 디지털세상 디지털윤리(https://xn--2z1b40gs9nlqcf0n.kr).

3) 유아 인터넷 윤리교육 추천 자료 활동지(예시)

함께 실천하기 **호야의 투명풍선 - 친구와 함께 팡팡!**

친구와 함께 팡팡! 활동 시, 본 쪽지에 적힌 신체 부위를 활용하여 풍선을 터뜨릴 수 있도록 지도해주세요.

방송통신위원회 NIA 한국지능정보사회진흥원 생애주기별 맞춤형 인터넷윤리교육 유아 활동지 1-1

호야의 그림을 오려 풍선 안에 넣고, 친구와 함께 팡팡! 활동을 진행해주세요.

방송통신위원회 NIA 한국지능정보사회진흥원 생애주기별 맞춤형 인터넷윤리교육 유아 활동지 1-2

출처: 아름다운 디지털세상 디지털윤리(https://xn--2z1b40gs9nlqcf0n.kr).

4) 스마트폰 과의존 예방교육 콘텐츠 모음(예시)

함께 실천하기 　　**이름 :**

츄르츄리카 버튼이 내 머리에 생긴 날 - 꼭꼭 약속해!

미디어를 올바르게 이용하기 위해 내가 지키고 싶은 미디어 약속을 작성해요.

1

2

3

미디어 약속을 지킬 때 스티커를 붙여요

방송통신위원회 NIA 한국지능정보사회진흥원 　　생애주기별 맞춤형 인터넷윤리교육 유아 　활동지 3-1

출처: 아름다운 디지털세상 디지털윤리(https://xn--2z1b40gs9nlqcf0n.kr).

❙ 유아·청소년 대상 콘텐츠 ❙

영유아 콘텐츠	초등 콘텐츠		중등 콘텐츠
–영유아(어린이집)– 스마트폰 과의존 예방 스마트폰 간단한 기능들 이해	–저학년– 스마트폰 과의존의 이해	–고학년– 메타버스	SNS 과의존 폐해

고등 콘텐츠	청소년 콘텐츠	대학생 콘텐츠
스마트폰 게임 과의존	스마트폰 과의존 폐해 건강	유튜브 및 동영상 숏폼

❙ 전국민, 성인 대상 콘텐츠 ❙

전국민 콘텐츠	일반 콘텐츠	군장병 콘텐츠	학부모 콘텐츠	
계층별 스마트폰 과의존 고민과 해결방법	SNS 메신저 과의존	부대 내 올바른 스마트폰 활용법	–영유아 학부모– 유튜브 동영상에 대한 인식 변화	–청소년 학부모– 자녀와 함께 실천하는 SNS 과의존 예방

출처: 과학기술정보통신부, 한국지능정보사회진흥원(2024). 2023년 스마트폰 과의존 실태조사.

참고문헌

과학기술정보통신부(https://www.msit.go.kr).

과학기술정보통신부, 한국지능정보사회진흥원(2024). 2023년 스마트폰 과의존 실태 조사.

미리네(www.miline.or.kr).

스마트쉼센터(www.iapc.or.kr).

아름다운 디지털세상 디지털윤리(https://디지털윤리.kr).

한국지능정보사회진흥원(www.nia.or.kr).

CHAPTER 08 재난안전교육

1 지진

1) 지진의 개념 및 필요성

(1) 지진의 개념

지진이란 지구적인 힘에 의하여 땅속의 거대한 암반이 갑자기 갈라지면서 그 충격으로 땅이 흔들리는 현상을 말한다. 다시 말해 지구 내부 어딘가에서 급격한 지각 변동이 생겨 그 충격으로 생긴 파동, 즉 지진파가 지표면까지 전해져 지반을 진동시키는 현상이다. 일반적으로 지진은 넓은 지역에서 거의 동시에 느껴진다.

지진은 여러 가지 종류의 자연재난 중에서도 가장 격렬하며, 지질 및 지형학적인 변화와 함께 짧은 순간에 막대한 피해를 가져오는 재난이라고 볼 수 있다. 최근 들어 지진 발생 횟수가 증가하고 있는 것을 볼 때, 영유아 교육기관에서의 재난대비 교육은 매우 중요하다고 볼 수 있다.

❙ 판구조론 ❙

지구는 10개가 넘는 판들이 퍼즐 조각처럼 서로 쪼개져 맞물려 있다. 판이 맨틀 위를 1년에 수 cm 이상이 천천히 움직인다. 움직이는 판은 서로 부딪치면서 점차 압력을 키우게 되는데, 이 압력이 매우 커져 더 이상 버티지 못하면 암석이 갈라지고, 그 충격파가 땅을 흔들어 지진이 발생한다.

출처: 행정안전부(www.mois.go.kr). 지진 국민행동요령.

| 그림 8-1 | 지구를 둘러싸고 있는 판

(2) 지진 안전교육의 필요성

우리나라는 지진대에 속해 있지 않아서 지진 발생률이 상대적으로 적은 편이었으나, 지진 발생빈도가 잦아지고 있다. 세계는 지금 크고 작은 지진들로 그 피해가 극심하며 우리나라 역시 더 이상 지진 안전국이 아니므로 지진에 대한 대비와 대처를 위한 안전교육이 필요하다.

2) 지진 안전사고의 실태

우리나라는 1978년 지진 관측 이후 그 중 가장 큰 지진은 2016년 9월 12일 경상북도 경주에서 발생한 규모 5.8의 지진이며, 2017년 11월 15일 경상북도 포항에서 규모 5.4의 두 번째로 큰 규모이며 역대 가장 많은 피해가 발생한 지진이다.

| 표 8-1 | 연도별 지진 발생 현황(2020~2023)

연도	규모 3 이상	유감횟수	총 횟수(규모 2 이상)
2020년	5	17	68
2021년	5	15	70
2022년	8	13	77
2023년	16	19	106

출처: 기상청(www.weather.go.kr). 재난안전통계연보.

3) 지진의 예방과 안전교육

(1) 지진 발생 전

① 천장이나 높은 곳의 떨어질 수 있는 물건을 치우고, 머리맡에는 깨지기 쉽거나 무거운 물품을 두지 않는다.
② 비상시를 대비해 응급처치법을 알아둔다.
③ 전열기, 가스기구 등을 단단히 고정한다.
④ 지진 후 가족을 다시 만날 수 있는 장소를 미리 결정해 두고 다른 지역에 사는 친지에게 본인의 안전을 알릴 수 있도록 통신수단을 마련한다.
⑤ 비상시 사용할 약품·비품·장비·식품의 위치와 사용법을 알아두고 비상시 가족이 취할 사항과 역할을 미리 정해 둔다.
⑥ 지진 발생 때 위험을 일으킬 수 있는 집안의 가구 등을 정리한다.
⑦ 실내의 단단한 탁자 아래, 내력벽 사이 작은 공간 등 안전한 위치를 파악해둔다.
⑧ 균열 음, 진동 등 건물이 무너질 조짐이 있거나 균열이 진행되고 있는 것이 발견된 경우에는 전문가에게 문의한다.
⑨ 가족과 함께 지진에 대비한 훈련을 미리 해둔다.
⑩ 주택의 기초와 집 주변의 지반 상태를 점검한다.

(2) 지진 발생 시

① 튼튼한 탁자 아래에 들어가 몸을 보호한다.
- 지진으로 크게 흔들리는 시간은 길어야 1~2분 정도이다.
- 튼튼한 탁자의 아래로 들어가 탁자를 꽉 잡고 몸을 보호한다.
- 탁자 아래와 같은 피할 곳이 없을 때에는 방석 등으로 머리를 보호한다.

② 가스와 전기를 차단하고 문을 열어 출구를 확보한다.
- 흔들림이 멈춘 후 당황하지 말고 화재에 대비하여 가스와 전기를 차단한다.
- 문이나 창문을 열어 언제든 대피할 수 있도록 출구를 확보한다.
- 흔들림이 멈추면, 출구를 통해 밖으로 나간다.

③ 집에서 나갈 때는 발을 보호할 수 있는 신발을 신고 이동한다.

- 지진이 발생하면 유리 조각이나 떨어져 있는 물체 때문에 발을 다칠 수 있으니, 발을 보호할 수 있는 신발을 신고 이동한다.

④ 계단을 이용하여 밖으로 대피한다.

- 지진이 나면 엘리베이터를 타지 말고, 계단을 이용하여 건물 밖으로 대피한다.
- 밖으로 나갈 때에는 떨어지는 유리, 간판, 기와 등에 주의하며, 소지품으로 몸을 보호하면서 침착하게 대피한다.

⑤ 건물 담장과 떨어져 이동한다.

- 건물 밖으로 나오면 담장, 유리창 등이 파손되어 다칠 수 있으니 건물과 담장에서 최대한 멀리 떨어져 가방이나 손으로 머리를 보호하면서 대피한다.

⑥ 넓은 공간으로 대피한다.

- 떨어지는 물건에 주의하며 신속하게 운동장이나 공원 등 넓은 공간으로 대피한다.
- 이동할 때에는 차량을 이용하지 않고 걸어서 대피한다.

⑦ 올바른 정보에 따라 행동한다.

- 대피 장소에서는 안내에 따라 질서를 지킨다.
- 지진 발생 직후에는 근거 없는 소문이나 유언비어가 유포될 수 있으니, 라디오나 공공기관이 안내 방송 등이 제공하는 정보에 따라 행동한다.

| 표 8-2 | 지진의 규모별 영향력

<table>
<tr><th>규모</th><th>규모에 따른 영향력</th><th>MMI 진도
(12등급)</th><th>진도에 따른 영향력</th></tr>
<tr><td>2.5 미만</td><td>지진계에만 기록되고 사람은 느끼지 못함</td><td rowspan="2">I
(미진)</td><td rowspan="2">사람이 거의 느낄 수 없는 미세한 진동이 나타나며, 지진계는 감지할 수 있다.</td></tr>
<tr><td>2.5</td><td>정지해 있거나 민감한 사람만 다소 흔들린다고 느낌</td></tr>
<tr><td>3.0</td><td>모든 사람이 느낄 정도로 창문이 다소 흔들림</td><td>II
(경진)</td><td>매달린 물건이 약하게 흔들리며 사람들이 느낀다.</td></tr>
<tr><td>3.5</td><td>건물, 창문이 흔들리고 형광등과 같은 매달린 물건이 흔들리거나 그릇의 물이 출렁이며 사람은 약간 놀라서 자다 깸</td><td>III
(약진)</td><td>실내에서도 느낄 수 있으며, 큰 트럭이 지나가는 것과 같은 진동이 있다.</td></tr>
<tr><td rowspan="2">4.0</td><td rowspan="2">건물의 흔들림이 심하여 꽃병이 넘어지며 그릇의 물의 넘침
많은 사람들이 매우 놀라 자다 깨서 집 밖으로 뛰어나옴</td><td>IV
(중진)</td><td>멈춰 있는 자동차가 흔들린다.</td></tr>
<tr><td>V
(중진)</td><td>거의 모든 사람들이 흔들림을 느끼며, 그릇이나 창문이 깨지기도 한다.</td></tr>
<tr><td rowspan="2">5.0</td><td rowspan="2">벽에 금이 가고 비석이 넘어지고 굴뚝, 돌담, 축대 등이 파손되며 사람은 서 있기 곤란한 정도의 심한 공포를 느낌</td><td>VI
(강진)</td><td>모든 사람들이 지진을 느낀다. 무거운 가구가 움직이거나 벽에 금이 갈 수 있다.</td></tr>
<tr><td>VII
(강진)</td><td>모든 사람들이 놀라서 밖으로 뛰어나가며, 운전자들도 흔들림을 느낀다.</td></tr>
<tr><td rowspan="2">6.0</td><td rowspan="2">30% 이하의 건물이 파괴되고 산사태가 발생할 수 있고 땅에 금이 가며 사람이 혼자서 있거나 도움 없이 걸을 수 없음</td><td>VIII
(열진)</td><td>창틀로부터 창문이 떨어져 나간다. 굴뚝·기둥·기념비·벽 등이 무너진다.</td></tr>
<tr><td>IX
(열진)</td><td>모든 건물이 피해를 입고, 지표면에 균열이 가며, 지하 송수관이 파괴된다.</td></tr>
<tr><td>7.0</td><td>30% 이상의 건물이 파괴되고 산사태가 나고 땅이 갈라지며 사람들은 이성을 상실하게 됨</td><td>X
(격진)</td><td>땅이 갈라지고 기차선로가 휘어진다.</td></tr>
<tr><td>8.0</td><td>건물이 완전히 파괴되고 철로가 휘고 지면에 단층현상이 발생하며 사람들은 대공황에 빠짐</td><td>XI
(격진)</td><td>다리가 무너지고 지표면에 심한 균열이 생긴다.</td></tr>
<tr><td>9.0 이상</td><td>관측된 바가 없음</td><td>XII
(격진)</td><td>물건이 공중으로 튀어나가며 땅 표면에 파동이 보인다.</td></tr>
</table>

* 규모 1.0마다 약 32배씩 에너지가 커진다. 예를 들어, 규모 3.0과 규모 5.0은 약 1,000배(32X32=1,000)의 에너지가 차이가 난다.

출처: 행정안전부(www.mios.go.kr). 지진 국민행동요령.

장소별 행동요령

집안에 있을 경우

탁자 아래로 들어가 몸을 보호합니다.
흔들림이 멈추면 전기와 가스를 차단하고
문을 열어 출구를 확보한 후,
밖으로 나갑니다.

집밖에 있을 경우

떨어지는 물건에 대비하여
가방이나 손으로 머리를 보호하며,
건물과 거리를 두고 운동장이나 공원 등
넓은 공간으로 대피합니다.

엘리베이터에 있을 경우

모든 층의 버튼을 눌러
가장 먼저 열리는 층에서 내린 후
계단을 이용합니다.
※ 지진 시 엘리베이터를 타면 안됩니다.

학교에 있을 경우

책상 아래로 들어가
책상 다리를 꼭 잡습니다.
흔들림이 멈추면 질서를 지키며
운동장으로 대피합니다.

백화점, 마트에 있을 경우

진열장에서 떨어지는 물건으로부터 몸을
보호하고, 계단이나 기둥 근처로 가 있습니다.
흔들림이 멈추면 밖으로 대피합니다.

극장, 경기장에 등에 있을 경우

흔들림이 멈출 때까지
가방 등 소지품으로 몸을 보호하면서
자리에 있다가,
안내에 따라 침착하게 대피합니다.

전철을 타고 있을 경우

손잡이나 기둥을 잡아
넘어지지 않도록 합니다.
전철이 멈추면 안내에 따라 행동합니다.

운전을 하고 있을 경우

비상등을 켜고 서서히 속도를 줄여
도로 오른쪽에 차를 세우고,
라디오의 정보를 잘 들으면서
키를 꽂아 두고 대피합니다.

산이나 바다에 있을 경우

산사태, 절벽 붕괴에 주의하고
안전한 곳으로 대피합니다.
해안에서 지진해일 특보가 발령되면
높은 곳으로 이동합니다.

http://www.safekorea.go.kr

출처: 행정안전부(www.mios.go.kr). 지진 국민행동요령

| 표 8-3 | 대피 후 행동요령

장소	행동 요령
부상자를 살펴보고 즉시 구조를 요청한다.	• 흔들림이 멈춘 후 주변에 부상자가 있으면 이웃과 서로 협력하여 응급처치하고 119에 신고한다.
주변 피해 상황에 따라 귀가 여부를 결정한다.	• 지진이 발생하면 통신기기 사용이 폭주하여 일시적인 장애가 발생할 수 있으니 당황하지 말고, 라디오 및 주변에 있는 공공 기관이 제공하는 정보에 따라 행동한다.
가정이나 사무실로 돌아간 후에는 안전에 유의하여 주변을 확인한다.	• 가정이나 사무실의 피해 상황을 확인하고, 안전이 의심된다면 전문가의 확인을 받도록 한다. • 옷장이나 사무실 보관함 등의 내용물이 쏟아져 내려 부상을 입을 수도 있으므로 문을 열 때 주의한다.
올바른 정보를 항상 확인한다.	• 여진이 발생할 수 있으므로, 지역 방송 등이 제공하는 정보를 확인하고, 대치해야 할 경우에는 지진 국민행동요령에 따른다.

출처: 행정안전부(www.mios.go.kr). 지진 국민행동요령.

❙ 지진해일 발생에 따른 행동 요령 ❙

- 내가 있는 지역이 지진해일의 위험이 있는 지역인지 미리 확인한다.
- 해안가에 있을 때 지진을 느꼈다면 곧 지진해일이 올 수도 있으니 빨리 해안에서 벗어나 높은 곳으로 대피한다.
- 해안에서 지진을 느끼거나 지진해일 특보가 발령되면 지진해일 긴급 대피장소나 높은 곳으로 대치한다. 피할 시간이 없다면 주변에 있는 튼튼한 건물의 3층 이상으로 대피한다.
- 지진해일이 오기 전에는 해안의 바닷물이 갑자기 빠져나가거나, 기차와 같은 큰 소리를 내면서 다가오기도 한다. 이러한 경우에는 높은 곳으로 대피한다.
- 지진해일은 한 번의 큰 파도로 끝나지 않고 수 시간 동안 여러 번 반복될 수 있다. 지진해일 특보가 해제될 때까지 낮은 곳으로 가지 않는다.

지진안전 교육·훈련 우수사례

대 상

선생님! 지진 났어요 (지진은 칼, 우리는 방패)

국공립 ○○어린이집

1. 프로그램의 필요성 및 목적

지진은 예고 없이 지표면의 지각 변동에 의해 단시간에 가장 큰 파괴력을 가지고 있는 자연재난 중 하나이다. 여러 가지 종류의 자연재난 중에서도 가장 격렬하며 지질 및 지형학적인 변화와 함께 짧은 순간에 막대한 피해를 가져오는 재난이라고 볼 수 있다.

최근 들어 지진 발생 횟수가 증가하고 있는 것을 볼 때 우리나라 역시 더 이상 지진 안전국이 아니므로 지진에 대한 대비와 대처를 위한 안전교육이 필요하다.(최명숙, 2018). 지진은 미처 예측하기 전에 발생하는 재해이므로 이러한 재해가 발생하였을 경우 피해를 최소화하기 위해 사전에 필요한 사항들을 숙지하고 미리 준비할 필요가 있다. 지진의 발생빈도가 늘어나고 그 피해 규모가 커짐에 따라 지진 안전교육이 필수적으로 시행되어야 한다(임은옥, 2018). 유아기는 성인에 비해 여러 가지 위험한 상황에서 대처 능력이 부족하므로 안전한 환경을 제공하는 한편 안전관리 및 안전교육을 실시할 필요가 있다. 건강하고 안전한 습관을 형성하기에 최적의 시기(*Cornacchia, Olsen & Nickerson, 1991*)로서 자연재해 예방을 위한 사전대비 교육을 유아기부터 실시함으로써 재난에 대한 안전의식을 키우고 자연재해를 대비하는 능력을 일깨우는데 중요한 시기이다(교육과학기술부, 2012).

이에 본 어린이집에서는 영·유아의 안전을 책임지고 있는 보육교직원과 부모, 영유아에게 안전교육의 내용을 체계적으로 지원하기 위해 연간안전교육계획을 바탕으로 '지진 안전교육'을 통해 형식적이 아닌 **유아의 경험과 관심**으로 이루어지는 재난교육(지진)을 실시하였다.

2. 프로그램의 개요

발파 작업으로 인한 땅의 진동과 유아들의 호기심

'펑'하는 큰 소리가 울리자 놀이를 멈춘 유아들은 **"선생님! 지진 났어요?", "땅이 흔들린 것 같아요."**라고 한다. 어린이집 건너편 4차선 도로에 위치한 서울특별시 창작연극지원센터의 발파 작업으로 인한 진동이 어린이집까지 전달되어진 것이다.

며칠간 진행되는 발파 작업으로 인해 진동과 소음으로 힘들었던 어느 날 **"지진 나면 이렇게 땅이 흔들려.", "건물도 무너져!"** 등 아이들의 이야기가 오가는 모습을 볼 수 있었다. 이러한 유아들의 이야기를 시작으로 '지진'에 대해 알아보는 시간을 가졌다.

"땅이 흔들리는 거요.", "찻길에 돌멩이랑 다 던져지는 거잖아요.", "지진이 나면 사람들이 다치니깐 책상 밑에 들어가요.", "지진이 오면 무서우니깐 지진 못 오게 출입 금지해요." 등 안전교육을 통해 알고 있던 내용과 자신의 생각을 표현하였다.

"**지진은 무섭고 위험하니깐 오지 말라고 출입금지 하면 안돼요?**"라는 한 유아의 이야기를 듣고, "**맞아! 그럼 지진이 안 올 텐데.**", "**지진이 말을 못해서 모를 수도 있잖아.**", "**지진은 너무 커서 우리 말이 안 들린다구!**"라고 이야기하는 유아들도 있었다.

이에 일상적으로 유아들의 관심과 흥미에 따라 전개되어지는 지진에 대해 좀 더 구체적인 지식, 기술, 태도를 습득하게 하기 위한 방법으로 교사들과 회의 시간 협의를 통해 지진 교육을 진행 하게 되었으며, **가정과 지역사회 전문가의 도움**으로 지진에 대한 이해와 대처방법 등에 대해 다양한 활동을 경험할 수 있었다.

특히, **유아들의 관심에 따른 활동으로 시작되어 더 적극적으로 참여하는 모습**을 느낄 수 있었고 교사 또한 더 적극성을 가지고 함께 전개해 나갈 수 있었기에 좋은 결과를 얻게 되었다.

본 어린이집에서 운영되는 지진프로그램 활동은 아래와 같이 전개 되었다.

1) **프로그램 추진기간**: 2020. 09 ~ 2021. 07
2) **프로그램 대상**: 만3~5세 유아 및 부모 전체교직원
3) **프로그램 방법**
 (1) 교사 회의를 통한 지진 안전교육에 따른 전반적인 계획 수립
 (2) 다양한 활동을 통한 안전지식 습득 및 안전생활 습관화
 (3) 가정 및 지역사회 연계를 통한 재난 안전교육의 활성화
 (4) 전문기관을 통한 영유아, 교사, 부모 비대면 안전체험 수료증 수령
 (5) 프로그램 평가

모든 교직원과 협의를 통한 지진 안전교육은 **교사 주도가 아닌 유아들이 일상적으로 경험한 "진동"에 의해 실행된 것**으로 유아들의 궁금증을 충분히 반영하였으며, 지진에 대한 관심은 놀이로 부터 시작되었다.

3. 놀이의 실제

놀이1

유아들은 놀이 중 발파 작업으로 작은 진동이 느껴지면 블록으로 만들던 것들을 부수고 "지금 지진이 났다!"라고 소리치며 만들고 부수는 것을 반복하며 놀이하였다. 지진에 대한 정보가 많지 않아 건물을 부수고 다시 세우는 것에 놀이가 한정된 모습을 관찰할 수 있었다. 유아들은 놀이를 하면서 **"근데 도대체 지진은 왜 나는 거예요?", "지진 나서 땅도 다 갈라지면 땅 안에 뭐가 보여요?"**라고 질문하였다.

(지진이 나서 건물이 부서지는 모습을 놀이로 표현하면서 지진에 대한 궁금증이 생겼다.)

지진에 대한 유아들의 흥미가 지속됨에 따라 궁금한 것에 대한 목록을 정해 보았다.

'지진'에 대해 궁금한 것이 있어요.	
유아의 질문목록	유아들의 1차 생각
1. 땅은 왜 흔들리는 걸까요?	• "땅이 배가 아파서 흔들리는 것 같아요." • "땅이 놀이공원에서 노는 거 아니에요?"
2. 지진이 나면 집이 다 무너져요?	• "집도 무너지고 나무도 무너져." • "집이 플라스틱으로 만들어져서 그런 거 아니야?"
3. 땅이 부서지면 뭐가 보이나요?	• "그럼 우리가 개미랑 같이 사는 거 아니야?" • "응, 그럼 새로 집을 만들어야지." • "땅이 무너지면 우리가 지난번에 개구리 죽었을 때 만들어준 놀이터가 있을 걸?"
4. 어린이집에 있을 때 지진이 나면 어떻게 해요?	• "튼튼한 곳을 찾아야지!" • "나는 가방으로 막을래. 머리 보호해야지!" • "빨리 밖으로 도망가야 해."

**지진에 대한 활동 내용은 가정과 연계하여 부모님의 아이디어도 함께 반영, 적용하였더니 더 협조적이었다.

가정연계를 통한 지진 교육 관련 아이디어(부모협력)
1. 뻥튀기를 이용하여 지진 이해하기
2. 지진에 관한 영상을 시청, 그림 그리기
3. 지진대피 활동이나 행동 게임 진행
4. 동물들의 지진 감지
5. 지진 발생 시 꼭 가지고 나가야 할 것 생각하기
6. 지진 체험

유아들의 궁금증 해결을 위해 부모협력으로 수집된 아이디어와 함께 이야기 나누기, 실험, 대피 훈련, 관련 영상 시청을 통해 문제를 해결해 나가는 시간을 가졌다.

이를 통해, 유아들의 놀이 또한 첫 번째 놀이에서 자신의 관심 분야인 대피, 지진의 세기에 따른 피해 등 다양한 방향으로 이루어지는 것을 관찰할 수 있었으며 아래 (놀이 2)는 대피 활동에 초점을 둔 놀이를 관찰하여 작성한 것이다.

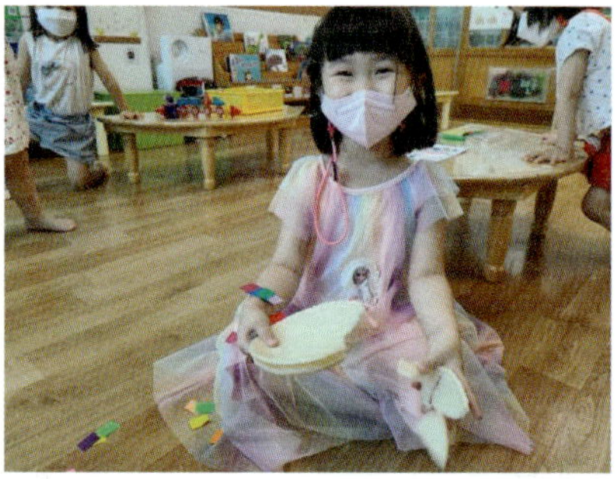

놀이2

자석 블록으로 건물들을 만든 후 부수면서 "지금 지진이 나고 있어!" 여기 지금 지진이 나서 물건도 떨어지고 건물도 무너졌어요.", "일본은 지진이 많이 나서 여기가 일본이에요."라고 큰 소리로 이야기하자 놀이에 참여하지 않던 유아들이 "사람들을 빨리 대피시켜야 해요.", "공원이나 운동장으로 빨리 피해요."라고 알린 후 가방이나 손으로 머리를 막은 후 교사에게

"선생님, 지금 지진이 나서 우리 빨리 안전한 곳으로 피해야 해요." 하며 현관으로 이동하였다. 그중 한 유아는 현관이 아닌 휴식 영역으로 가서 "여기는 쉬는 곳이니깐 제일 안전한 곳이에요."라고 하였다.

지진이 발생한 상황에 대해 상황극을 하던 유아들은 또 다른 문제에 부딪혔다.

지진이 잠시 멈춘 후 바깥으로 나와 어디로 대피해야 할지에 대해 알지 못하였기 때문이다. 이를 해결하기 위해, 국민 재난 안전포털 사이트에 기재된 **어린이집 주변의 지진 옥외 대피 장소**를 알아본 후 대피 훈련을 하며 직접 대피소까지 가보는 활동을 진행하였다. 또한, **가정에서도 가까운 지진대피소를 찾는 방법과 지진대피 방법을 안내한** 가정통신문을 배부하여 지진 안전에 대한 경각심을 높이고 교육이 활성화되는 계기를 마련하였다.

어린이집의 지진 안전교육이 가정으로 확장되면서 부모님들은 **'우리 아이가 지진이 나면 어떻게 대피해**

야 하는지 물어보는데 저도 구체적으로 잘 알지 못해 당황하였어요.', '지진이 나면 어디로 대피해야 하는지 저도 몰랐는데 아이를 통해 알게 되었어요.' 등의 이야기를, 유아들은 "우리 엄마는 지진이 나면 어떻게 해야 되는지 하나도 모르겠대요.", "우리 아빠는 지진 났을 때 바로 밖으로 나가야된다고 해서 내가 그러면 안 된다고 얘기해 줬어요.", "내가 어떻게 하는지 자꾸 가르쳐주는데 엄마, 아빠가 자꾸 몰라요." 이에 문제 해결을 위해 가족과 함께 하는 지진 안전 캠페인을 계획하였다. 지진의 개념, 지진대피 방법 등 가족에게 전달하고 싶은 내용을 토의하고 피켓으로 만들어 등·하원길에 만나는 부모님께 안내하며 "흔들려도 무서워하지 마세요!"라고 큰소리로 외치기도 하였다.

어린이집과 가정은 카페, 생활 수첩 등을 통해 지속적으로 지진에 대해 소통하였으나 유아들의 궁금증을 모두 채워주기에는 어려움이 있어 지역사회(전문가)와 연계한 활동비대면(줌)으로 진행을 통해 궁금증을 해소할 수 있었다. 또한, 줌 수업 후 자신이 알고 있는 정보를 동생, 형님들에게 알려주고 싶다는 의견에 따라, 지진 동화와 만화 만들기, 지진대피 노래 만들기 활동을 통해 함께 공유하기도 하였다.

질문목록	
유아의 질문목록	유아들의 2차 생각
1. 땅은 왜 흔들리는 걸까요?	"땅이 매일매일 조금씩 움직이다가 꽝 부딪히면서 에너지가 넘쳐서 지진이 나요."
2. 지진이 나면 집이 다 무너져요?	"집을 만들 때 안에 대각선으로도 하고 가로랑 세로로 튼튼하게 만들면 지진이 나도 무섭지 않을 것 같아요."
3. 땅이 부서지면 뭐가 보이나요?	"땅 안에는 용암도 있고 흙도 있고 먼지도 있고 핵도 있어요. 땅은 지각이에요."
4. 어린이집에 있을 때 지진이 나면 어떻게 해요?	"탈출하는 곳을 미리 알아두고 탈출해요." "지진이 멈추면 지진대피소로 가요."

활동 후 1차 질문 목록을 보며 궁금했던 내용에 대해 재 정리해 보는 시간을 가졌다. 유아들의 1차, 2차 생각을 비교하며 평가하는 시간을 가져 보았다.

4. 프로그램 실시 결과 및 만족도

1) 교사 자체 평가
- 유아 주도로 전개된 활동을 통해 교사도 많은 지식을 습득하게 됨
- 유아의 경험을 통한 놀이가 확장될 때 교사는 민감하게 관찰하고 지원해야 함을 절실하게 느낄 수 있었음
- 가정, 지역사회 연계를 통한 시너지 효과가 큼
- 코로나19로 인한 긴급보육으로 전체 유아가 참여하지 못한 아쉬움
- 정부가 지정 관리하는 지진대피시설 위치를 알고 짧은 시간에 대피, 피해감소
- 타 기관에도 함께 적용할 수 있도록 공유하면 좋을 듯함

2) 유아평가
- 이제는 지진이 일어나도 빨리 대피소로 갈 수 있어요.
- 지진이 무서웠는데 대피만 잘하면 안전해요.
- 지진이 일어나면 큰소리로 말해요.
- 가족들이 나한테 지진 박사래요.
- 대피할 때 건물 가까이로 가면 안돼요.

3) 부모평가
- 대상: 만 3, 4, 5세 학부모 62명 참여
- 평가방법: 1차(서면), 2차(모바일)

평가내용	1차 응답(수)			2차 응답(수)	
	O	X	응답 없음	O	X
지진인식 개선 여부	4	40	18	56	6
지진 대처방법에 대한 숙지여부	7	37	18	54	8
지진 발생 시 대피 방법과 대피 장소 인지 여부	4	40	18	53	9
흔들림이 멈추거나 대피 후 행동요령 습득여부	3	41	18	55	7

5. 프로그램 제언

위험한 상황의 결과를 예측할 수 있는 인지능력이 부족한 유아들에게 교사 위주의 정보전달을 바탕으로 이루어졌던 안전교육이 유아와 교사, 나아가 가정과 지역사회가 함께 유아들의 **흥미와 관심을 통한 문제해결을 수행해 나가는 즉 '놀이를 통한' 안전교육이 배움의 힘을 느끼게** 되었으며, **유아들의 궁금증을 통해 교사와 부모가 함께 윈-윈 하며 성장**할 수 있었다. 뿐만 아니라, 영유아기의 안전교육이 단편적인 정보전달보다는 놀이를 통한 배움으로 **올바른 안전행동을 습관화하도록 하는 것이 중요함**을 다시 한번 절실히 느끼는 시간이 되었다.

어렵게만 느껴졌던 재난대비 안전교육, 지금 부터라도 **단기적인 교육이 아닌 장기적이며 체계적이고 지속적**으로 실행될 수 있도록 끊임없는 연구를 통해 유아들의 안전한 환경 속에서 건강하게 성장 할 수 있도록 최선의 노력을 하여야겠다.

6. 추후 계획

- 일상적 경험을 통한 지속적인 안전교육 실행
- 가정, 지역사회연계를 통한 안전교육의 활성화
- 놀이를 통한 지진 안전교육을 **인근 어린이집과 공유**

2 황사와 미세먼지

1) 황사와 미세먼지의 개념 및 필요성

(1) 황사와 미세먼지의 개념

황사란 주로 중국 북부나 몽골의 건조, 황토지대에서 바람에 날려 올라간 미세한 모래 먼지가 대기 중에 퍼져서 하늘을 덮었다가 서서히 강하하는 현상 또는 강하하는 흙먼지를 말한다. 보통 3~5월에 많이 발생하며 때로는 상공의 강한 서풍을 타고 한국을 거쳐 일본·태평양·북아메리카까지 날아간다. 황사에 대한 용어는 일제강점기(1910년 이후)부터 '황사(黃砂)'라 부르고 있다.

미세먼지란 우리 눈에 보이지 않는 아주 작은 물질로 대기 중에 오랫동안 떠다니거나 흩날려 내려오는 직경 10μm 이하의 입자상 물질을 말한다. 직경에 따라 PM10과 PM2.5 등으로 구분하며, PM10은 1000분의 10mm보다 작은 먼지이고, PM2.5는 1000분의 2.5mm보다 작은 먼지로 '초미세먼지' 또는 '극미세먼지'라고 부른다.

구분	좋음	보통	나쁨	매우나쁨	데이터없음
미세먼지(PM10)	0~30	31~80	81~150	151 이상	-
초미세먼지(PM2.5)	0~15	16~35	36~75	76 이상	-

(2) 황사와 미세먼지 예방교육의 필요성

급격한 산업화와 도시화, 기후 변화에 따른 지구 온난화 현상으로 자연적 재난이 다양화되고 대형화되어 급증하고 있다. 특히 황사와 미세먼지의 발생 빈도가 최근 들어 급격하게 높아지고 있으며, 이런 대기오염으로 인해 천식과 같은 호흡기계 질병을 악화시키고, 폐 기능의 저하를 초래하는 등 피해 정도가 상당히 심각하다. 미세먼지 PM2.5는 입자가 미세하여 코 점막을 통해 걸러지지 않고 흡입 시 폐포까지 직접 침투하여 천식이나 폐질환의 유병률과 조기 사망률 증가에 영향을 줄 수 있다. 대부분의 연구에 의하면 지속적 노출 시 건강에 영향이 나타나며 단시간흡입으로 갑자기 신체 변화가 나타나지 않는다고 알려졌으나 어린이, 노인, 호흡기질환자 등 민감군은 일반인보다 건강에 더 영향이 클 수 있어 각별한 주의가 필요하다(국민재난안전포털, 2018). 그러므로 영유아의 건강 보호를 위해 사전에 예방하여 영유아기부터 황사와 미세먼지에 대처하는 안전교육이 요구된다.

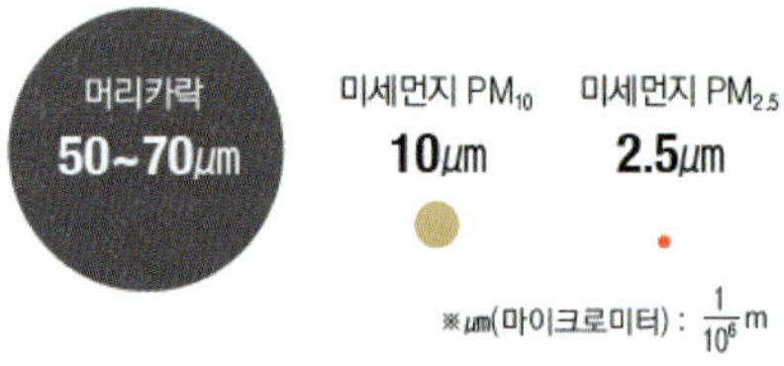

〈미세먼지의 상대적 크기 비교〉

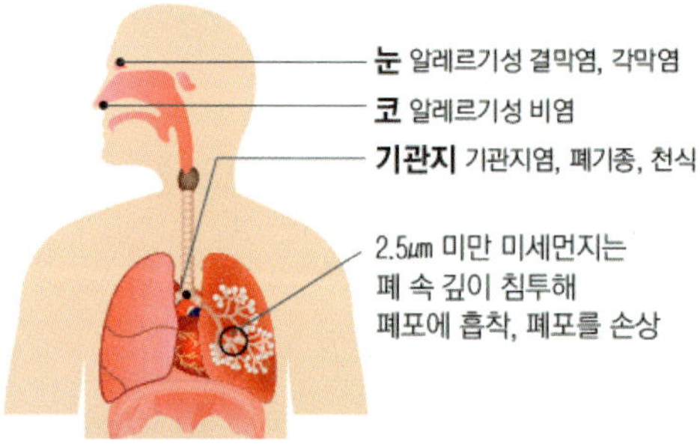

〈미세먼지가 인체에 미치는 영향〉

출처: 국민재난안전포털(www.safekorea.go.kr).

| 그림 8-2 | 미세먼지의 크기와 미세먼지가 인체에 미치는 영향

2) 황사와 미세먼지 안전사고의 실태

우리나라에서 관찰되는 황사는 입자 크기가 약 1~10㎛(1㎛은 1m의 100만분의 1)이어서 정확하게 표기하자면 황진(黃塵)이고 세계 표준용어로는 아시아 먼지(Asian dust)이다. 우리나라에서는 황사의 발생 횟수, 일수, 강도 등이 1990년대 이래 빠른 속도로 증가하고 있다. 또한 대부분 봄철(3~5월)에 발생해 왔으나 1991년 이래 겨울철(12~2월)에도 황사가 잦아지고 있다.

최근 10년간 연도별 황사 발생 횟수와 지속일수 현황은 다음과 같다.

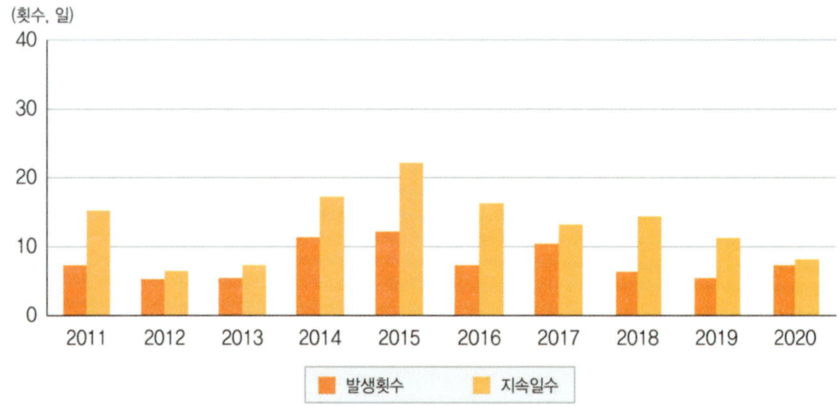

출처: 기상청 국가기후데이터센터 통계분석시스템.

| 그림 8-3 | 연도별 황사 발생 횟수와 지속 일수

미세먼지는 2015년 12월에 7대 특별시와 광역시를 제외한 다른 9개 도 지역의 미세먼지 측정소 운영 실태를 단위면적(100㎢)에 비교한 결과 충북과 제주는 같은 수의 미세먼지와 초미세먼지 측정소가 운영되었으나 두 개 도를 제외한 지역에서는 모두 초미세먼지 측정소의 지역적 편차가 큰 상태였다.

또한 초미세먼지가 2017년 3월 말까지 서울 지역에서는 세계보건기구(WHO) 관리 권고 기준치(25㎍/㎥)를 넘은 날이 57일에 이르렀으며, 특히 3월은 우리나라 주요 도시가 '세계에서 가장 오염된 도시' 10위 안에 드는 일이 자주 일어났다. 이에 정부는 국민이 초미세먼지에 심하게 노출되는 날이 갈수록 늘고 있어 중차대한 환경난제로 '미세먼지 관리 특별대책'을 발표하기도 하였다.

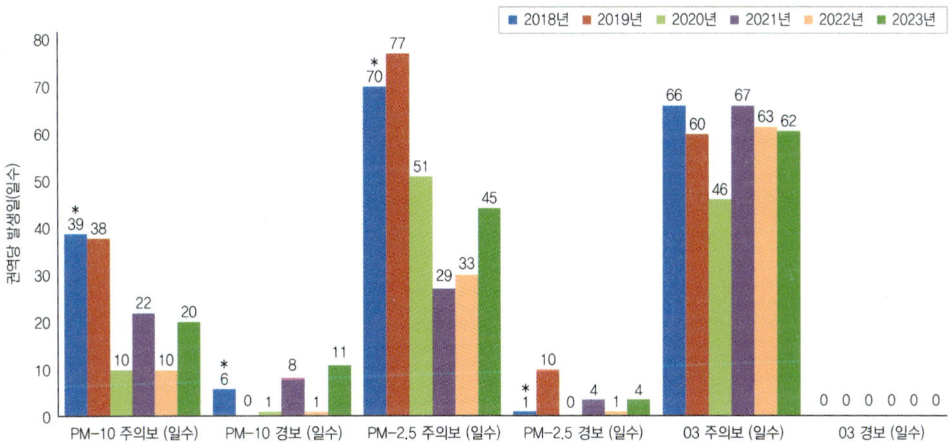

출처: 국립환경과학원 대기환경연보 2023.

| 그림 8-4 | 미세먼지·오존 주의보·경보 발령 현황

3) 황사와 미세먼지 예방과 안전교육

(1) 황사

① 황사 예보

가. 가정

- 텔레비전, 인터넷, 라디오를 통해 기상 정보를 확인한다.
- 황사는 알레르기성 결막염, 비염, 기관지 천식 등을 유발하므로 노약자와 어린이는 가능한 한 외출을 자제한다.
- 귀가하면 손발을 깨끗이 씻는다.
- 황사가 실내로 들어오지 못하도록 창문 등을 점검한다.
- 실내 공기정화기, 가습기 등을 준비하고 외출 때는 보호안경, 마스크, 긴소매 의복 등을 준비한다.

나. 학교 등 교육기관

- 기상청에서 발표한 기상예보를 분석하여 지역 실정에 맞게 휴업 또는 단축수업을 신중히 검토한다.
- 학생과 학부모를 대상으로 황사 피해예방 행동요령을 지도·홍보한다.

② 황사 발생(주의보/경보) 시

가. 가정

- 황사가 들어오지 못하도록 창문을 닫고 노약자, 호흡기질환자 등은 실외활동을 삼간다.
- 가능한 한 외출을 자제하고 외출 시에는 보호안경, 마스크, 긴소매 의복을 착용하며 귀가하면 즉시 손과 발 등을 깨끗이 씻고 양치질을 한다.
- 물을 자주 마시고 공기정화기와 가습기를 사용하여 실내공기를 쾌적하게 유지한다.
- 황사에 노출된 채소, 과일, 생선 등 농수산물은 충분히 세척 후 요리한다.

나. 학교 등 교육기관

- 영유아들과 초등학생들의 실외활동을 금지하고 수업단축 또는 휴원(휴교)을 고려한다.

③ 황사가 지난 후

가. 가정

- 실내공기를 환기시켜 주고 황사에 노출되어 오염된 물품은 충분히 세척 후 사용한다.

나. 학교 등 교육기관

- 교육기관의 실내·실외를 청소하여 먼지를 제거한다.
- 건강을 살펴서 감기, 안질환자, 가려움증 등이 있을 경우 쉬게 하거나 일찍 귀가시키고 전문의와 상의하도록 한다.
- 황사 후 발생할 수 있는 전염병에 대한 예방접종을 하거나 식당 등에 대한 소독을 한다.
- 황사가 끝난 후 2주일 정도 질병의 발생 유무를 관찰한다.

| 표 8-4 | 황사로 인해 발생 가능한 질환 및 대처방법

질환별	주요증상	대처방법
호흡기질환 (기관지염, 천식 등)	• 호흡곤란 • 목의 통증 • 기관지, 기도 점막의 염증 • 기침 등	• 천식환자는 황사가 심할 때는 가급적 외출을 삼간다. • 창문 등을 닫아 외부 공기의 유입을 차단한다. • 공기정화기와 가습기로 실내공기를 정화시키고 습도를 조절한다. • 물을 많이 마신다.
안질환 (알레르기성 결막염)	• 눈의 가려움증 • 눈물이 남 • 눈이 발갛게 충혈됨 • 눈에 뭔가 들어간 것 같은 이물감과 통증 • 눈을 비비면 끈끈한 분비물이 나옴	• 부득이 외출해야 할 경우 보호 안경을 끼고 콘택트렌즈의 착용은 삼간다. • 귀가 후에는 미지근한 물로 눈을 깨끗이 씻어 낸다. • 소금물은 눈을 자극하므로 피해야 한다. • 결막염 초기 증세가 의심되면 깨끗한 찬물에 눈을 대어 깜빡거리거나 얼음찜질을 해주면 증상을 완화시킬 수 있다.
이비인후과질환 (알레르기비염)	• 재채기가 계속됨 • 맑은 콧물이 흐름 • 코 막힘 등	• 외출 시 마스크를 착용하도록 한다. • 귀가 후에는 미지근한 물로 콧속을 씻어낸다.
피부질환	• 피부의 가려움증 • 두드러기 등	• 외출 시에는 황사에 노출되지 않도록 긴소매 옷을 입는다. • 귀가 후에는 반드시 손과 발 등을 깨끗이 씻는다. • 피부에 로션 등을 발라 흙먼지가 직접 피부에 닿지 않도록 한다.

| 표 8-5 | 황사로 인해 발생하는 증상

구분	주요증상	대처방법
눈	• 눈이 껄끄럽고 눈물이 난다. • 눈이 충혈되거나 눈곱이 낀다.	• 눈을 편안하게 쉬게 해준다. • 두 손바닥을 맞대고 비벼서 열이 나게 한 후 두 눈에 갖다 댄다.
코	• 코가 간질거리고 재채기가 난다. • 코가 막히거나 콧물이 자꾸 흐른다.	• 코를 엇박자로 눌러 콧물을 빼낸다. • 콧구멍을 한쪽씩 막고 번갈아 푼다. • 깨끗한 물로 콧속을 세척한다.
목	• 목이 간질거리며, 목구멍이 답답하거나 가래가 생긴다. • 천식기가 있는 경우 기침이 자주 난다.	• 물수건으로 입을 가리고 천천히 깊게 호흡한다. • 창문을 닫고 물수건을 널어 적당한 습도를 유지한다. • 양치질(혓바닥, 잇몸 포함)을 하고, 깨끗한 물로 목구멍을 헹군다.

출처: 어린이집안전공제회(www.csia.or.kr).

(2) 미세먼지

① 미세먼지 행동요령

가. 민감군

- 보통: 실외활동 시 특별히 행동에 제약을 받을 필요는 없지만 몸 상태에 따라 유의하여 활동한다.
- 나쁨: 장시간 또는 무리한 실외활동을 자제하고, 특히 천식을 앓고 있는 사람이 실외에 있는 경우 흡입기를 더 자주 사용할 필요가 있다.
- 매우 나쁨: 가급적 실내·실외활동 시 의사와 상의한다.

나. 일반인

- 나쁨: 장시간 또는 무리한 실외활동을 자제하고, 눈이 아프거나 기침과 목의 통증으로 불편한 사람은 실외활동을 피해야 한다.
- 매우 나쁨: 장시간 또는 무리한 실외활동을 자제하고, 목의 통증과 기침 등의 증상이 있는 사람은 실외활동을 피해야 한다.

② 주의보 시 행동요령

- 민감군(어린이·노인·폐질환 및 심장질환자)은 실외활동 제한 및 실내생활을 권고한다.
- 일반인은 장시간 또는 무리한 실외활동을 줄인다(특히, 눈이 아프거나, 기침 또는 목의 통증이 있는 경우 실외활동 자제).

- 부득이 외출 시 황사(보호) 마스크를 착용한다(폐 기능 질환자는 의사와 충분한 상의 후 사용 권고).
- 교통량이 많은 지역의 이동은 자제한다.
- 공공기관의 야외 체육시설 운영을 제한한다.

③ 경보 시 행동요령

- 민감군(어린이·노인·폐질환 및 심장질환자)은 실외활동을 금지(실외활동 시 의사와 상의)한다.
- 일반인은 장시간 또는 무리한 실외활동을 자제한다(기침 또는 목의 통증이 있는 경우 실내생활 유지).
- 부득이 외출 시 황사(보호) 마스크를 착용한다.
- 교통량이 많은 지역의 이동은 가급적 금지한다.
- 영유아교육기관·초등학교 실외수업 금지, 수업단축 또는 휴원(휴교)한다.
- 공공기관 운영 야외 체육시설 운영을 중단한다(공원·체육시설·고궁·터미널·철도 및 지하철 등을 이용하는 시민에게 과격한 실외활동 자제를 홍보).

＊ 관련 근거: 대기환경보전법 시행규칙 [별표7] 대기오염경보단계별 대기오염물질의 농도 기준(제14조 관련)

출처: 한국환경공단(www.airkorea.or.kr). 미세먼지 행동요령.

3 폭염

1) 폭염의 개념 및 필요성

(1) 폭염의 개념

폭염이란 통상 30℃ 이상의 불볕더위가 계속되는 현상으로 일 최고 기온 33℃ 이상인 상태가 2일 이상 지속된 것으로 예상될 때 폭염주의보를 발령하고, 일 최고 기온 35℃ 이상인 상태가 2일 이상 지속될 것으로 예상될 때 폭염경보를 발령한다. 특히 영유아교육기관에서는 일과 중 매일 실외활동을 계획하도록 하고 있어 폭염주의보나 폭염경보가 발령되었을 때 이에 대한 대체활동이 마련되어야 한다.

(2) 폭염 예방교육의 필요성

2018년 7월 현재 연일 지속되는 기록적인 폭염으로 인해 온열 환자가 급증하고, 사망자도 늘고 있어 정부에서는 폭염을 특별 재난 수준으로 간주하고 종합적인 안전 대책을 추진하고 있다. 특히, 건강취약계층인 영유아가 종일 생활하는 기관에서는 폭염에 대비한 건강수칙(질병관리본부) 및 야외 활동에 대한 융통성 있는 일과 운영 등 영유아 온열질환 예방 대책이 필요하다. 즉, 폭염주의보나 폭염 발생 시, 무리한 외부 활동으로 인한 온열질환 등의 영유아 안전사고가 발생하지 않도록 각별히 유의해야 한다(한국보육진흥원, 2018).

2) 폭염 안전사고의 실태

폭염으로 인해 2024년('24.5.20.~9.30.) 「온열질환 응급실감시체계」로 신고된 온열질환자는 총 3,704명(사망 34명)으로 전년(온열질환자 2,818명, 사망 32명) 대비 31.4% 증가한 것으로 나타났다. 「온열질환 응급실감시체계」 주요 결과로는 남자(2,908명, 78.5%)가 여자(796명, 21.5%)보다 많이 발생하였고, 연령별로는 50대가 716명(19.3%)으로 가장 많았으며, 60대 678명(18.3%), 40대 538명(14.5%), 30대 478명(12.9%), 70대 434명(11.7%) 순으로 나타났으며, 65세 이상 노년층이 전체 환자의 30.4%를 차지하였다. 특히, 2024년에는 폭염으로 인한 사망자 수가 가장 많았던 2018년(48명) 이후 두 번째로 많이 발생(34명)하였으며, 이 중 60대 이상은 23명으로 작년(27명) 대비 14.8% 감소하였으나, 60대 미만에서는 11명으로 작년(5명) 대비 120% 증가한 것으로 나타났다.

또한 폭염은 물 부족, 전력사용 급증 등으로 인한 1~3차 산업에 직접적인 피해는 물론 불쾌지수 상승으로 사회적 문제 야기 등 많은 피해를 유발한다.

| 표 8-6 | 폭염일수 전국 연도별 자료 기간(2015~2024)

연도	폭염일수	평균 최고기온(℃)
2015년	9.6	18.8
2016년	22	18.9
2017년	13.5	18.7
2018년	31	18.6
2019년	12.9	19
2020년	7.7	18.4
2021년	11.8	18.8
2022년	10.6	18.6
2023년	14.2	19.2
2024년	30.1	19.7

출처: 기상청 기상자료개발포털(www.data.kma.go.kr). 국가기후데이터센터 통계분석.

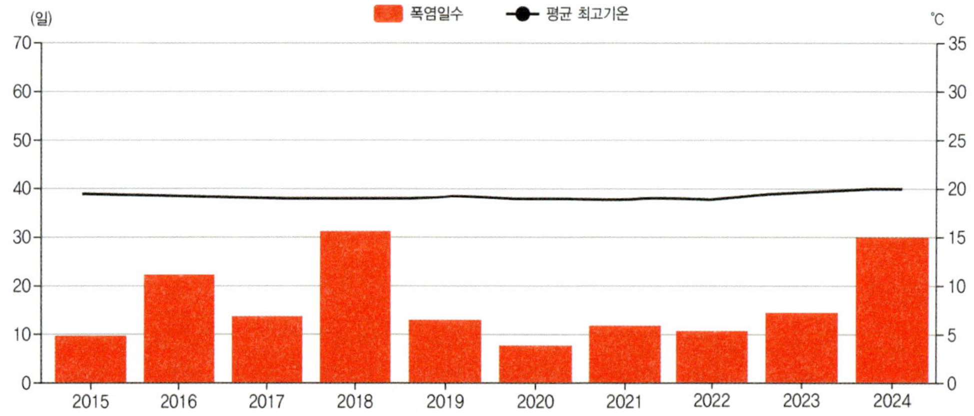

출처: 기상청 기상자료개발포털(www.data.kma.go.kr). 국가기후데이터센터 통계분석.

| 그림 8-5 | 폭염일수 전국 연도별 자료 기간(2015~2024)

3) 폭염의 예방과 안전교육

(1) 사전 준비

① 여름철에는 항상 기상상황에 주목한다.
② 열사병 등 온열질환의 증상과 가까운 병원 연락처 등을 사전에 파악한다.
③ 폭염 예보에 맞추어 무더위에 필요한 용품이나 준비사항을 확인한다.
④ 무더위 안전상식을 실천한다.

(2) 폭염 관련 질환 및 대처방법

| 표 8-7 | 폭염 관련 질환 및 대처방법

일사병	
질병특성	• '열피로'라고도 하는 일사병은 열에 의한 스트레스로 인해 염분과 수분이 소실되어 생기는 질환으로 대부분 열에 상당 시간 노출되었으나 제대로 수분 및 염분 섭취를 하지 않아 발생한다.
주요증상	• 노인에게서 일어나는 경우가 흔하며 땀을 많이 흘리고 창백하며 두통, 위약감, 구역, 구토, 어지럼증 등을 호소한다. 피부가 차고 젖어 있으며 체온은 크게 상승하지 않는다.
대처방법	• 일사병이 의심되면 서늘한 곳에서 쉬면서 시원한 음료, 특히 염분이 포함된 음료를 마시는 것이 좋고 맥주 등 알코올이 포함된 음료는 피하는 것이 좋다. • 차가운 물로 샤워를 하거나 목욕을 하는 것도 좋으며, 증상이 심할 경우는 병원에서 수액을 통해 수분과 염분을 보충하는 것이 도움이 된다.

열사병	
질병특성	• 열사병은 체온조절중추가 외부의 열 스트레스에 견디지 못해 그 기능을 잃으면서 생기는데 일단 발생할 경우 치사율이 높아 열 관련 응급질환 중 가장 심각한 것이라 할 수 있다.
주요증상	• 대개 40도가 넘는 높은 체온이 관찰되고 땀이 나지 않아 피부가 건조하다. • 심한 두통과 어지러움, 구역의 증상을 보이며 의식이 혼미해지거나 심하면 의식을 잃기도 한다.
대처방법	• 무엇보다 환자의 체온을 빨리 낮추는 것이 중요하다. • 환자의 체온이 떨어지지 않도록 주의해야 하며 의식이 없는 환자에게 함부로 음료를 마시도록 하는 것은 위험하다. • 가급적 빨리 응급실을 방문하는 것이 좋으며 이것이 어렵다면 1339 등으로 전화를 걸어 치료에 대한 지도를 받아야 한다.

열경련	
질병특성	• 열경련은 여름에 많은 땀을 배출한 뒤 생기는 질환으로 땀에 포함된 염분과 수분으로 인해 체내의 나트륨 성분이 부족하게 되어 발생하며, 강한 노동이나 운동 후 생기는 것이 일반적이다.
주요증상	• 주로 근육의 경련과 통증을 수반한다.
대처방법	• 열경련이 의심되면 일단 서늘한 곳에서 휴식을 하도록 하면서 스포츠음료나 나트륨이 포함된 주스 등을 마시는 것이 좋다. • 경련이 멈추었다고 해서 바로 다시 일을 시작하면 안 되고, 1시간 넘게 경련이 지속된다면 바로 응급실에 방문해야 한다.

열부종	
질병특성	• 외부의 온도가 높으면 우리 몸은 열을 발산하기 위해 체표면의 혈액량을 늘리고 심부의 혈액량은 줄이게 된다. 이런 상태에서 오래 서 있거나 앉아 있게 되면 체표에 순환하던 혈액의 수분들이 혈관 밖으로 이동하면서 부종을 만든다.
주요증상	• 흔히 다리에 부종이 생긴다.
대처방법	• 다리를 올린 자세로 휴식을 취하면 쉽게 회복된다.

열실신	
질병특성	• 체표면의 혈액순환이 늘어나면 뇌로 가는 혈액량도 부족한 경우가 생기며 일시적으로 의식을 잃는 경우가 생긴다.
주요증상	• 보통 의식 상실이 주요 증상이며, 열실신이 일어나기 전에 어지럽거나 구역, 발한, 위약감 등이 동반되는 경우가 흔히 있다.
대처방법	• 대개는 누워서 휴식을 취하면 스스로 회복된다.

출처: 소방청(www.nfa.go.kr).

(3) 폭염 대비 국민행동요령

| 표 8-8 | 폭염 대비 국민행동요령

한낮의 뜨거운 햇볕은 피한다.	• 온도가 높은 한낮에는 되도록 천천히 걷고 격렬한 운동은 삼갑시다. • 노약자는 야외활동을 삼가고 시원한 장소를 찾아 더위를 피합시다. • 외출 시에는 가볍고 밝은색 계통의 얇은 옷을 헐렁하게 입고, 챙이 넓은 모자나 양산을 써서 햇볕을 가립시다. • 피부가 장시간 햇빛에 노출될 때는 자외선 차단제를 발라 피부를 보호합시다. • 야외 근무자는 시원한 장소에서 평소보다 자주 휴식을 취합시다.
식사는 균형 있게, 물은 많이 섭취해야 한다.	• 육류, 생선, 콩, 잡곡, 신선한 채소·과일 등을 골고루 충분히 섭취합시다. 단, 한꺼번에 많이 먹는 것은 피합시다. • 탄산·알코올·카페인이 들어 있는 음료는 피하고, 물은 갈증이 나지 않더라도 규칙적으로 자주 마십시다.
위생적인 생활 습관을 갖도록 한다.	• 물은 끓여 먹고, 날 음식은 삼갑시다. • 손발을 깨끗이 하고 손톱은 짧게 깎읍시다. • 음식은 오래 보관하지 말고 조금이라도 상한 음식은 버립시다. • 조리 기구는 청결히 사용합시다.
올바른 냉방기기 사용법을 숙지한다.	• 실내외 온도차를 5℃ 내외로 유지하여 냉방병을 예방합시다(건강 실내 냉방 온도는 26~28℃). • 한 시간에 한 번씩 꼭 10분간 환기하고, 2주에 한 번은 필터를 청소합시다. • 에어컨이나 선풍기를 밤새 켜두는 것은 위험하므로 집안을 미리 시원하게 하고 잠들기 전에 끄거나 일정 시간 가동 후 꺼지도록 예약합시다.
동료, 이웃의 건강에 관심을 가진다.	• 주변에 혼자 생활하는 노약자, 장애인, 환자 등이 있으면 관심을 갖고 주거환경과 건강상태를 보살피도록 합시다. • 야외 현장이나 고온 작업장에서는 동료 간에 몸 상태에 서로 살펴주고 필요시 도움을 줍시다. • 응급환자가 발생하면 119나 1339(응급의료정보센터)로 연락하고 구급차가 도착하기 전까지 환자를 서늘한 곳에 옮긴 후 체온을 내리는 조치를 취합시다.
만일의 정전 사태에 대비한다.	• 정전에 대비하여 손전등, 비상 식음료, 부채 등을 준비합시다. • 정전 시 뉴스를 청취할 수 있도록 휴대용 라디오를 준비합시다. • 정전이 되면 아파트 관리사무소나 한국전력(국번 없이 123)에 신고하고 집안의 전기차단기를 내리거나 모든 전기기구를 꺼두도록 합시다.

편안한 잠자리를 갖도록 한다.	• 찬물보다는 미지근한 물로 샤워하는 것이 숙면에 좋습니다. • 자고 일어나는 시간을 일정하게 하고, 낮잠은 오래 자지 맙시다. • 잠들기 전의 심한 운동은 피하고, 규칙적으로 가볍게 운동합시다. • 잠들기 전에는 수분을 많이 섭취하지 말고, 허기질 때는 우유 한 잔 정도를 먹고 잠자리에 듭시다. • 커피, 홍차 등 카페인 함유 음료와 술·담배는 삼갑시다. • 잠들기 전에 정신적 긴장감을 줄 수 있는 드라마 시청, 컴퓨터 게임 등은 하지 맙시다. • 잠이 오지 않을 때는 '자야 한다'는 강박관념을 버리고 간단한 일을 하거나 독서를 합시다.

출처: 소방청(www.nfa.go.kr).

4 태풍과 호우

1) 태풍과 호우의 개념 및 필요성

(1) 태풍과 호우의 개념

열대 해상에서 발생하는 저기압을 '열대저기압'이라고 한다. 이 중 북서태평양에서 중심부근 최대풍속이 17㎧ 이상으로 발달하는 열대저기압을 태풍이라 부른다.

호우란 짧은 시간 동안 특정 지역에 많은 양의 강한 비가 내리는 현상으로 일반적으로 평균적인 강우보다 많은 비가 올 때를 집중호우라고 한다.

(2) 태풍과 호우 예방교육의 필요성

태풍과 호우는 습기가 많은 수증기가 장마전선과 합해져 발생하고 지형의 영향을 받아 국지성을 띠게 되며, 최근 연구에서는 이러한 태풍과 호우가 계속되면 지형에 따라 홍수도 발생하게 되어 인적·물적 피해를 초래한다. 그러므로 태풍과 호우는 예측하기 어렵기 때문에 철저한 사전 준비가 필요하다. 따라서 영유아들이 우리나라의 기후에 관심을 가지고 기후와 관련된 자연재해라는 것을 인식하여 이를 대처할 수 있도록 안전교육이 필요하다.

2) 태풍과 호우 안전사고의 실태

6시간 강우량이 70mm 이상 내릴 것으로 예상될 때 또는 12시간 강우량이 110mm 이상 내릴 것으로 예상될 때 호우주의보를, 6시간의 강우량이 110mm 이상 내릴 것으로 예상될 때 또는 12시간 강우량이 180mm 이상 내릴 것으로 예상될 때 호우경보를 발령한다.

2006년부터 2016년까지 동안 태풍과 호우로 인하여 평균 10건의 재해 발생과 21.6명의 인명피해 및 4,831억 원의 재산피해가 발생하였다. 태풍과 호우는 하천범람, 산사태, 해일 등으로 이어져 재산피해는 물론 인명피해를 유발하기 때문에 각별한 주의와 사전 대비가 필요하다.

최근 10년간 원인별 인명피해 현황을 살펴보면 다음과 같다.

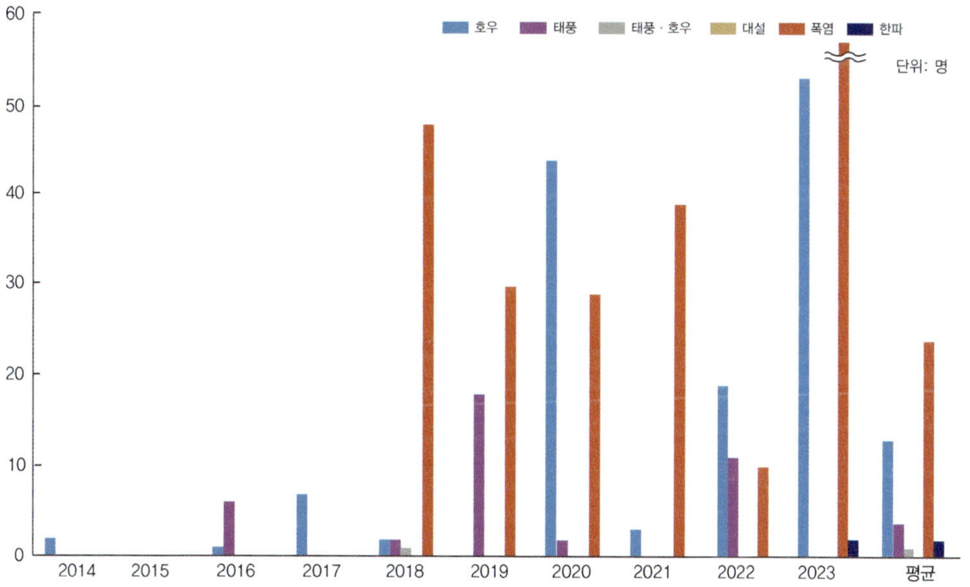

| 그림 8-6 | 원인별 인명피해 현황(2015~2024)

| 표 8-9 | 최근 10년간 원인별 인명피해 현황(2015~2024) (단위: 명)

구분	2014	2015	2016	2017	2018	2019	2020	2021	2022	2023	합계	평균
호우	2	–	1	7	2	–	44	3	19	53	139	13.1
태풍	–	–	6	–	2	18	2	–	11	–	39	3.9
태풍·호우	–	–	–	–	1	–	–	–	–	–	1	0.1
대설	–	–	–	–	–	–	–	–	–	–	–	–
폭염	미산정				48	30	29	39	34	85	241	24.1
한파	미산정									2	2	0.2
합계	2	–	7	7	53	48	75	42	64	140	414	41

※ 2018년, 폭염이 자연재난으로 포함됨에 따라 2018년 이후만 집계
2018년 폭염으로 인한 인명피해 현황(48명)은 행정안전부 기후재난대응과 제출자료를 근거로 하여 작성하였으며, 2019~2023년 폭염으로 인한 인명피해 현황은 통계청 「사망원인통계」를 근거로 하여 작성. 2023년부터 한파 인명피해 작성

출처: 국민재난안전포털(www.safekorea.go.kr). 2023년 재해연보.

3) 태풍과 호우의 예방과 안전교육

(1) 태풍과 호우 예보 시

① 침수나 산사태 위험지역 주민은 대피장소와 비상연락방법을 미리 알아둔다.

② 하천에 주차된 자동차는 안전한 곳으로 이동한다.

③ 응급 약품, 손전등, 식수, 비상식량 등은 미리 준비해 둔다.

④ 침수 시 피난 가능한 장소를 동사무소나 시·군·구청에 연락하여 알아둔다.

⑤ 가로등이나 신호등 및 고압전선 근처에는 가까이 가지 않는다.

(2) 태풍과 호우주의보 및 경보 시

① 도시지역

- 가로등이나 신호등 및 고압전선 근처에는 가까이 가지 않는다.
- 물에 떠내려갈 위험이 있는 물건은 안전한 장소로 옮긴다.
- 송전 철탑이 넘어졌을 때는 119나 시·군·구청 또는 한전에 즉시 연락한다.
- 건물의 출입문이나 창문을 닫아둔다.
- 아파트와 고층건물 옥상이나 지하실 및 하수도 맨홀에 가까이 가지 않는다.

② 농촌지역

- 모래주머니 등을 이용하여 하천의 물이 넘치지 않도록 농경지의 침수를 예방한다.
- 교량은 안전을 확인한 후에 이용한다.
- 산사태가 일어날 수 있는 비탈면에 접근하지 않는다.
- 산간계곡의 야영객은 미리 대피한다.
- 농기계나 가축 등을 안전한 장소로 옮긴다.

(3) 태풍과 호우가 지난 후

① 집에 도착 후에는 들어가지 말고, 구조적 붕괴 가능성을 반드시 점검한다.

② 집이 물에 잠겼을 경우 가스가 차 있을 수 있으니 환기시킨 후 들어가고 또한 가스·전기 차단기가 off에 있는지 확인하며 기술자의 안전조사가 끝난 후 사용한다.

③ 침투된 오염물에 의해 침수된 음식이나 재료를 먹거나 요리재료로 사용하지 않는다.

④ 수돗물이나 저장 식수도 오염 여부를 반드시 조사 후에 사용한다.

참고문헌

국민재난안전포털(www.safekorea.go.kr). 2023년 재해연보.

기상청 기상자료개방포털(www.data.kma.go.kr). 국가기후데이터센터 통계분석.

기상청(www.weather.go.kr). 2023 재난안전통계연보.

소방청(www.nfa.go.kr).

어린이집안전공제회(2021). www.csia.or.kr

질병관리청(www.kdca.go.kr). 2024「폭염으로 인한 온열질환 신고현황 연보」.

통계청(kostat.go.k). 2020 한국의 사회지표.

한국환경공단(www.airkorea.or.kr). 미세먼지 행동요령.

행정안전부(www.mois.go.kr). 2020 재난안전통계연보.

행정안전부(www.mois.go.kr). 지진 국민행동요령.

환경부(www.me.go.kr). 고농도 미세먼지 7가지 대응요령.

CHAPTER 09 놀이안전교육

1 놀이안전의 개념 및 필요성

놀이안전교육은 놀이 상황에서 발생하는 안전사고를 예방하기 위한 방법이다. 놀이란 영유아의 생활 그 자체이며, 학습의 기본이기 때문에 교사와 부모는 안전한 놀이 환경과 놀잇감을 제공해야 하고, 영유아에게 놀이안전교육을 실시하여 놀이 시 발생할 수 있는 안전사고를 미연에 예방해야 한다. 놀이안전사고는 시간과 장소에 관계없이 언제든지 예고 없이 발생할 수 있으며 영유아의 부주의나 실수로 인한 놀이안전사고가 많이 발생한다. 그러므로 놀이 중 발생하는 안전사고로부터 영유아 스스로가 자신을 보호하고, 놀이 과정에서 발생하는 놀이안전사고를 예방하고 대처 할 수 있는 놀이안전교육이 필요하다.

2 놀이안전사고의 실태

2023년 한국소비자원 소비자위해감시시스템(CISS. 2024)을 통해 접수된 어린이 안전사고 건수는 22,371건으로 전체 안전사고 건수의 28.2%를 차지하며 전년 대비 729건(3.4%) 증가하였다. 코로나19(2019~2021년) 시기에 감소해 오던 어린이 안전사고 비율은 2022년 27.5%에서 2023년에는 28.2%로 증가하여 상승세로 전환되었다.

| 표 9-1 | 최근 5년간 CISS에 접수된 어린이 안전사고 현황 (단위: 건, %)

구분		2019년	2020년	2021년	2022년	2023년	합계
전체 안전사고 건수		73,007	70,022	74,000	87,591	79,264	376,884
전체 안전사고 전년 대비 증감률		–	△4.1	5.7	6.2	0.9	–
어린이 안전사고 건수		24,971	18,494	15,871	21,642	22,371	103,349
	전년대비 증감률	3.6	△25.9	△14.2	36.4	3.4	–
	어린이 안전사고 비율*	34.2	26.4	21.4	27.5	28.2	27.6

* 전체 안전사고 중에서 어린이 안전사고가 차지하는 비율

출처: 한국소비자원 위해정보국 위해예방팀(2024). 2023년 어린이 안전사고 동향 분석.

발달단계별 주요 유해 발생장소 현황을 살펴보면, 연령이 증가함에 따라 '주택'의 비율은 감소하였으나, '도로 및 인도', '교육시설', '여가·문화 및 놀이시설' 등 실외 장소의 비율은 점차 증가 추세를 보이는 것으로 나타났다.

| 표 9-2 | 발달단계별 주요 유해발생장소(2019~2023년) (단위: 건, %)

구분	영아기 (0세)	걸음마기 (1~3세)	유아기 (4~6세)	학령기 (7~14세)
주택	9,739 (89.7)	33,547 (79.1)	14,924 (63.7)	11,825 (44.4)
도로 및 인도	145 (1.3)	1,228 (2.9)	1,713 (7.3)	3,720 (14.0)
교육시설	30 (0.3)	1,239 (2.9)	1,297 (5.5)	2,557 (9.6)
여가문화 및 놀이시설	41 (0.4)	1,358 (3.2)	1,663 (7.1)	1,815 (6.8)
숙박 및 음식점	118 (1.2)	1,033 (2.6)	668 (3.2)	1,018 (4.3)
스포츠/레저시설	4 (0.0)	205 (0.5)	431 (2.0)	2,006 (8.5)

출처: 한국소비자원 위해정보국 위해예방팀(2024). 2023년 어린이 안전사고 동향 분석.

발달단계별 가장 많이 접수된 품목을 살펴보면 '영아기'는 '침실가구' 4,399건(38.9%), '걸음마기'와 '유아기'는 '바닥재'가 각각 7,524건(17.8%), 3,164건(13.5%), '학령기'에서는 '놀이터 시설'이 3,268건(12.3%)으로 나타났다. '영아기'와 '걸음마기'는 가정 내에서 머무는 시간이 많아 '가구', '바닥재'로 인한 사고 비중이 높았으며, '유아기'와 '학령기'는 '놀이터 시설', '자전거' 등 야외활동의 증가로 실외사용 품목의 사고 비중이 더욱 높은 것으로 나타났다. '걸음마기' 이전(0~3세)의 경우 독립적인 움직임이 어려우므로 주위 환경에 따른 안전사고의 비중이 높으나,

연령대가 높아질수록 어린이의 행동적 특성에 따라 안전사고가 발생하는 것으로 분석되었다. 그러므로 영유아의 발달단계에 따라 달라지는 주요 유해품목을 고려하여 단계별로 적합한 안전교육을 실시하는 것이 중요하다.

| 표 9-3 | 발달단계별 주요 유해품목(중분류) 현황(2019~2023년)

순위	영아기 (0세)	걸음마기 (1~3세)	유아기 (4~6세)	학령기 (7~14세)
1	침실가구 (4,399건, 0.5%)	바닥재 (7,524건, 17.8%)	바닥재 (3,164건, 13.5%)	놀이터 시설 (3,268건, 12.3%)
2	유아용 가구 (1,299건, 12%)	침실가구 (3,550건, 8.4%)	놀이터 시설 (2,629건, 11.2%)	자전거 (3,244건, 12.2%)
3	거실가구 (682건, 6.3%)	완구 (3,529건, 8.3%)	놀이장비 및 액세서리 (2,168건, 9.2%)	필드 및 코트 운동장비 (1,891건, 7.1%)
4	바닥재 (603건, 5.6%)	문 (2,234건, 5.3%)	완구 (1,966건, 8.4%)	바닥재 (1,648건, 6.2%)
5	주방가구 (294건, 2.7%)	거실가구 (2,045건, 4.8%)	침실가구 (1,284건, 5.5%)	놀이장비 및 액세서리 (1,413건, 5.3%)
6	유란류 (282건, 2.6%)	유아용 가구 (1,899건, 4.5%)	문 (1,074건, 4.6%)	기타 스포츠 장비 및 용품 (1,293건, 4.8%)
7	유가공품 (249건, 2.3%)	놀이터 시설 (1,753건, 4.1%)	거실가구 (642건, 2.7%)	문구용품 및 학습용품 (959건, 3.6%)
8	문 (225건, 2.1%)	주방가구 (1,468건, 3.5%)	자전거 (632건, 2.7%)	문 (910건, 3.4%)
9	주방가전 (220건, 2%)	놀이장비 및 액세서리 (1,158건, 2.7%)	여행, 문화, 놀이시설 및 서비스 (616건, 2.6%)	완구 (636건, 2.4%)
10	완구 (201건, 1.9%)	주방 가전 (1,026건, 2.4%)	문구용품 및 학습용품 (586건, 2.5%)	교육, 연구기관 시설 및 서비스 (568건, 2.1%)

출처: 한국소비자원 위해정보국 위해예방팀(2024). 2023년 어린이 안전사고 동향 분석.

발달단계별 주요 위해 유형 현황을 살펴보면 '미끄러짐 · 넘어짐', '추락' 사고는 모든 발달단계에서 상위권을 차지한다. '미끄러짐 · 넘어짐' 사고는 연령이 증가할수록 점차 비중이 높아졌으며, '추락' 사고는 점차 낮아지는 것으로 나타났다. '고온 물질로 인한 위해'는 연령이 증가할수록 순위가 낮아지는 것으로 분석되었으나, 신유형의 '가열식 가습기' 제품이 출시됨에 따라 증기에 손을 데는 새로운 안전사고 유형이 나타난 것으로 보고되었다.

| 표 9-4 | 발달단계별 주요 유해 유형(2019~2023년)

순위	영아기 (0세)	걸음마기 (1~3세)	유아기 (4~6세)	학령기 (7~14세)
1	추락 (6,772건, 62.4%)	미끄러짐·넘어짐 (12,052건, 28.4%)	미끄러짐·넘어짐 (8,173건, 34.9%)	미끄러짐·넘어짐 (9,407건, 35.3%)
2	식품 섭취로 인한 위해 (1,022건, 9.4%)	추락 (9,656건, 22.8%)	추락 (4,467건, 19.1%)	추락 (3,381건, 12.7%)
3	미끄러짐·넘어짐 (761건, 7.0%)	이물질 삼킴/흡인 (5,441건, 12.9%)	부딪힘 (2,657건, 11.3%)	식품섭취로 인한 위해 (3,069건, 11.5%)
4	이물질 삼킴/흡인 (561건, 5.2%)	부딪힘 (4,440건, 10.5%)	이물질 삼킴/흡인 (2,634건, 11.2%)	충돌·추돌 등 물리적 충격 (2,394건, 9.0%)
5	고온 물질에 의한 위해 (415건, 3.8%)	눌림·끼임 (3,310건, 7.8%)	눌림·끼임 (1,614건, 6.9%)	부딪힘 (2,244건, 8.4%)
6	부딪힘 (323건, 3.0%)	식품 섭취로 인한 위해 (2,391건, 5.6%)	식품 섭취로 인한 위해 (1,507건, 6.4%)	베임·찔림 (1,674건, 6.3%)
7	눌림·끼임 (311건, 2.9%)	베임·찔림 (1,716건, 4.0%)	베임·찔림 (935건, 4.0%)	이물질 삼킴/흡인 (1,194건, 4.5%)
8	베임·찔림 (237건, 2.2%)	고온 물질에 의한 위해 (1,558건, 3.7%)	충돌·추돌 등 물리적 충격 (450건, 1.9%)	눌림·끼임 (1,185건, 4.4%)
9	충돌·추돌 등 물리적 충격 (151건, 1.4%)	충돌·추돌 등 물리적 충격 (712건, 1.7%)	고온 물질에 의한 위해 (330건, 1.4%)	파열·파손·꺾여짐 (550건, 2.1%)
10	기타 의료시술 및 약물 (67건, 0.6%)	파열·파손·꺾여짐 (309건, 0.7%)	파열·파손·꺾여짐 (185건, 0.8%)	고온 물질에 의한 위해 (381건, 1.4%)

출처: 한국소비자원 위해정보국 위해예방팀(2024). 2023년 어린이 안전사고 동향 분석.

행전안전부(2024)의 23년 어린이놀이시설 이용 중 안전사고 분석 결과에 따르면 안전사고에 있어서 전체 166명 중 활동량이 많은 남자 어린이가 99명(59.6%)으로, 여자 어린이 67명(40.4%)보다 부상자 수가 약 1.5배 많으며, 연령대별로 살펴보면 활동량이 많은 학령기(7~13세) 어린이가 141명(84.9%)으로, 취학전(1~6세) 어린이 22명(13.3%)보다 부상자 수가 약 6.4배 많은 것으로 나타났다.

사고발생 시기는 야외 활동에 적합한 3~6월과 9~11월이 전체 사고의 대부분(138명, 83%)을 차지하였으며, 다음으로 7월 10명(6%), 8월 7명(4%)의 순으로 나타났다. 어린이 놀이시설 설치장소별 사고발생은 설치장소별 사고건수는 주택단지가 73건(44.5%)으로 가장 높고, 다음으로 학교가 57건(34.8%), 도시공원 19건(11.6%), 유치원 7건(4.3%), 놀이제공영업소, 기타가 각각 3건(1.8%) 순으로 발생했으며, 시설 수 대비 사고건수 비중은 학교(0.84%), 놀이제공영업소(0.2%), 주택단지(0.17%), 도시공원(0.16%), 식품접객업소(0.16%) 순으로 분석되었다.

사고발생 시간은 12~13시가 30건(18.2%)으로 가장 많았으며, 다음으로 13~14시 22건(13.3%), 14~15시, 15~16시, 16~17시가 각각 19건(11.5%) 순으로 나타났다. 특히, 바깥활동이 많은 오후 시간에 사고가 많이 발생하였으며, 12~13시는 학교, 유치원에서, 14시 이후는 주택단지, 도시공원에서 사고가 집중적으로 발생하였다.

사고가 가장 많이 발생한 놀이기구는 조합놀이대가 57건(34.8%)으로 가장 많았으며, 다음으로 건너는기구 28건(17.1%), 그네 18건(11.0%), 흔들놀이기구16건(9.8%) 순이며, 바닥재로 인한 사고도 8건(4.8%)으로 확인되었다. 설치된 놀이기구 수 대비 사고율이 높은 기구는 건너는기구, 공중놀이기구, 물이용놀이기구이며, 사고 비율이 각각 0.31%로 조사되었다.

사고원인을 살펴보면, 이용자 부주의로 인한 사고가 158건(95.7%)으로 가장 많았으며, 기타 6건(3.7%), 관리소홀 1건(0.6%) 순으로 나타났다. 최근 '16~'23년 사고원인별 추이를 보면, 놀이시설 대부분의 사고는 이용자 부주의로 인해 발생되는 것으로 분석되어, 놀이시설 이용수칙 준수 및 지도·관리가 필요함을 알 수 있다.

사고 유형은 추락이 115건(69.3%)으로 가장 많았고, 충돌 21건(12.7%), 넘어짐 16건(9.6%), 접질림 9건(5.4%) 순으로 나타났으며, 2016~2023년 사고유형을 분석한 결과, 추락으로 인한 사고가 가장 많이 발생하고 있어 이용·보호자의 각별한 주의가 필요하다.

부상자의 손상 부위를 보면, '팔/손' 부위가 97명(58.4%)으로 가장 많았으며, 그다음으로 '다리/발' 25명(15.1%), '기타' 12명(7.2%), '가슴/등' 11명(6.6%) 순으로 나타났다. 최근 2016~2023년간 분석결과, '팔/손', '다리/발' 부위의 사고 비율이 지속적으로 높게 나타나는 것으로 보고되었다. 사고 시 주요 손상유형은 골절이 140명(84.3%)으로 대부분을 차지하였으며, 치아 손상 6건(3.6%), 신경/근육/힘줄손상, 출혈, 기타 순으로 나타났다.

| 표 9-5 | 2023년도 중대사고 분석 결과: 어린이놀이시설 안전사고 현황

사고유형	손상유형	피해연령	놀이기구	설치장소
추락 69.3%	골절 84.3%	학령기 84.9%	조합놀이대 34.8%	주택단지 44.5%
충돌 12.7%	치아손상 3.6%	취학전 13.3%	건너는 기구 17.1%	학교 34.8%
넘어짐 9.6%	근육손상 2.4%	14세 이상 1.8%	그네 11.0%	도시공원 11.6%

* 주요 사고 원인: 이용자부주의 95.7%
- 이용자의 실수 및 과용
- 기구에서 줄넘기줄 등 이용
- 보호자 동반 없이 영유아 이용

출처: 행정안전부(2024). 2023년 어린이놀이시설 이용 중 안전사고 분석 결과.

어린이가 이물질을 삼키거나 흡인한 사고는 최근 5년간 '이물질 삼킴/흡인' 사고는 2021년을 제외하고 매년 증가하였으며, 2023년은 2,101건으로 전년(2,091건) 대비 10건(0.5%) 증가하였다.

| 표 9-6 | 최근 5년간 연도별 이물 삼킴/흡인사고 현황 (단위: 건)

구분	2019년	2020년	2021년	2022년	2023년	합계
이물 삼킴/흡인	1,915	2,011	1,712	2,091	2,101	9,830

출처: 한국소비자원 위해정보국 위해예방팀(2024). 2023년 어린이 안전사고 동향 분석.

발달단계별로 살펴보면 '걸음마기' 5,441건(55.4%)가 가장 큰 비중을 차지하였고, 다음으로 '유아기' 2,634건(26.8%), '학령기' 1,194건(12.1%), '영아기' 561건(5.7%) 순으로 나타났다. 성별에 따라서는 '남아'가 5,218건으로 53.1%을 차지하였고, '여아'가 4,602건으로 46.8%로 나타났다.

| 표 9-7 | 발달단계별 이물 삼킴/흡인사고 현황(2019~2023년) (단위: 건, %)

구분	영아기 (0세)	걸음마기 (1~3세)	유아기 (4~6세)	학령기 (7~14세)	합계
남아	278	2,664	1,520	756	5,218 (53.1)
여아	281	2,772	1,113	436	4,602 (46.8)
미상	2	5	1	2	10 (0.1)
합계	561 (5.7)	5,441 (55.4)	2,634 (26.8)	1,194 (12.1)	9,830 (100.0)

출처: 한국소비자원 위해정보국 위해예방팀(2024). 2023년 어린이 안전사고 동향 분석.

어린이 이물질 삼킴/흡인사고를 일으키는 주요 위해 품목은 '완구'가 4,549건(46.3%)으로 가장 많았고, '문구용품 및 학습용품' 763건(7.8%), '기타 생활용품' 408건(4.2%), '서적 · 인쇄물 및 음반' 357건(3.6%) 등의 순으로 나타났다. 어린이가 호기심에 구슬, 조립용 블록 등을 코나 귀에 넣거나 삼켜 발생한 사례들이 많이 접수되었다.

| 표 9-8 | 이물질 삼킴/흡인 주요 위해품목(2019~2023년) (단위: 건, %)

주요 위해품목	이물질 삼킴/흡인
완구	4,549 (46.3)
문구용품 및 학습용품	763 (7.8)
기타 생활용품	408 (4.2)
서적·인쇄물 및 음반	357 (3.6)
배터리, 전지 및 액세서리	350 (3.6)
곡류-콩류	270 (2.7)
모조보석 제품	256 (2.6)
의약외품	243 (2.5)
가정용 청소 및 세탁용품	207 (2.1)
빵(떡) 및 과자류-과자	197 (2.0)

출처: 한국소비자원 위해정보국 위해예방팀(2024). 2023년 어린이 안전사고 동향 분석.

어린이제품 안전 특별법 (약칭: 어린이제품법)

[시행 2017. 1. 28.] [법률 제13859호, 2016. 1. 27., 타법개정]
산업통상자원부(생활어린이제품안전과), 043-870-5457

제1장 총칙

제1조(목적) 이 법은 어린이가 사용하는 제품의 안전을 확보하여 어린이에게 안전한 환경을 조성하기 위한 기본적인 사항을 규정함으로써 제품으로 인한 어린이 사고를 예방하고, 어린이 건강의 유지·증진에 기여함을 목적으로 한다.

제2조(정의) 이 법에서 사용하는 용어의 뜻은 다음과 같다.

1. "어린이제품"이란 만 13세 이하의 어린이가 사용하거나 만 13세 이하의 어린이를 위하여 사용되는 물품 또는 그 부분품이나 부속품을 말한다. 다만, 다음 각 목의 어느 하나에 해당하는 물품 또는 그 부분품이나 부속품은 제외한다.
   가. 「약사법」 제2조에 따른 의약품 및 의약외품
   나. 「의료기기법」 제2조제1항에 따른 의료기기
   다. 「화장품법」 제2조제1호에 따른 화장품
   라. 「식품위생법」 제2조제4호에 따른 기구 및 같은 조 제5호에 따른 용기·포장
   마. 「관광진흥법」 제33조제1항에 따른 유기시설(遊技施設) 또는 유기기구(遊技機具)
2. "사업자"란 어린이제품을 생산·조립·가공(이하 "제조"라 한다)하거나 수입·판매·대여(이하 "유통"이라 한다)하는 자를 말한다.
3. "영업자"란 어린이제품을 영업에 사용하는 자를 말한다.
4. "안전성조사"란 어린이제품이 어린이의 생명·신체에 끼치는 위해를 방지하기 위하여 어린이제품의 위험요인을 조사하는 일체의 활동을 말한다.
5. "위해"란 어린이제품에 존재하는 위험요소로서 인체의 건강을 해치거나 해칠 우려가 있는 것을 말한다.
6. "어린이제품안전관리"란 어린이의 생명·신체에 대한 위해 또는 재산상 피해를 방지하기 위하여 어린이제품의 제조 또는 유통 등을 관리하는 활동을 말한다.
7. "어린이제품 공통안전기준"이란 어린이제품에서 기본적으로 준수하여야 하는 안전기준을 말한다.
8. "안전인증"이란 제품검사(어린이제품을 시험·검사하는 것을 말한다. 이하 같다)와 공장심사(제조설비·자체검사설비·기술능력 및 제조체제를 심사하는 것을 말한다. 이하 같다)를 모두 거치거나 제품검사만을 거쳐 어린이제품의 안전성을 증명하는 것을 말한다.
9. "안전인증대상어린이제품"이란 구조·재질 및 사용방법 등으로 인하여 어린이의 생명·신체에 대한 위해 또는 재산상 피해에 대한 우려가 크다고 인정되는 어린이제품 중에서 안전인증을 통하여 그 위해를 방지할 수 있다고 인정되는 어린이제품으로서 산업통상자원부령으로 정하는 것을 말한다.
10. "안전확인"이란 제품검사를 통하여 안전성을 증명하는 것을 말한다.
11. "안전확인대상어린이제품"이란 구조·재질 및 사용방법 등으로 인하여 어린이의 생명·신체에 위해를 초래할 우려가 있는 어린이제품 중에서 제품검사로 그 위해를 방지할 수 있다고 인정되는 어린이제품으로서 산업통상자원부령으로 정하는 것을 말한다.
12. "공급자적합성확인대상어린이제품"이란 안전인증대상어린이제품 및 안전확인대상어린이제품을 제외한 어린이제품을 말한다.

13. "안전관리대상어린이제품"이란 다음 각 목의 어느 하나에 해당하는 어린이제품을 말한다.
   가. 안전인증대상어린이제품
   나. 안전확인대상어린이제품
   다. 공급자적합성확인대상어린이제품

제3조(국가 등의 책무)

① 국가 및 지방자치단체는 어린이가 제품을 안전하게 사용할 수 있도록 어린이제품의 안전에 관한 정책을 수립하고 시행할 책무를 진다.

② 국가는 어린이제품의 안전성을 확보하기 위하여 어린이제품에 관한 기준 또는 규격(이하 "안전기준"이라 한다)을 국제기준에 부합하도록 제정 또는 개정하고, 이를 시행하도록 하여야 한다.

③ 국가는 어린이제품의 안전을 위하여 필요한 제도적 장치를 마련하고 이에 필요한 재원을 확보하도록 노력하여야 한다.

④ 사업자는 안전한 어린이제품을 제조 또는 유통하여야 하고, 그 어린이제품의 안전성을 확인할 책무를 진다.

제4조(다른 법률과의 관계) 이 법은 어린이제품의 안전에 관하여 다른 법률의 규정에 우선하여 적용한다.

제5조(어린이제품안전관리 기본계획)

① 산업통상자원부장관은 관계 중앙행정기관의 장과 특별시장·광역시장·특별자치시장·도지사·특별자치도지사(이하 "시·도지사"라 한다)의 의견을 수렴하여 「전기용품 및 생활용품 안전관리법」 제3조에 따른 제품안전심의위원회의 심의를 거쳐 3년마다 어린이제품의 안전관리에 관한 기본계획(이하 "기본계획"이라 한다)을 수립하여야 한다. 〈개정 2016. 1. 27.〉

② 기본계획은 다음 각 호의 사항을 포함하여야 한다.
   1. 어린이제품의 안전관리 목표 및 기본방향
   2. 어린이제품의 안전을 확보하기 위한 기반조성
   3. 어린이제품으로 인한 사고발생의 예방 및 대책
   4. 어린이제품 안전성조사의 기준 및 실시에 관한 사항
   5. 안전기준에 관한 연구 및 기술개발에 관한 사항
   6. 어린이제품의 제조 및 유통에 대한 규제 사항
   7. 그 밖에 어린이제품의 안전을 확보하기 위한 사항

③ 산업통상자원부장관은 기본계획을 수립한 경우 「소비자기본법」 제23조에 따른 소비자정책위원회에 제출하여야 한다.

④ 산업통상자원부장관은 기본계획의 추진에 필요한 인력과 재원을 우선적으로 확보하도록 노력하여야 한다.

⑤ 기본계획의 수립과 시행에 필요한 사항은 대통령령으로 정한다.

3 놀이안전의 예방과 안전교육

1) 실내 놀이안전

모든 놀이 활동 시 교구 조작이나 또래 간 상호작용, 이동 시 생길 수 있는 다양한 안전사고에 대비하여 교사가 늘 곁에서 감독하여야 한다.

놀이안전에 관한 교육을 계획하여 실행함으로써 영유아가 스스로 안전하게 놀이하는 방법을 익히고 실행할 수 있게 한다.

새로운 놀잇감을 제시할 때에는 놀잇감의 바른 사용법과 주의할 점 등을 교육하고 함께 놀이 규칙을 정하여 지키도록 한다.

영유아의 연령 및 발달단계에 적합한 놀이환경을 제공함으로써 안전을 도모하고 발달을 돕는다(이순형, 김혜라, 권기남, 김지현, 김진경, 김진욱, 서주현, 이정현, 최인화, 유주연, 안혜령, 이은중, 2014).

(1) 놀잇감 관리

| 표 9-9 | 안전한 놀잇감 선택

구분	고려사항
재질	• 안전검사에 합격한 제품이어야 한다(건전지를 이용하는 놀잇감은 반드시 확인). • 무독성 페인트를 사용한 것이어야 한다. • 빨거나 만질 때 표면이 쉽게 벗겨지지 않아야 한다(유해 중금속, 착색료 위험). • 헝겊으로 만든 놀잇감은 불연성이어야 한다. • 나무로 만든 놀잇감은 쉽게 가시가 일어나거나 마모되지 않아야 한다. • 화학섬유로 만든 것이나 합성 머리카락이 달린 인형은 좋지 않다. • 유리나 깨지기 쉬운 금속의 놀잇감은 사용하지 않는다.
구조	• 내구성이 강하고, 조립 상태가 견고한 놀잇감이어야 한다. • 0세~1세 영아에게 제공하는 놀잇감은 직경이 3.5cm 이상이어야 한다. • 너무 무겁거나 복잡하지 않은 놀잇감이어야 한다. • 질식, 목 졸림 등의 위험이 있거나 뾰족한 모서리, 깨짐, 균열, 헐거운 나사나 볼트, 끝이 깨진 사기그릇, 안전 처리되지 않은 깡통, 화상 및 화재의 위험이 있는 총, 화약을 이용한 불꽃놀이 놀잇감, 장시간 현란한 빛을 발생하는 놀잇감 등은 제공하지 않는다.

출처: 어린이집안전공제회(2019). 어린이집 안전관리 백과: 실내·외 보육환경.

(2) 놀잇감 선택 시 재질 이외에 고려할 사항

① 영유아의 연령과 발달 정도를 고려해야 한다.

② 색상, 모양 등이 매력적이어야 한다.

(3) 실내공간 유의사항 및 지도방법

① 현관 및 출입구

- 현관문을 열고 닫을 때마다 개·폐 관리 습관을 들인다(영유아 이탈 막음, 외부인 출입 통제).
- 외부인이 방문할 때마다 벨 또는 인터폰으로 신원을 확인한 후 출입시킨다.
- 영유아가 들어가고 나갈 경우 반드시 성인이 동반하고, 현관문에 영유아의 몸이나 발이 끼이지 않도록 항상 주시한다(특히 자동문).
- 현관 주변에 위험 요소(핀, 돌멩이 등)가 있는지 확인하고, 발견 즉시 치운다.
- 눈·비 오는 날, 바닥에 물이 고여 있는 경우 수시로 제거한다.

② 복도 및 계단

- 우측통행하도록 지도한다.
- 위험한 행동을 하지 않도록 지도한다.
- 영유아의 행동을 주시하며 걸어간다.
- 한 번에 많은 인원이 이동하지 않도록 조절한다.
- 영유아 혼자 돌아다니지 않도록 한다.

③ 문 및 창문

- 창문 아래쪽에 발을 딛고 올라설 수 있는 가구나 비품 등을 두지 않는다.
- 영유아가 사용하는 문을 여닫을 때는 문 닫힘방지대 사용을 습관화한다.

④ 놀잇감

- 0세~1세 영아에게 직경 3.5㎝ 미만 놀잇감(구슬, 작은 레고 블록, 단추, 공기 등)을 제공하지 않는다.

⑤ 바닥 및 벽

- 영아가 삼킬 만한 이물질, 영유아 발에 걸려 넘어질 수 있는 물건(전선, 줄 등), 발을 다치게 하는 물건(유리조각, 바늘, 철사, 파편 등)이 있는지 수시로 점검하고 발견 즉시 제거한다.

- 벽에 떨어질 염려가 있는 액자 등이 없는지 수시로 점검하고, 단단하게 고정시킨다.
- 벽에 압핀이나 압정 대신 사무용 집게 클립, 파일바인더 등을 사용한다.

⑥ 보육실 및 가구(책상, 의자, 교구장, 사물함 등)

- 영유아만 두고 보육실을 비우지 않는다.
- 영유아를 돌보며 행정업무를 하지 않는다.
- 영유아가 사용하는 가구를 바르게 사용하도록 지도한다.
- 가구에 모서리 보호대, 안전 잠금장치를 설치하며 위험한 물건의 보관에 유의한다.

⑦ 전선 및 콘센트

- 모든 전선은 짧게 정리하여 사용한다.
- 하나의 콘센트에 너무 많은 플러그를 꽂지 않는다.
- 사용하지 않는 콘센트는 안전덮개로 덮어 둔다.
- 사용하지 않을 시 콘센트에 꽂혀 있던 플러그를 뽑아 놓는다.

⑧ 기타 비품(약품, 피아노, 쓰레기통 등)

- 가지고 온 약품은 영유아 수납장에 보관하지 않고 별도로 보관(냉장, 상온 구분)한다.
- 영유아가 피아노 뚜껑을 직접 여닫지 않도록 주의시키고, 피아노를 사용하지 않을 때는 안전 잠금장치를 설치한다.
- 사용하고 다 쓴 물건 중 위험한 물건(목공용 본드, 못 등)은 쓰레기통에 버리지 않고 교사가 별도로 모아서 버린다.

⑨ 유희실

- 넓은 공간을 확보하기 어려운 경우 소그룹으로 나누어 활동한다.
- 이탈행동이 빈번하거나 산만한 영유아는 교사가 더 주의하여 살핀다.
- 놀이 종료시간을 사전에 알려주어 안전하게 정리할 수 있게 한다.
- 바닥에 있는 놀잇감에 걸려 넘어지지 않도록 살펴본다.

⑩ 화장실

- 화장실 사용 전에 화장실에서 지켜야 할 예절에 대해 이야기를 나눈다.
- 놀이 도중 혼자 화장실에 다녀오는 유아의 경우 가기 전에 반드시 교사에게 알리도록 하고 다녀온 후에는 잘 다녀왔는지, 손은 잘 씻었는지, 옷은 바르게 입었는지 등을 확인한다.

- 배변 처리가 필요한 영유아의 경우 변기에 앉아 있는 상태로 교사를 오래 기다리지 않도록 한다.
- 기저귀는 반드시 지정된 공간(기저귀 갈이대, 화장실)에서 갈아준다.
- 기저귀 가는 공간은 청결한 상태로 유지되고, 사용할 때마다 소독한다.

⑪ 조리실

- 영유아를 데리고(업거나 안는 등) 조리실로 들어가지 않는다.
- 영유아가 물을 먹기 위해 조리실을 드나드는 등 조리실에 출입하지 않도록 지도한다.
- 뜨거운 음식은 조리실에서 미리 식혀서 배식할 수 있도록 준비한다.

⑫ 어린이집 주변

- 깨진 물건, 병 등 위험한 물건이 있는지 확인하고 발견 시 즉시 제거한다.
- 돌아다니는 동물(개, 고양이 등)이 어린이집 주변에 있을 경우 영유아가 함부로 만지거나 접근하지 않도록 하고, 유기견보호센터에 신고한다.

출처: 어린이집안전공제회(2019). 어린이집 안전관리 백과: 실내·외 보육환경.

❙ 어린이 장난감 안전수칙 ❙

1. 가정에서 제품안전 확인하기

① 아이들 완구 구입 시, KC 마크 및 안전, 경고 문구를 꼭 확인한다.
② 제품 안전사고가 발생하면 1600-1394로 즉시 신고한다.
③ www.safetykorea.kr에서 어린이제품 안전 정보를 확인한다.

2. 안전한 어린이 완구 사용하기

[위험한 장난감]
① 연령에 맞는 완구를 선택한다.
② 직경 3.17mm 이하의 완구는 질식사를 유발할 수 있으므로 사용을 피해야 한다.
③ 날카롭고 뾰족한 완구는 피해야 한다.
④ 완구 구입 시 견고한 제품인지 꼼꼼히 살핀다.

[유해물질이 들어 있는 장난감]
① 제품에 표시된 성분을 꼼꼼하게 확인한다.
② 유해물질 안전 요건을 충족한 장난감인지 확인한다.
③ 완구에서 착색료가 빠져나오지 않는지 확인한다.

출처: 국민안전처(2017). 어린이 장난감 안전사고 대부분 가정에서 발생. 보도자료.

2) 실외 놀이안전

- 시설 및 설비의 규격과 재질 등이 유아가 사용하기에 적절할수록 정해진 규정대로 설비되고 지속적으로 관리되어야 한다.
- 고정식 놀이기구와 유동성 놀이기구의 영역을 분리하여 충돌로 인한 안전사고를 방지한다.
- 놀이기구가 파손된 곳이 없는지 수시로 점검하고 신속히 보수하여야 한다.
- 교사가 놀이 활동 전체를 관찰할 수 있도록 사각지대가 없이 전체적인 시야가 확보되는 공간을 구성하여야 한다(이순형 외, 2014).

(1) 실외놀이 유의사항 및 지도방법

① 실외놀이 전에 비상약품을 챙기고, 영유아의 옷차림(모자 끈, 운동화 끈, 머리끈 등)을 살핀다.
② 실외놀이 활동 전에 차량, 골목길, 교통안전 등의 유의사항, 지켜야 할 약속에 대한 이야기를 나눈다.
③ 놀이기구를 이용할 때 차례를 지킬 수 있도록 지도하고 수시로 인원을 점검한다.
④ 위험한 행동을 할 때는 바로 중지시킨다.
⑤ 이탈행동이 빈번하거나 산만한 영유아는 교사가 더 주의하여 살핀다.
⑥ 높이가 있는 놀이기구에서 노는 영유아는 더 주의하여 살핀다.
⑦ 위험한 곳에 올라간 영유아의 경우 안전하게 내려올 수 있도록 도와주고, 위험한 곳에 올라가지 않도록 주의시킨다.
⑧ 실외놀이 종료 시간을 사전에 알려준다.
⑨ 혼자 돌아다니지 않도록 주의시킨다.
⑩ 유리 파편, 돌 등 주변에 위험한 요소가 없는지 확인한다(어린이집안전공제회, 2019).

(2) 놀이기구 이용 시 유의사항 및 지도방법

① 그네

- 그넷줄이 단단히 매어 있는지, 좌석의 훼손 정도를 확인한다.
- 그네를 타고 있는 영유아는 놀이하고 있는 친구와 충돌하지 않는지 주의해서 살핀다.
- 양손으로 그넷줄을 잡고 앉아서 타고, 그네가 완전히 정지된 상태에서 타고 내리도록 지도한다.

- 그네가 움직이는 도중에 뛰어내리거나 친구와 장난치지 않도록 한다.
- 배를 깔고 엎드려서 타거나 서서 타지 않는다.
- 그네 가까이에서 놀이하지 않도록 한다.

② 시소

- 쇠로 된 시소를 이용하기 전에 시소 표면 온도를 확인하고, 화상 우려가 있을 경우 사용하지 않는다. 또한 녹이 슬지 않았는지, 페인트가 벗겨진 부분이 없는지 등을 확인한다.
- 시소에 손이나 발이 끼이지 않도록 수시로 살핀다.
- 시소에 오르고 내릴 때 손잡이를 반드시 잡도록 지도한다.

③ 미끄럼틀

- 미끄럼틀을 이용하기 전에 교사는 반드시 미끄럼틀의 표면 온도를 확인하고, 화상 우려가 있을 경우 사용하지 않는다.
- 나무로 된 미끄럼틀의 경우에는 나무가 일어난 곳, 갈라진 부분이 없는지 등을 확인한다.
- 미끄럼틀 계단에 오를 시 미끄럼틀 판으로 거꾸로 올라가는 일이 없도록 주의시킨다.
- 먼저 내려간 영유아와 부딪치지 않도록 간격을 두고 내려가도록 지도한다.

④ 오르기 기구(정글짐, 그물망 오르기, 계단 오르기, 사다리 오르기 등)

- 끈이 끊어져 발이 빠지는 곳은 없는지, 페인트가 벗겨진 부분이 없는지 등을 확인한다.
- 영유아가 올라갈 때 흔들거림 없이 단단하게 고정되어 있는지 확인한다.
- 혼자의 힘으로 기구를 잡을 수 없는 연령(영아)은 사용하지 않도록 지도한다.

⑤ 모래놀이

- 모래놀이 시설은 세균 번식(곰팡이 등)을 막기 위하여 햇볕이 잘 들어오고 양지바른 곳에 설치한다. 햇볕이 강하고 더운 날에는 그늘을 만들어 주어 놀이할 수 있도록 한다.
- 모래놀이 도구 정리함을 만들어 주어 영유아 스스로 정리하도록 지도한다.
- 깨진 모래놀이 도구가 있는지 수시로 점검하여 즉시 교체하도록 한다.
- 모래를 입에 넣거나 다른 사람에게 뿌리지 않도록 지도한다.
- 모래는 수시로 체로 쳐서 유리 조각이나 돌멩이 등의 위험물질을 골라내고, 사용하지 않을 때는 뚜껑이나 덮개로 덮어두는 것이 좋다.
- 모래가 부족해지면 수시로 보충해 주고, 정기적으로 세척하고 소독한다.

⑥ 모형 자동차 및 자전거

- 자전거와 같이 바퀴 달린 탈 것은 바퀴의 상태와 연결 부위를 확인한다.
- 이탈행동이 빈번하거나 산만한 영유아는 다른 영유아들과 부딪치지 않는지 더 주의하여 살핀다(어린이집안전공제회, 2019).

★ 인증된 어린이 놀이기구를 사용합시다.

☑ 어린이 놀이기구에는 안전마크(KC)와 「안전인증」 문자가 표시됨(인증번호가 있음)

구분	인증표시(어린이놀이기구)
'11. 6. 30까지	kps 안전인증
'11. 1. 1부터	KC *금색 또는 검정색 마크 및 '안전인증번호' 부여

출처: 어린이집안전공제회(2019). 어린이집 안전관리 백과: 실내·외 보육환경.

| 그림 9-1 | 어린이놀이기구 인증표시

| 표 9-10 | 어린이 놀이시설 안전점검사항 및 점검주기(어린이놀이시설 안전관리법)

1. 관리주체가 어린이 놀이시설의 기능 및 안정성 유지를 위하여 시설을 점검(법 제15조)
   어린이가 놀이를 위하여 사용할 수 있도록 제조된 것으로 「어린이제품 안전 특별법」 제2조 제9호에 따른 안전인증대상어린이제품
2. 점검주체: 어린이 놀이시설의 관리주체(법 제15조)
3. 점검주기: 월 1회 이상(시행령 제11조)
4. 안전점검 항목 및 방법(시행령 제11조, 별표 6)
   - 안전점검 항목: 어린이 놀이시설의 연결 상태, 노후 정도, 변형 상태, 청결 상태, 안전수칙 등의 표시 상태, 부대시설의 파손 상태 및 위험 물질의 존재 여부
   - 안전점검의 방법: 관리 주체는 점검 항목에 대하여 다음에 기준에 따라 구분하여 안전점검을 한 후, 그 결과는 안전점검 실시대장에 기록하여야 함
   - 양호: 어린이 놀이시설의 이용자에게 위해(危害) 위험을 발생시킬 요소가 없는 경우
   - 요주의: 어린이 놀이시설의 이용자에게 위해·위험을 발생시킬 요소는 발견할 수 없으나, 어린이

놀이기구와 그 부분품의 제조업체가 정한 사용연한이 지난 경우
- 요수리: 어린이 놀이시설의 이용자에게 위해·위험을 발생시킬 요소가 되는 틈, 헐거움, 날카로움 등이 생길 가능성이 있거나, 어린이 놀이시설이 더럽거나 안전 관련 표시가 훼손된 경우
- 이용금지: 어린이 놀이시설의 이용자에게 위해·위험을 발생시킬 수 있는 틈, 헐거움, 날카로움 등이 있거나 위해가 발생한 경우

5. 안전점검 결과·기록 보관(법 제17조, 시행규칙 제17조)
   - 안전점검 결과 기록: 안전점검 실시대장(시행규칙 별지 제16호 서식)
   - 안전점검 결과 보관: 3년간 보관
6. 안전점검 결과, 위해를 가할 우려가 있다고 판단되는 경우에는 이용을 금지하고 1개월 이내에 안전검사기관에 안전진단을 신청(법 제15조)

구분	내용	점검주기	
		권고	의무
부대시설	울타리, 의자, 가로등의 고장 또는 파손	매일	월간
	화장실의 파손 및 청결한 상태	매일	월간
	식수대, 쓰레기 처리대의 파손 및 청결	매일	월간
	놀이터, 표지판의 파손 및 내용물 지워짐	1주	월간
놀이터 공동사항	모든 놀이기구 및 시설의 낙후, 휘어짐	1주	월간
	움직임이 많은 영역에 밧줄이나 전선의 늘어짐	매일	월간
	놀이터 내에 전기, 고압선, 유독물질, 유리 조각, 돌부리 등의 위험물질 존재	매일	월간
	유실 모래의 보충	2주	월간
	놀이터의 배수, 쓰레기 및 입구 주차상태	매일	월간
	기둥의 고정 및 조임장치의 조임 상태	매일	월간
	기구 및 베어링의 윤활	매일	월간
	기구 및 시설의 도장상태	2주	월간

구분	내용	점검주기	
		권고	의무
그네	그네 고리('s 훅)의 풀림 및 파손	매일	월간
	그네 좌석판의 파손	매일	월간
	그네 회동구 베어링의 윤활유 주입상태	매일	월간
	그넷줄의 꼬임	매일	월간
	그네 체인 모양 변형	1주	월간
	그넷줄의 균형상태	매일	월간
	그네 추락지대까지 바닥재의 충분상태, 추락 시 상해가능 장애물의 존재	매일	월간
	신체 부위가 낄 수 있는 틈새의 존재	매일	월간
	금속재질의 녹 상태 발생	1주	월간
	금이 간 곳의 존재	매일	월간
	페인트칠이 벗겨짐	2주	월간
	돌출부나 거친 면의 존재	1주	월간
	볼트나 나사의 풀림 형태	1주	월간
미끄럼틀	미끄럼틀 보호벽(난간)의 파손	1주	월간
	미끄럼틀 계단의 파손	1주	월간
	미끄럼틀 활주판의 요철 및 파손	1주	월간
	착지판의 흙 및 물의 존재	1주	월간
	신체 부위에 낄 수 있는 틈새의 존재	매일	월간
	녹슨 부분은 없는가	매일	월간
	금이 간 곳은 없는가	매일	월간
	페인트칠이 벗겨진 곳은 없는가	2주	월간
	돌출부나 거친 면은 없는가	1주	월간
	볼트나 나사가 풀리지 않았는가	매일	월간

구분	내용	점검주기	
		권고	의무
흔들놀이기구	시소의 무게균형의 정확성(각도가 기준치의 초과)	매일	월간
	충격완화용 타이어의 파손	1주	월간
	지지대와 시소판의 연결 부위의 원활성 및 회전성	1주	월간
	시소가 좌우로 흔들림	1주	월간
	손잡이가 흔들림	1주	월간
	신체 부위가(손, 발, 머리)가 낄 수 있는 틈새의 존재	매일	월간
	금속 부분의 녹슴, 목재 부분의 부식	1주	월간
	가구의 금이 간 곳	매일	월간
	페인트칠이 벗겨짐	2주	월간
	돌출부나 거칢	1주	월간
	볼트나 너트 등의 나사 풀림	매일	월간
회전놀이기구	회전상태(베어링 상태)	2주	월간
	손잡이의 파손	매일	월간
	회전판이 정상기준에서의 기울어짐이나 흔들림	1주	월간
	회전축의 강도	1주	월간
	손잡이가 흔들림	1주	월간
	신체 부위가(손, 발, 머리)가 낄 수 있는 틈새의 존재	매일	월간
	금속 부분의 녹슴, 목재 부분의 부식	1주	월간
	금이 간 곳은 없는가	매일	월간
	페인트칠이 벗겨짐	2주	월간
	돌출부나 거칠음	1주	월간
	볼트나 너트 등의 나사 풀림	매일	월간
정글짐 건너는 기구	파이프가 휘어짐	1주	월간
	하강 지역에 모래 높이 및 양의 적정성	매일	월간
	금속부분의 녹슴	1주	월간
	금이 간 곳은 없는가	매일	월간
	페인트칠이 벗겨짐	2주	월간
	돌출부나 거칢	1주	월간
	볼트나 너트 등의 나사 풀림	매일	월간

구분	내용	점검주기	
		권고	의무
오르는 기구	그물망의(체인, 타이어) 사이의 연결 부위 고정성	매일	월간
	손잡이(파이프, 체인, 타이어)의 파손(갈라짐, 휘어짐, 엉킴, 벗겨짐)	매일	월간
	지지대가 느슨해졌는지 여부	매일	월간
	신체 부위(손, 발, 머리)가 낄 수 있는 틈새	매일	월간
	금속 부분의 녹슮, 목재 부분의 부식	1주	월간
	금이 간 곳의 존재	매일	월간
	페인트칠이 벗겨짐	2주	월간
	돌출부나 거칢	1주	월간
	볼트나 너트 등의 나사 풀림	매일	월간
건너는 기구 공중놀이기구	손잡이 파이프(혹은 링)가 파손(갈라짐, 휘어짐)	1주	월간
	신체부위(손, 발, 머리)가 낄 수 있는 틈새	매일	월간
	금속부분의 녹슮, 목재 부분의 부식	1주	월간
	금이 간 곳의 존재	매일	월간
	페인트칠이 벗겨짐	2주	월간
	돌출부나 거칠음	1주	월간
	볼트나 너트 등의 나사 풀림	매일	월간
물이용 놀이기구	급·배수 상태(물 공급 노즐, 오버플로우, 배수구 등)	매일	월간
	매달려 있는 구동구조물 상태(베어링, 이중안전장치 등)	2주	월간
	미끄럼방지 조치 상태(테이프, 매트 등)	1주	월간
	수질오염 상태(부유물질 등)	매일	월간
	기초부, 연결부 등의 물고임 및 부식 상태	매일	월간

출처: 행정안전부 어린이놀이시설 안전관리시스템(www.cpf.go.kr).

| 표 9-11 | 어린이집 안전점검 체크리스트(일별 점검표)

(점검상태: 양호 ○, 보통 △, 불량 ×)

구분	점검항목	점검결과						조치사항
		/	/	/	/	/	/	
		월	화	수	목	금	토	
실외 환경	어린이집 보호벽 및 주변의 관리 상태는 양호한가?							
	실외놀이 공간 주변의 돌, 유리 조각, 요청, 녹이 슨 부분, 벗겨진 페인트, 돌출된 모서리가 방치되어 있지는 않은가?							
	놀이터 바닥에 오물, 방치된 물웅덩이가 없는가?							
실내 환경	문과 창문 등의 추락 위험은 없는가?							
	바닥에는 다칠 수 있거나 미끄러운 곳이 없는가?							
	복도, 계단, 비상계단, 미끄럼대 등에 방치된 물건이 없어 피난계단, 미끄럼대 등을 사용하기에 양호한가?							
	보육용품이나 비품 유리창 등에 날카로운 모서리 등이 없는가?							
놀잇감 및 놀이기구	망가져 날카롭고 위험한 것 또는 부품이 빠지거나 작은 볼트 등이 빠진 것은 없는가?							
	유해 색소가 칠해진 놀잇감은 없는가?							
	영유아가 삼킬 만한 작은 놀잇감이나 부품은 없는가?							
	놀잇감 및 놀이기구의 수납 상태가 양호한가?							
화장실·세면대	화장실 내 세제나 락스 등 위험한 물건이 영유아들의 손이 닿는 곳에 방치되어 있지 않는가?							
전기·화기·위험물	콘센트는 안전덮개로 보호되어 있는가?							
	화기에 의한 안전사고 위험은 없는가?							
	위험물에 의한 안전사고 위험은 없는가?							
	가스밸브와 가스중간밸브 잠금은 양호한가?							

출처: 어린이집안전공제회(2019). 어린이집 안전관리 백과: 실내·외 보육환경.

| 표 9-12 | 어린이집 안전점검 체크리스트(월별 점검표)

(점검상태: 양호 ○, 보통 △, 불량 ×)

구분	점검항목	점검결과 월	조치사항
안전관리	안전관리의 책임 및 위기관리 체계가 적합한가?		
	일별 안전점검 체크리스트에 의해 관리되고 있는가?		
	응급전화번호 및 비상연락망 등이 잘 관리되고 있는가?		
실외환경	어린이집 주변에 감전 위험은 없는가?		
	위험한 적치물, 축대 붕괴, 맨홀 등에 대한 위험은 없는가?		
실내환경	모든 설비는 움직이거나 떨어지지 않도록 바닥과 벽면에 단단히 고정되어 있는가?		
	창문, 방충망의 상태는 안전한가?		
현관, 통로, 계단, 비상구	출입문, 현관문 등의 안전장치는 정상 작동하는가?		
	계단, 통로 부분에 미끄럼방지 처리가 되어 있는가?		
	계단의 안전 상태는 양호한가?		
화장실·세면대	화장실 내 전기 콘센트 등 전기용품은 안전한가?		
	세면대의 고정 상태는 안전한가?		
실내외 놀이기구 및 공간	모든 놀이기구가 바닥에 안전하게 고정되어 있는가?		
	놀이시설물의 상태(틈새나 간격)가 영유아의 몸에 끼이지 않는 넓이인가?		
	기초대, 지지대 등 매설 부분이 노출되지 않았는가?		
	모든 놀이기구 아래와 주위(안전지대)의 충격흡수재 성능은 양호한가?		
	보수가 필요한 놀잇감 및 놀이기구가 방치되어 있는가?		
	놀이기구의 높이가 영유아에게 적합한가?		
	어린이제품 안전 특별법, 품질경영 및 공산품 안전관리법 등에 의한 안전검사(KC 인증 등)를 필한 제품인가?		
전기, 가스, 위험물 안전관리	전선, 콘센트, 플러그 등 손상된 부분은 없는가?		
	한 개의 콘센트에 용량을 초과해 사용하고 있지 않은가?		
	분배 전반 및 각종 전기기구의 노후 및 파손된 것은 없는가?		
	가스경보기의 설치 상태가 양호한가?		
소방시설 관리	대피를 위한 대피도가 잘 관리되어 있는가?		
	소화기, 스프링클러 등 소화 장비의 작동 및 관리 상태는 양호한가?		
	자동화재 탐지설비의 설치 상태가 양호한가?		
	옥내 소화전의 관리 및 작동이 양호한가?		

구분	점검항목	점검결과 월	조치사항
비상대피 시설 관리	비상계단 및 미끄럼대 등이 화재 등 유사시 사용이 가능한가?		
	피난유도 등 유도표지 등이 잘 갖추어져 있고 정상 작동하는가?		
	건물 내 대피경로에 장애가 되는 요소는 없는가?		

출처: 어린이집안전공제회(2019). 어린이집 안전관리 백과: 실내·외 보육환경.

| 표 9-13 | 체크리스트 항목별 점검 시 참고사항

☑ 일별 점검 체크리스트 참고사항

구분	참고사항
실외 환경	• 어린이집 보호벽 및 어린이집 주변의 관리 상태는 양호한가? • (조치사항) 담, 울타리, 창살, 가스 혹은 난방기 등의 계량기, 보일러 설비, 퓨즈박스, 비상미끄럼틀, 외부 차양 등 설비의 안전 상태를 확인하여 위험 요소를 즉시 안전하게 제거·수리 및 관리한다.
	• 놀이터 바닥에 오물, 방치된 물웅덩이가 없는가? • (조치사항) 오물 및 물웅덩이는 전염성 질환을 야기하는 해충의 서식지가 될 수 있으므로 발견 즉시 제거하고, 물웅덩이는 물 제거 후 웅덩이를 관리하여 영유아가 넘어질 수 있음을 방지한다.
실내 환경	• 문과 창문 등의 추락 위험은 없는가? • (조치사항) 문과 창문의 안전 상태 확인 및 창문 등의 가까이에 오를 수 있는 물품이 있어 추락 위험이 있는지 확인하고 즉시 제거한다.
	• 바닥에는 다칠 수 있거나 미끄러운 곳이 없는가? • (조치사항) 화장실, 계단, 실내 보육실 등에 미끄러운 곳, 물이 고인 곳을 확인한다. 미끄럼방지 시트 또는 타일을 부착하거나 물기가 많으면 물기를 제거한다. 또한, 바닥에 단차가 있는 경우 영유아들이 넘어지는 사고가 많이 발생하므로 바닥에는 단의 차이가 없도록 한다.
	• 복도, 계단, 비상계단, 미끄럼대 등에 방치된 물건이 없어 피난계단, 미끄럼대 등을 사용하기에 양호한가? • (조치사항) 유사시 대피에 장애가 되는 물건이 방치되었는지를 확인하고 방치된 물건은 안전한 곳으로 즉시 이동한다.
놀잇감 및 놀이기구	• 영유아가 삼킬 만한 작은 놀잇감이나 부품은 없는가? • (조치사항) 놀잇감의 크기가 영유아의 입, 코, 귀 등에 들어가지 않도록 3.5cm 이상의 놀잇감을 준비한다.
	• 놀잇감 및 놀이기구의 수납 상태가 양호한가? • (조치사항) 놀잇감이 영유아가 수납하기에 적당한지, 무거운 놀잇감이 높은 곳에 있지 않은지 확인한다. 유아의 신체특성을 고려하여 수납 위치를 바꾸고, 무겁거나 추락 위험이 있는 놀잇감은 즉시 안전한 위치로 이동한다. 방치된 놀잇감은 영유아들이 올라가 추락하는 위험도 발생할 수 있으므로 안전하게 보관한다.

구분	참고사항
전기·화기·위험물	• 화기에 의한 안전사고 위험은 없는가? • (조치사항) 라디에이터, 난로, 히터 등의 보호덮개, 라이터, 성냥, 양초, 폭죽 등이 방치된 것이 있는지, 가스중간밸브 잠김, 화기시설 주변의 가연물 등을 확인하여 위험물품은 즉시 제거한다. 보호덮개가 필요한 경우 전문업체에 의뢰한다.
	• 위험물에 의한 안전사고 위험은 없는가? • (조치사항) 화학용품 및 약품, 살충제, 세제, 기타 위험한 약품 등이 방치되었다면, 즉시 안전한 곳으로 이동한다. 특히 약품의 경우 보육실 영유아용 책상 위에 놓여 영유아들이 만지거나 먹을 수 있기에 주의를 더 요한다. 필요시 전문기관에 의뢰하여 처리한다. ※ 관련법: 영유아보육법 시행규칙 별표 1, 위험물 안전관리법 제14조
	• 가스밸브와 가스중간밸브 잠금은 양호한가? • (조치사항) 가스와 가스중간밸브 잠금 상태, 가스누설 탐지기의 상태·위치 등을 확인하여 가스누출을 예방한다. 가스를 사용하는 모든 설비에는 중간밸브를 설치하여야 한다. 가스밸브 주위의 누출 여부를 점검하고, 가스누설탐지기의 위치(LNG: 천장에서 30cm, LPG: 바닥에서 30cm 이내)를 점검하고 손상 여부, 전원이 연결 상태 등을 점검한다. 이상이 있을시 전문업체에 점검 및 수리를 의뢰한다. ※ 도시가스사업법 제7조에 따라 정기검사대상자로 선정되면 연 1회 한국가스안전공사에 의한 점검을 받는다. 단, 지자체에 따라 차이가 있을 수 있다(이외는 도시가스회사에서 검사).

출처: 어린이집안전공제회(2019). 어린이집 안전관리 백과: 실내·외 보육환경.

☑ 월별 점검 체크리스트 참고사항

구분	참고사항
안전관리	• 안전관리의 책임 및 위기관리 체계가 적합한가? • (조치사항) 원장의 안전관리 책임성, 화재 등 비상사태 발생 시 대응체계의 적절성을 확인한다. 원장이 안전관리에 관한 책임, 전문성(방화관리자 자격 등)을 확보하도록 하고, 교사가 안 전 관련 교육에 적극적으로 참여하도록 한다. 비상사태에 대비한 대응체계가 수립되도록 한다.
	• 응급전화번호 및 비상연락망 등이 잘 관리되고 있는가? • (조치사항) 비상시 소방서·병원·경찰소 등의 응급전화번호 및 비상연락망 등 이 전화기 옆에서 잘 관리되고 있는지 확인한다. 지속적으로 소방서, 병원의 응급전화번호 및 비상연락망의 전화번호 변경 여부를 확인하여 관리한다.
실외환경	• 어린이집 주변에 감전 위험은 없는가? • (조치사항) 어린이집 50m 이내에 고압선, 전선, 가로등 등 감전 위험을 확인한다. 확인물 발견 시 관련 기관 및 지방자치단체에 통보하고 안전조치를 요청한다.
	• 위험한 적치물, 축대 붕괴, 맨홀 등에 대한 위험은 없는가? • (조치사항) 어린이집 주변 50m 이내에 위험한 물건·물품(방치된 자동차, 생활쓰레기 적치, 붕괴위험이 있는 축대, 맨홀, 파인 곳, 공사장 등)이 확인되면 지방자치단체(주민자치센터 포함)에 통보하고 안전조치를 요청한다.

<table>
<tr><th>구분</th><th>참고사항</th></tr>
<tr><td rowspan="2">실내환경</td><td>• 모든 설비는 움직이거나 떨어지지 않도록 바닥과 벽면에 단단히 고정되어 있는가?
• (조치사항) 건축 설비의 전기, 난방, 조명, 급배수 등의 설비물의 고정 상태와 벽 천장 등에 고정된 물품과 장식물 등이 안전하게 고정되어 있는지 확인하여 수리 필요시 전문업체에 의뢰한다.</td></tr>
<tr><td>• 창문, 방충망의 상태는 안전한가?
• (조치사항) 창문의 깨짐, 창문 테두리의 실리콘 상태, 방충망의 노화 상태를 정기적으로 확인하여 즉시 조치한다.</td></tr>
<tr><td rowspan="2">현관·
통로·
계단·
비상구</td><td>• 출입문, 현관문의 안전장치는 정상 작동하는가?
• (조치사항) 보안을 위한 잠김 문이나 인터폰·초인종이 정상작동 여부 확인 후 응급조치와 필요 시 전문업체에 의뢰한다. 또한, 출입문과 현관문의 손 끼임 방지를 위한 안전 고무 바, 도어 클로저 등을 설치한다.</td></tr>
<tr><td>• 계단의 안전 상태는 양호한가?
• (조치사항) 안전손잡이, 적치물, 난간의 간격 고정 상태를 확인한다. 응급조치 후 필요시 전문업체에 의뢰한다.
※ 계단의 단 높이는 16cm 이하이며 단의 높이가 일정하여야 하며, 단 너비는 26cm 이상이어야 하며 일정하게 구성되어야 한다. 난간의 높이는 110cm 이상, 난간 살의 간격은 10cm 이하로 설치한다.
출처: 중앙보육정보센터(2008). 안전매뉴얼연구.</td></tr>
<tr><td rowspan="2">화장실·
세면대</td><td>• 화장실 내 전기 콘센트 등 전기용품은 안전한가?
• (조치사항) 방수용 콘센트 및 물에 의한 전기 위험 여부를 확인한다. 콘센트는 방수용으로 교체하고, 물에 젖거나 고인 물(욕조 등)에 추락이 가능한 물품은 안전한 곳으로 이동 또는 제거한다.</td></tr>
<tr><td>• 세면대의 고정 상태는 안전한가?
• (조치사항) 고정 상태 확인 시 나사 풀림 상태 등을 정기적으로 확인하여 필요시 수리하거나 교체한다.</td></tr>
<tr><td rowspan="3">실내외
놀이기구와
공간</td><td>• 모든 놀이기구가 안전하게 고정되어 있는가?
• (조치사항) 놀이기구의 고정 상태, 매설된 지지대의 노출, 윤활유 보충 등을 확인하고 즉각적인 안전조치 후 필요시 관련 업체에 의뢰한다.</td></tr>
<tr><td>• 놀이시설물의 상태(틈새나 간격)가 영유아의 몸에 끼이지 않는 넓이인가?
• (조치사항) 집합놀이기구 등의 틈새나 간격의 너비 확인 및 노후로 인한 영유아 신체의 빠짐 및 끼임 등을 확인한다(손가락: 8mm 이하·25mm 이상, 발: 30mm 이하, 머리: 9cm 이하·23cm 이상). 안전관리 필요시에는 1차 안전조치로 접근금지 표시 및 전문업체에 수리를 의뢰한다.</td></tr>
<tr><td>• 모든 놀이기구의 아래와 주위(안전지대)에 충격흡수제의 성능은 양호한가?
• (조치사항) 영유아가 추락할 가능성이 있는 놀이시설물 아래와 주변의 공간(안전지대)은 충격을 흡수할 수 있도록 설치되어야 한다(25~30cm 이상의 모래, 우레탄 바닥, 매트 등). 충격흡수제 사용 시 마모되어 구멍이 나거나 끝 부분이 말림으로 인해 영유아들이 걸려 넘어질 수 있다. 따라서 즉각적인 안전조치 후 전문업체에 의뢰한다.</td></tr>
</table>

구분	참고사항
실내외 놀이기구와 공간	• 놀이기구의 높이가 영유아에게 적합한가? • (조치사항) 놀이기구의 구입 시 연령에 따른 영유아의 신체 등에 적합한지 확인한다. 참고로 놀이기구의 높이는 2.5m 이하로 설치한다. 출처: 소방방재청(2005). 어린이시설 안전점검 매뉴얼.
전기·가스·위험물 안전관리	• 전선, 콘센트, 플러그 등이 손상된 부분은 없는가? • (조치사항) 실내 전선의 노후, 피복 손상, 파손된 콘센트 및 플러그 등을 확인한다. 벗겨진 전선은 절연 테이프로 감싸고, 파손된 콘센트 플러그 등은 즉시 교체한다. 필요시 전문업체에 수리·점검을 의뢰한다.
	• 분배 전반 및 각종 전기기구의 노후 및 파손된 것은 없는가? • (조치사항) 노후하거나 파손된 분배 전반 및 각종 전기기구는 전기전문업체에 의뢰하여 수리·교체하도록 한다. 또한, 전기사업법이 정하는 바에 따라 인가 시 전기 안전점검과 정기점검이 실시될 수 있도록 한다. ※ 관련법: 전기사업법 제65조~제66조의2 및 동법 시행규칙 제35조~제35조의4 등
	• 가스경보기의 설치 상태가 양호한가? • (조치사항) LNG 또는 LPG에 따른 가스경보기의 위치설치·상태·정상작동 여부 및 관련법에 의해 점검을 받았는지 확인한다. 필요시 가스경보기를 전문업체에 의뢰하여 이동설치·수리·교체하도록 한다. ※ 관련법: 소방시설의 설치 및 유지관리에 관한 법류 시행령 제15조
소방시설 관리	• 소화기, 스프링클러 등 소화장비의 관리 상태는 적합한가? • (조치사항) 소화기의 비치 위치, 압력 등의 적합한 관리 상태를 확인한다. 소화기는 연면적 33제곱미터 이상에 1대 이상을 비치한다. 또한, 공간의 제약성 등을 확인 후 필요시 추가로 비치한다. 소화기는 눈에 잘 띄는 곳에 위치하고 있는지를 확인하되 영유아 보행 시 충돌 방지를 감안하여 적절한 위치에 놓는다. 소화기는 압력 상태를 월 1회 이상 점검한다. 이상이 있는 것은 새것으로 교체하거나 소방전문업체에 점검을 의뢰한다. 스프링클러 설비의 정상적인 작동여부를 확인하고 필요시 소방전문업체에 수리·점검을 받도록 한다.
	• 자동화재 탐지설비의 설치 상태가 양호한가? • (조치사항) 자도화재 탐지설비가 있는 경우에 한하는 것으로 자동화재 탐지설비의 정상적인 작동여부를 확인하고 필요시 소방전문업체에 수리·점검을 받도록 한다.
	• 옥내소화전의 관리 및 작동 상태가 양호한가? • (조치사항) 옥외소화전설비가 있는 경우에 한하는 것으로 소화전 함의 내용물을 확인(관창 1, 호스 2), 방수 시 수평거리 17m 도달 시 정상이다. 옥내소화전설비의 정상적인 작동여부를 확인하고 필요시 소방전문업체에 수리·점검을 받도록 한다. ※ 소방시설의 설치·유지 및 안전관리에 관한 법률 제9조 등에 의거 소방시설을 유지·관리

구분	참고사항
비상대피 시설관리	• 비상계단 및 미끄럼대 등이 화재 등 유사시 사용이 가능한가? • (조치사항) 설치기준에 적합한 상태, 평상시 영유아가 개폐할 수 없는 상태, 유사시 용이한 개방 가능 등의 정상적인 작동 여부를 확인하고 필요시 전문업체에 수리·점검을 받도록 한다. ※ 관련법: 영유아보육법 시행규칙 제9조(별표1)
비상대피 시설관리	• 피난유도등 유도표지 등이 잘 갖추어져 있고 정상작동하는가? • (조치사항) 유도들 유도표지의 위치, 유도등의 상태·점등 등을 확인한다. 피난구 유도등의 경우 30m 거리에서 문자 및 색채 식별이 가능하여야 한다. 설치기준에 적합성 및 위치·작동 여부를 확인하고 필요시 전문업체에 수리·점검을 받도록 한다.
비상대피 시설관리	• 건물 내 대피경로에 장애가 되는 요소는 없는가? • (조치사항) 계단, 통로, 출입문 등 피난경로에 적치물 방치, 피난에 필요한 유효너비 확보, 비상출구의 잠금장치 설치 여부를 확인한다. 계단, 통로, 출입문 등 피난에 장애가 되는 물건 등은 즉시 이동조치한다. 계단·통로·출입구의 유효너비, 출입문의 개폐방향, 비상구의 잠금장치 등을 확인하고 시정조치 하도록 한다. ※ 관련법: 소방시설의 설치 및 유지관리에 관한 법률 시행령 제15조

출처: 어린이집안전공제회(2019). 어린이집 안전관리 백과: 실내·외 보육환경.

Activity

다음의 안전사고 사례를 살펴본 후, 적절한 해결방안을 생각해 보세요.

[사례]

"장난감을 밟아 넘어졌어요."

놀이를 마치고 정리 정돈 시간이 되었습니다. 아이들은 각자 자신이 가지고 놀았던 장난감들을 교구상자에 넣어 정리를 하였습니다. 희수도 계속 가지고 놀던 숫자놀이 교구를 상자에 넣어 정리했습니다. 다른 아이들보다 정리를 먼저 끝마친 희수는 "자, 이쪽으로 모이세요."라는 선생님 말씀을 들었습니다. 1등으로 정리하여 신이 난 희수는 **선생님에게 뛰어가다가 아직 정리되지 않은 장난감을 미처 보지 못하고 밟았습니다.** 미끄러져 넘어진 희수는 바닥에 입술을 부딪치고 다치게 되었습니다.

출처: 어린이집안전공제회(2019). 어린이집 안전사고 사례집 vol. 3. 서울: 어린이집안전공제회, 8.

생각해보아요.

1. 응급처치 방법

2. 환경관리 및 지도 방안

Solution

안전사고 대처법

1. 응급처치 방법

- 넘어짐 사고는 영유아가 넘어지면서 바닥이나 주변의 사물 등에 부딪혀 2차 사고가 일어날 수 있습니다. 무게중심이 상체 윗부분에 있기 때문에 먼저 부딪히게 되는 얼굴에 주로 상처가 많이 나고, 치아를 다치기도 합니다. 또 중심을 잡고 딛다가 손목이나 무릎 등이 골절되는 경우도 있습니다.
- 상처가 났을 때는 먼저 깨끗한 식염수로 상처 부위를 씻고 상해정도 등을 고려하여 응급처치하는 것이 바람직합니다.
- 속살이 보일 정도로 깊게 패거나 찢어졌다면 병원에 가서 봉합하는 것이 좋습니다.
- 찰과상 정도면 습윤밴드를 붙여주고 새살이 돋을 때까지 두는 것이 좋습니다.
- 영유아들 중에는 넘어진 후 울음을 터트렸다가 곧 멈추고 다시 아무렇지 않게 활동하는 경우도 있으니 교사는 지속적인 관찰 후 대처하는 것이 바람직합니다.

2. 환경관리 및 지도 방안

- 영유들이 신체조절 능력과 균형감각 향상을 위해 정기적으로 대·소근육 발달에 힘쓰도록 합니다. 또 영유아들이 급히 행동하여 넘어지는 경우가 많으므로 경쟁을 유발하지 않는 침착하고 안정된 학습 운영이 필요합니다.
- 넘어짐 사고에 대비하기 위해서는 영유아들의 움직임이 많은 유희실, 실내놀이실에는 완충제를 꼭 설치하도록 하며 어린이집 내의 기둥, 벽면, 모서리에도 안전장치가 필요합니다.
- 화장실, 현관, 계단 등에는 손잡이를 설치하며 보육실이나 복도 바닥에 물건이 놓여있지 않도록 수시로 정리합니다.

출처: 어린이집안전공제회(2019). 어린이집 안전사고 사례집 vol. 3. 서울: 어린이집안전공제회, 16-17.

참고문헌

국민안전처(2017). 어린이 장난감 안전사고 대부분 가정에서 발생. 보도자료.

어린이제품 안전 특별법(약칭: 어린이제품법). [시행 2017. 1. 28.] [법률 제13859호, 2016. 1. 27., 타법개정]

어린이집안전공제회(2019). 어린이집 안전관리 백과: 실내·외 보육환경.

이순형, 김혜라, 권기남, 김지현, 김진경, 김진욱, 서주현, 이정현, 최인화, 유주연, 안혜령, 이은중(2014). 놀이지도. 서울: 학지사.

행정안전부 어린이놀이시설 안전관리시스템(www.cpf.go.kr).

행정안전부(2021). 2020년 어린이놀이시설 중대사고 분석결과.

행정안전부(2024). 2023년 어린이놀이시설 이용 중 안전사고 분석 결과.

CHAPTER

10 약물오남용 안전교육

1 약물오남용의 개념 및 필요성

1) 약물오남용의 개념

세계보건기구(WHO)는 약물이란 의약품을 투여받은 사람의 생리 상태 또는 병적인 상태를 치료하거나 검사하기 위하여 사용하는 것으로 정의한다(이영환, 고선옥, 김경신, 김정희, 이수재, 2017).

약물의 사용·오용·남용이란 용어는 흔히 사용되는데, 이런 단어는 약물복용의 정도보다는 약물에 대한 사회의 가치판단에 의해서 결정된다. 약물의 오용(drug misuse)이란 의학적 목적으로 사용되지만, 약사나 의사의 처방을 따르지 않거나 처방된 약을 지시대로 사용하지 않는 것이다. 예를 들어 이전 질병에 사용했던 약을 다른 질병에 그대로 사용하는 일, 다른 사람이 처방받은 약을 사용하는 일, 유효기간이 지난 약을 사용하는 일, 약의 사용방법을 의사의 지시에 따르지 않는 일 등이다. 약물의 남용(drug abuse)이란 의학적 상식, 법규, 사회적 관습으로부터 어긋나게 사용하는 것, 뇌를 직접적으로 자극하여 뇌 기능을 비정상적으로 흥분, 억제, 마비시키기 위한 목적으로 사용하는 것이다. 예를 들어, 영유아가 커피나 진통제 등 약국 약을 자주 사용하는 일, 법으로 금지된 약물을 사용하는 일 등이다(어린이안전학교, 2021).

2) 약물오남용 예방교육의 필요성

상황 인지 능력이 미흡하고 주변 사물에 대한 호기심이 많은 영유아 발달의 특성상 약물오남용에 의한 안전사고는 주변에 방치되어 있는 생활용품의 위험에서 출발한다. 영유아 신체발달의 특성상 화학물질 흡수율이 매우 빠르기 때문에 안전사고에 더욱 민감하며 약물오남용 안전을 예방하기 위한 필요성이 제기된다. 약물로 인한 사회적 문제가 심각한 미국의 경우, 영유아기부터 약물오남용에 대한 거절 훈련인 'Say No' 프로그램을 운영하여 약물 거절 훈련을 실시한다는 점에서 영유아기 약물안전교육의 필요성을 알 수 있다(윤선화, 정윤경, 이경선, 2007). 약은 무조건 해롭지도, 무조건 이롭지도 않은 양면성을 지니고 있다. 그러므로 약을 올바르게 사용한다면 약에서 기대할 수 있는 최고의 효과를 누리면서 최소의 약물 유해반응을 기대할 수 있지만, 약을 잘못 사용한다면 독이 될 수도 있다. 따라서 질환에 맞게, 정해진 용량과 용법으로 필요한 기간만큼 약을 사용하는 것이 중요하며, 약물오남용에 대한 예방 교육을 통하여 약의 적절한 사용법에 대해서 알고, 약의 남용을 예방하는 능력을 길러 건강한 신체와 정신을 가진 바른 영유아로 자라도록 도움을 주어야 한다(어린이안전학교, 2021).

2 약물오남용 안전사고의 실태 및 유형

2023년 어린이 안전사고 동향 분석(한국소비자원 위해정보국 위해예방팀, 2024)에 따르면 어린이가 약물 중독 작용을 일으킨 위해사례는 2021년을 제외하고 매년 감소하고 있으며, 2023년 12건으로 전년 대비 2건(14.3%) 감소하였다.

| 표 10-1 | 연도별 중독사고 현황 (단위: 건)

구분	2019년	2020년	2021년	2022년	2023년	합계
중독사고	41	30	38	14	12	135

출처: 한국소비자원 위해정보국 위해예방팀(2024). 2023년 어린이 안전사고 동향 분석.

최근 5년간 영유아의 발달단계별로 중독사고 현황을 살펴보면 '걸음마기'가 83건으로 전체의 61.5%를 차지하여 가장 많았고, '학령기' 28건(20.7%), '영아기'는 13건(9.6%), '유아기' 11건(8.1%) 순으로 나타났으며, 성별로는 '남아'가 74건으로 54.8%, '여아'가 60건으로 44.5로 남아가 더 높게 나타났다.

| 표 10-2 | 발달단계별 어린이 중독사고 현황 (단위: 건, %)

구분	영아기(0세)	걸음마기(1~3세)	유아기(4~6세)	학령기(7~14세)	합계
남아	5	48	7	14	74 (54.8)
여아	7	35	4	14	60 (44.5)
미상	1	–	–	–	1 (0.7)
합계	13 (9.6)	83 (61.5)	11 (8.1)	28 (20.7)	135 (100.0)

출처: 한국소비자원 위해정보국 위해예방팀(2024). 2023년 어린이 안전사고 동향 분석.

품목별 중독사고 위해품목은 혈압약, 진통제, 감기약 등을 포함한 '의약품'이 54건(40.0%)로 가장 많았고, '의약외품(손소독제 등)' 18건(13.3%), '가정용 청소 및 세탁용품' 11건(8.1%)으로 세 가지 품목이 전체의 61.4%로 나타났다. 영유아는 호기심이 많아 새로운 물건을 탐색하려고 손에 잡히는 물건을 무조건 입으로 가져가는 경향을 보이므로 영유아에게 치명적인 위해를 입힐 수 있는 의약품, 가정용 청소 및 세탁용품 등을 영유아의 눈에 띄지 않도록 별도 장소에 보관하고 보관하는 곳에는 잠금장치를 설치하여야 한다(한국소비자원 위해정보국 위해예방팀, 2024).

| 표 10-3 | 어린이 중독사고 주요 위해품목(2019~2023년) (단위: 건, %)

주요 위해품목	중독사고
의약품	54 (40.0)
의약외품	18 (13.3)
가정용 청소 및 세탁용품	11 (8.1)
가정용 난방·환기용품	9 (6.7)
주방용구 및 용품	6 (4.4)
방향용 화장품	3 (2.2)
인체 세정용 화장품	3 (2.2)
의료용구	3 (2.2)
분식	3 (2.2)
배터리, 전지 및 액세서리	3 (2.2)

출처: 한국소비자원 위해정보국 위해예방팀(2024). 2023년 어린이 안전사고 동향 분석.

어린이 손소독제 안전사고는 2016~2019년에 연평균 2.5건 발생하였으나 국내 코로나19 감염병이 확산한 2020년에만 32건으로 전년 대비 966.7% 급증하여 해당 품목에 대한 모니터링 차원의 심층 분석이 필요하다.

| 표 10-4 | 손소독제에 의한 위해 현황 (단위: 건, %)

구분	2016년	2017년	2018년	2019년	2020년	합계
손소독제	2	2	3	3	32	42
전년대비 증감률		–	50.0	–	966.7	–

출처: 한국소비자원 위해정보국 위해예방팀(2021). 2020년 어린이 안전사고 동향 분석.

영유아의 발달단계별로 살펴보면 '걸음마기'가 22건으로 52.4%를 가장 많았고, 이어서 '유아기' 14건(33.3%), '학령기' 5건(11.9%), '영아기' 1건(2.4%) 순으로 나타났다.

| 표 10-5 | 발달단계별 어린이 손소독제 위해 현황(2016~2020년) (단위: 건, %)

구분		건수(비율)
취학전	영아기 (0세)	1 (2.4)
	걸음마기 (1~3세)	22 (52.4)
	유아기 (4~6세)	14 (33.3)
	소계	37 (88.1)
학령기(7~14세)		5 (11.9)
합계		42 (100.0)

출처: 한국소비자원 위해정보국 위해예방팀(2021). 2020년 어린이 안전사고 동향 분석.

위해 증상별로는 '결막염 또는 안구손상'이 19건(45.2%), 손소독제 삼킴사고로 인한 '체내 위험 이물질'이 9건(21.4%)으로 절반 이상을 차지하는 것으로 나타났다.

| 표 10-6 | 손소독제 위해증상별 현황(2016~2020년) (단위: 건, %)

위해증상	건수(비율)
결막염 또는 안구손상	19 (45.3)
체내 위험 이물질	9 (21.4)
구토	3 (7.1)
두드러기	3 (7.1)
(화학물로 인한) 화상	3 (7.1)
소화기계통 장기손상 및 통증	2 (4.8)
가려움	1 (2.4)
중독(약물, 가스, 화학물질 등)	1 (2.4)
찰과상	1 (2.4)
합계	42 (10.0)

출처: 한국소비자원 위해정보국 위해예방팀(2021). 2020년 어린이 안전사고 동향 분석.

3 약물오남용 예방과 안전교육

1) 약물이 우리 몸 안에서 움직이는 단계

(1) 약물이 몸 안에 흡수되는 단계: 흡수

흡수는 약물이 몸속에 들어가서 장에서 흡수되는 단계를 말한다. (먹는 약의 경우) 장의 상태나 약물의 종류, 음식물 등에 따라서 흡수되는 정도가 달라진다. 주사제는 장으로 흡수되지 않고 혈관이나 근육 등으로 들어가서 약물이 퍼지므로 먹는 약보다 흡수가 빠르다. 연고나 패치제 등은 피부를 통해서 흡수되며 흡입제의 경우 기관지를 통해서 흡수된다(의약품안전나라, nedrug.mfds.go.kr).

(2) 약물이 몸 전체로 퍼지는 단계: 분포

약물이 우리 몸속에 흡수가 되면 온몸에 퍼지는데 이를 분포라 하며 약물이 온몸에 퍼져야 비로소 약물이 필요한 부위에 도달하게 된다. 우리 몸의 약 3분의 2는 물 부분이므로 약물은 대부분 물 부분에 분포하지만, 약에 따라서 특정 부위에만 분포할 수도 있다. 분포는 약물이 단백질과 얼마나 결합하느냐에 따라 정도가 달라진다(의약품안전나라, nedrug.mfds.go.kr).

(3) 약물이 몸 안에서 변화되는 단계: 대사

약물이 몸속에 퍼져서 약물 그대로 있지 않고 몸속의 반응에 의해 변화되는 단계를 대사라고 한다. 어떠한 약물은 약효가 없는 성분으로 변환되고, 일부 약물은 변환되어 약효를 나타내기도 한다(의약품안전나라, nedrug.mfds.go.kr).

(4) 배설

배설은 약물이 몸 안에서 빠져나가는 단계를 뜻하며, 소변, 대변, 담즙, 땀 등을 통해서 빠져나가게 되고, 약물의 상태와 사람 상태에 따라 빠져나가는 정도는 달라진다. 담즙으로 배설되는 약물은 장에서 재흡수되기도 한다(의약품안전나라, nedrug.mfds.go.kr).

이렇듯 약물이 우리 몸속에 들어가면 흡수되고, 퍼지고, 변화되어서 빠져나가게 된다. 이 과정을 거치면서 질환이 있는 부분에서 약물의 효과가 나타나 치료된다(한국의약품안전관리원, www.drugsafe.or.kr).

2) 약을 올바로 복용하기 위해 알아야 할 점

(1) 용량

1회 또는 1일에 투여하는 약물의 양을 말한다. 환자의 성별, 나이, 체중, 키, 간의 기능, 신장의 기능 등에 따라 같은 질환, 같은 약물일지라도 용량이 다를 수 있다.

따라서 처방된 용량을 정확히 알아두는 것이 좋다. 일반의약품의 경우 약국에서 약을 살 때 설명을 잘 들은 후 포장지나 설명서를 참고하여 이에 맞게 사용한다.

(2) 제형

약물이 환자의 상태에 따라 효과를 높이고, 약물 유해반응을 최소화하는 것을 기대할 수 있게 약물의 상태를 달리한 것을 말한다. 온몸에 약물 효과가 필요할 경우 먹는 형태의 약물이 적합하고, 눈만 아플 경우는 안약이 적합하다. 또 빠른 효과를 기대해야 할 경우에는 주사제 등을 선택하는 것이 좋다.

(3) 약물 유해반응

약물 유해반응이란 본래의 약물에서 기대하는 효과가 아닌 다른 반응을 말한다. 아무리 용량과 용법에 맞게 약물을 사용했다고 해도 환자의 특성에 따라, 약물의 특성에 따라 약물 유해반응은 일어날 수 있다. 약물 유해반응이 일어났다고 해서 무조건 그 약이 나쁜 것은 아니다. 따라서 약물을 사용하는 도중에 생각하지 못했던 증상이 나타나는 경우에는 의사나 약사와 상담하는 것이 좋다.

3) 유해반응 발생 시 대처법

약을 복용하다가 유해반응이 생겼다고 판단되면 가능한 빠른 시일 내에 의사 또는 약사와 상담해야 한다. 약에 의한 반응인지 질병 자체의 증상인지 확인 후 계속 복용 여부를 판단해야 한다. 약물끼리 서로 영향을 줄 수 있고 질병의 상태를 변화시키기도 하므로 처방된 약 이외의 다른 약물을 복용하고 있거나 복용하려 할 경우 미리 상담하는 것이 좋다.

❙ 어린이 약물복용 안전수칙 ❙

1. 2세 미만의 영유아가 감기에 걸리면 반드시 의사의 진료를 받도록 한다.
2. 어린이에게 약을 먹이기 전에 무슨 약인지, 어린이 보호포장이 되어 있는지, 그리고 사용상의 주의사항을 먼저 확인한다.
3. 정해진 용량과 용법에 따라 어린이에게 약을 주고, 어린이가 혼자서 약을 먹게 하지 않는다.
4. 항생제의 경우 정해진 치료기간을 지켜서 복용한다.
5. 어린이에게 약을 사탕이라고 하거나, 어린이가 보는 앞에서 상시 복용하는 약을 복용하지 않는다. 호기심이 많은 어린이는 어른의 복용을 흉내 내거나 간식거리로 착각할 수 있다.
6. 의사 또는 약사와 상의 없이 다른 약을 함께 주지 않는다.
7. 어린이가 약을 먹는 동안 평소에 없던 증상이 나타나면 의사나 약사와 상의한다.
8. 영양제, 의약품은 반드시 의약품 보관함에 넣어 보관하고 어린이 손에 닿지 않도록 한다. 특히 약을 다른 용기에 옮겨 보관하지 않아야 하며, 식탁이나 TV 받침대 위에 약을 놓아두지 않는다.
9. 유통기한이 지난 약은 안전하게 관내 주민센터 등의 폐의약품 수거함에 버린다. 특히 물약은 알약, 가루약보다 더 쉽게 변질되므로 유통기한을 꼭 확인한다.

출처: 의약품안전나라, nedrug.mfds.go.kr

| 표 10-7 | 어린이를 위한 의약품 사용 안내

STEP 01	약 이름, 아이 이름 보고	약 이름, 아이 이름을 꼭 확인한다. • 약의 종류와 용량은 아이의 질병 상태와 체중에 따라 다르다. • 친구나 형제, 자매끼리 약을 나누어 먹이지 않는다.
STEP 02	정확한 용량 보고	약 투약 시 계량컵, 계량스푼 또는 의약품 주입기를 사용한다. • 어른을 기준으로 어린이 용량을 유추하여 먹이지 않는다. • 아이가 약을 먹은 시간과 용량을 적어두는 습관을 기른다.
STEP 03	유통기한 보고	유통기한이 지난 약은 과감하게 버린다. • 유통기한이 지난 약은 효과와 품질을 보장할 수 없다. • 특히 물약은 알약이나 가루약보다 더 불안정하여 오래 두면 성질이 변하기 쉽다는 점을 기억해 둔다.
STEP 04	보관장소 보고	어린이 손에 닿는 곳에 의약품을 보관하면 우발적인 중독사고의 원인이 된다. • 영양제를 포함한 모든 약은 반드시 잠금장치가 있는 장소나 어린이 손이 닿지 않는 장소에 보관한다.
STEP 05	부작용 보고	• 약을 복용한 후 부작용이 의심되면 한국의약품안전관리원으로 신고한다. • 응급 상황일 때에는 가까운 병원 응급실(응급의료센터) 또는 119 구급대로 전화한다.

출처: 한국의약품안전관리원, www.drugsafe.or.kr

영유아는 저항력이 약해서 쉽게 병에 걸리는 반면, 쓴맛의 약을 먹기 거부하거나 억지로 먹여도 토해 내는 경우가 많다. 또한, 신장의 약물 대사 능력이 낮아서 적은 양의 약물로도 쉽게 부작용이 나타나기도 한다. 따라서 영유아의 경우에는 부모나 교사가 병에 대한 지식과 올바른 약의 복용법을 익혀 효과적인 치료가 될 수 있도록 해야 한다(파주시 보건소, clinic.paju.go.kr). 약의 효과는 높이고 부작용을 최소화하기 위해서는 규칙적으로 복용해야 하며, 식후·식전·취침 전 등의 복용 시점과 같은 용법·용량을 지켜야 한다.

❙ 어린이 부작용 증상 및 대처방법 ❙

1. 부작용의 정의

의약품의 부작용이란 '정상적인 용량에 따라 의약품을 투여할 경우 발생하는 모든 의도되지 않은 효과'를 의미한다. 예를 들어 진통제를 먹은 후에 두드러기가 생기는 등 진통효과 와는 관련 없이 의도하지 않은 효과가 나타난다면 '부작용'이라고 할 수 있다.

출처: 한국의약품안전관리원(www.drugsafe.or.kr).

2. 부작용 증상과 대처방법

- 약물 복용 중 발진, 두드러기, 구토, 설사가 있는 경우 의사 또는 약사에게 연락한다.
- 항생제의 경우 약물 부작용을 일으키는 가장 흔한 약물 중 하나이므로 복용 후 특별히 주의를 기울인다.
- 약물복용 중 호흡할 때 쌕쌕거리는 숨소리가 나거나 숨쉬기가 어려울 때, 혹은 음식이나 물을 삼키기 힘든 상태가 나타나면 119를 부르거나 가까운 응급실로 아이를 데려간다.
- 만일 아이가 특정 음식이나 약물에 알레르기가 있는 경우 의사, 약사에게 진료나 투약 전 반드시 알려야 한다.
- 의심되는 부작용은 소비자가 한국의약품안전관리원으로 보고할 수 있다.

출처: 한국의약품안전관리원(www.drugsafe.or.kr).

3. 부작용 예방법

① 약물의 용법, 용량, 복용 방법을 숙지한다.

- 의사, 약사의 설명을 주의 깊게 듣고, 약 설명서와 약품의 라벨을 읽는다.
- 약물의 복용량과 복용 간격, 특별한 복용법(음식과 같이 복용 여부)을 숙지한다.
- 공복에 복용하는 경우는 식사 1시간 전 또는 식후 2시간 후에 복용하면 된다.
- 약물의 복용량은 일반적으로 나이보다는 몸무게를 우선하여 고려한다.
- 항생제 처방을 받으면 증상이 호전되어도 항생제 내성 방지를 위해 처방받은 날짜까지 복용시키는 것이 맞다.
- 외용제의 경우 사용 전 흔들어야 효과를 발휘하는 약품도 있으므로 정확한 지시사항을 지킨다.
- 아이에게 약이 사탕이라고 말해 투여하는 경우 약물의 과다복용을 유발할 수 있으므로 아이에게 절대 혼동되는 정보를 주지 말아야 한다.
- 어른의 지시하에서만 복용하도록 주의한다.
- 아이가 약물을 토하는 경우 반복 투약하지 말고 의사나 약사에게 연락한다.

② 약물 상호작용의 가능성을 생각해야 한다.

- 처방받은 약물의 이름을 알고 있는 것이 중요하다.
- 처방받은 약물의 이름을 알고 있음으로써 약물의 중복투약을 방지할 수 있다.
- 일반의약품도 약물 상호작용의 가능성이 있으므로 반드시 의사나 약사에게 복용 중인 약을 알려주어야 한다.

출처: 약바로쓰기운동본부(www.paadu.or.kr)

| 투약의뢰서(예시 1) |

투약의뢰서	투약확인서
금일 투약을 의뢰합니다.	자녀의 투약을 보호자의 의뢰에 따라 아래와 같이 투약하였음을 알려드립니다.
원 아 명: 원아증상:	원 아 명: 원아증상:
약의종류: □물약 □가루약 □연고	약의종류: □물약 □가루약 □연고
보관방법: □상온 □냉장	보관방법: □상온 □냉장
투약시간: 시 분	투약시간: 시 분
투약횟수: 회 투약용량:	투약횟수: 회 투약용량:
20 년 월 일 요일	20 년 월 일 요일
투약으로 인한 책임은 보호자(의뢰자)가 집니다.	담당자 (사인)
의뢰자 (사인)	○○○ 어린이집

출처: 보건복지부(2021). 2021년도 보육사업안내.

투약의뢰서

금일 자녀의 투약에 대해 어린이집 선생님께 의뢰합니다.

반　　명	
원아 이름	
증　　상	
약의 종류	
약의 용량	
투약 시간	

년　　월　　일　　요일

의뢰자　　　　(사인)

*투약에 대한 책임은 의뢰자가 집니다.

투약확인서

금일 본원의 ○○○어린이에 대해 의뢰하신 내용대로 투약하였음을 알려 드립니다.

년　　월　　일　　요일

담당교사　　　　(사인)

기타 특이 사항	

○○○어린이집

출처: 보건복지부(2021). 2021년도 보육사업안내.

Activity

어린이 손소독제 안전사고는 2016~2019년에 연평균 2.5건 발생하였으나 국내 코로나19 감염병이 확산한 2020년에만 32건으로 전년 대비 966.7% 급증하여 손소독제 품목에 대한 모니터링 차원의 심층 분석 필요합니다.

발달단계별로는 '걸음마기'가 22건으로 52.4%를 차지하였고 이어서 '유아기' 14건(33.3%), '걸음마기' 992건(14.8%), '학령기' 5건(11.9%) 순으로 나타나고 있습니다.

이러한 손소독제 안전사고를 예방하기 위한 대처방안에 대해 생각해 보세요.

☑ 최근 5년간 주요 사례

[손소독제 안구 유입 사례]

- 2020년 7월 정○○(남, 만 6세)은 가게에서 선반 위에 놓여 있는 손소독제를 누르다가 눈에 튀어 각막에 화학화상이 발생하여 치료받음.
- 2020년 9월 김○○(여, 만 2세)은 아파트 엘리베이터 안에서 손소독제를 사용하다 눈에 튀어 안구 손상을 입고 치료받음.

[손소독제 삼킴 사례]

- 2019년 6월 장○○(남, 만 2세)은 손소독제를 삼켜 소화계통의 장기손상을 입고 치료 받음.
- 2020년 12월 김○○(여, 만 4세)은 가정에서 손소독제를 삼킨 후 목의 불편감과 복부 통증으로 치료받음.

출처: 한국소비자원 위해정보국 위해예방팀(2021). 2020년 어린이 안전사고 동향분석. 44-46.

생각해보아요.

Solution

손소독제 안전사고 예방을 위한 소비자 주의사항

1. 손소독제 관련 어린이 교육
   - 손소독제가 눈·코·입에 들어가면 위험하므로 조심스럽게 사용하고 장난을 치지 않습니다.
   - 가정에서는 손소독제보다는 물과 비누를 이용하여 손을 씻도록 합니다.
   - 엘리베이터 등 공공장소에 비치된 손소독제를 사용할 경우 반드시 보호자의 도움을 받도록 합니다.

2. 손소독제 선택과 관리
   - 어린이가 있는 가정에서는 음료·젤리 등으로 오인하기 쉬운 용기, 캐릭터가 들어 있거나 식품향 등이 첨가되어 호기심을 자극할 수 있는 제품은 가급적 피합니다.
   - 펌프형 제품은 분출구가 곡선으로 구부러진 제품을 선택하여 평평한 장소에 비치하고 노즐 내에 소독제가 굳지 않도록 깨끗이 관리합니다.

3. 손소독제 사용 중 주의사항
   - 펌프형 제품은 눈높이 아래에 두고 천천히 부드럽게 눌러 사용합니다.
   - 스프레이형 제품은 눈에서 멀리 떨어뜨려 사용합니다.
   - 제품 도포 후 양손을 충분히 비벼 완전히 건조시키도록 합니다.
   - 손소독제 사용 직후에는 눈·코·입 등 얼굴을 만지지 않습니다.
   - 화재의 위험이 있으므로 손소독제 사용 직후에는 촛불을 켜거나 전기용품 등을 만지지 않습니다.

4. 손소독제가 눈에 들어갔을 경우 응급처치 방법
   - 절대 눈을 비비거나 만지지 않습니다.
   - 손소독제가 들어간 눈의 방향으로 얼굴을 옆으로 기울이고 생리식염수 또는 물을 눈 안쪽에서 바깥쪽으로 부드럽게 흘려보냅니다.
   - 응급처치 후 즉시 응급실 또는 안과에 내원하여 치료받습니다.

출처: 한국소비자원 위해정보국 위해예방팀(2021). 2020년 어린이 안전사고 동향분석. 47.

참고문헌

보건복지부(2021). 2021년도 보육사업안내. 세종: 보건복지부.

약바로쓰기운동본부, www.paadu.or.kr

어린이안전학교, www.go119.org

윤선화, 정윤경, 이경선(2007). 유치원 안전사고 대비 응급처치 매뉴얼. 한국생활안전연합.

의약품안전나라, nedrug.mfds.go.kr

이영환, 고선옥, 김경신, 김정희, 이수재(2017). 아동안전관리. 서울: 창지사.

파주시 보건소, clinic.paju.go.kr

한국소비자원 위해정보국 위해 예방팀(2024). 2023년 어린이 안전사고 동향 분석.

한국의약품안전관리원, www.drugsafe.or.kr

CHAPTER 11

응급처치

1 응급처치의 개념 및 필요성

응급처치란 위급한 상황으로부터 자신을 지키고, 뜻하지 않은 사고 발생 시 전문적인 의료 서비스를 받기 전까지 적절한 처치와 보호를 통해 고통을 덜어주고 생명을 구할 수 있도록 돕는 활동을 의미한다. 다양한 연령을 교육하는 기관에서 발생할 수 있는 안전사고 및 응급 상황에서 최초 반응자로서의 역할을 담당하는 교사는 사고를 예방하기 위해 철저한 사전 대책과 감독이 필요하고, 뜻밖의 사고 발생 시 올바르게 대처할 수 있는 방법을 습득하고 있어야 한다(박혜실, 2017).

1) 응급 상황 시 대처방법

(1) 당황하지 않고 사고의 원인을 파악하여 필요한 조치를 취한다.

안전사고가 발생하면 우선 교사 자신이 당황하지 않는 것이 무엇보다 중요하다. 교사가 당황하게 되면 사고를 당한 영유아나 나머지 영유아들이 함께 당황해하거나 더 불안해할 수 있다.

사고를 파악할 때에는 누가 어떻게 다쳤는지, 그 현장에 남아 있는 위험이나 또 다른 사고의 위험은 없는지 판단한다.

(2) 다친 영유아의 부상 정도를 파악하여 적절한 대처법을 실시한다.

(3) 119나 응급실에 구조를 요청한다.

(4) 부모에게 연락을 취한다.

(5) 남은 영유아를 안심시킨다.

(6) 사고보고서를 작성한다.

어린이집의 원장은 영유아에게 질병·사고 또는 재해 등으로 인하여 위급 상태가 발생한 경우 즉시 응급의료기관에 이송하여야 한다.

출처: 영유아보육법 제31조 ② [시행 2021. 12. 9.] [법률 제18217호, 2021. 6. 8., 일부개정]

영유아보육법 제31조(건강관리 및 응급조치)에 따른 건강진단 또는 응급조치 등을 이행하지 아니한 경우에는 법56조에 따라 과태료를 부과한다.

출처: 영유아보육법 시행령 [별표 2] 〈개정 2021 3. 2.〉

2) 응급 상황에 대처하는 교사의 자세

(1) 모든 교사는 기도 확보와 심폐소생술 등의 응급처치법에 관한 교육을 받도록 한다.

(2) 교사의 손이 쉽게 닿는 곳에 필요한 물품이 갖추어진 구급상자를 준비한다. 구급상자에는 응급전화번호, 약품의 사용방법 등을 부착한다.

(3) 영유아의 비상연락망, 응급 시 도움을 요청할 수 있는 기관의 전화번호와 응급 절차, 과정 목록 등을 전화기 옆에 비치한다.

(4) 야외활동을 나갈 때 교사는 휴대용 구급상자와 비상연락망을 준비한다.

(5) 응급 상황 발생 시 조치에 대한 부모동의서를 받도록 한다.

출처: 어린이집안전공제회(2021). 2021 어린이집 보육교직원 안전교육 기본과정.

3) 안전사고 발생 시 부모와의 소통 요령

(1) 응급처치 후 즉시 부모에게 연락하여 사고에 대해 상세히 설명한다.

장소 및 위치, 상황(어디서 무엇을 어떻게), 영유아의 상태, 응급조치, 병원 방문 등을 상세히 설명한다.

예 "어머님, ○○의 네 번째 손가락 두 번째 마디 부분에 5cm 정도 베이는 상처가 생겨서 바로 지혈을 하고 소독을 한 다음에 밴드를 붙여주었습니다. 친구랑 함께 놀이를 하던 중에 친구가 ○○의 가위를 사용하자 ○○이 ◎◎ 것이라고 이야기하며 되가져오는 중에 잘못 건네받아 상처가 생겼어요. 처음에 피를 보자 조금 놀라긴 했는데 소독을 하고 밴드를 붙여주니 금세 방긋 웃으며 친구와 놀이를 하고 있습니다."

(2) 부모와 충분히 소통한다.

① 사고로 인해 놀랐을 부모의 감정에 공감한다.

② 부모의 감정이 가라앉을 때까지 경청한다.

③ 사고가 난 날 저녁, 부모에게 연락하여 아이의 상태를 묻고 사고에 대한 유감을 표명한다.

예 "많이 속상하시죠?"
"우리 ○○는 지금 집에서 어떤가요?"
"어린이집에서 더욱 신경 써서 돌봐야 하는데 앞으로는 더욱 즐겁게 생활할 수 있도록 하겠습니다."

(3) 사고가 일어난 후 지속적으로 부모와 소통한다.

① 영유아가 등원하지 않았을 경우 현재 상태와 어린이집 등원이 가능한 날을 확인한다.

② 영유아가 등원한 경우 어린이집에서 주의해야 할 사항에 대해 등·하원 시 부모에게 물어보고, 원에서 보낸 하루 생활에 대해 이야기한다.

(4) 부상 시 후속 정보를 알아보고 이를 부모에게 전달한다.

학교안전공제회나 어린이집안전공제회에서 보상과 관련한 절차 및 제출 서류 등을 확인하여 학부모에게 전달한다.

| 응급처치의 기본 원칙 |

- 응급처치를 하는 사람 자신부터 안전을 확보해야 한다. 구조자가 위험한 상태에서 환자에게 달려드는 것은 양쪽 다 해로운 일이다.
- 언제나 신속, 침착, 질서 있게 대처해야 한다.
- 여러 환자가 있는 경우 긴급한 환자부터 처치해야 한다.
- 이송이 필요한 상태라면 지체 없이 119에 신고하여 도움을 받아야 한다.

응급환자 신고 시 전달할 기본 정보

① 환자가 발생한 위치, 주소 및 전화번호
② 응급 상황이 발생한 경위와 환자 상태
③ 주위의 위험 요소 유무(화재, 사고, 위험물질 등)
④ 환자의 수

- 치료가 끝날 때까지 가급적 음식물을 주지 말아야 한다. 특히 무의식 환자에게 음식물을 제공하는 것은 기도를 막아 숨을 못 쉬게 할 수 있으므로 절대 금지해야 하며, 심각한 손상, 심한 출혈 등 수술이 필요한 환자에게 음식물 제공은 수술 시작시간을 지연시킬 수 있다.
- 부상자 운반 시 제대로 고정하지 않고 이송하는 행동은 상태를 악화시킬 수 있다.

출처: 어린이집안전공제회(2021). 2021 어린이집 보육교직원 안전교육 기본과정.

2 응급처치의 행동 단계

응급 상황 시의 행동 단계는 다음과 같다.

1) 현장조사(Check)

- 현장은 안전한가?
- 무슨 일이 일어났는가?
- 얼마나 많은 사람이 다쳤는가?
- 환자 주위에 긴박한 위험이 존재하는가?
- 우리를 도울 수 있는 다른 사람이 있는가?
- 환자의 문제점은 무엇인가?

2) 119 신고(Call)

- 전화 거는 사람의 이름
- 무슨 일이 일어났는지?
- 얼마나 많은 사람이 다쳤는지?
- 환자의 부상 상태는 어떠한지?
- 응급 상황이 발생한 정확한 장소

3) 처치 및 도움(Care)

- 신분을 밝히고 동의를 구한다.
- 환자를 안심시킨다.
- 편안한 자세를 취하게 한다.
- 환자의 호흡과 의식을 확인한다.
- 2차 손상을 주의한다.

출처: 대한적십자사(2011). 심폐소생술.

3 영유아를 위한 심폐소생술

1) 심폐소생술의 개념

심폐소생술(CPR, cardiopulmonary resuscitation)이란, 호흡이나 심장박동이 멈추었을 때 인위적으로 호흡을 유지하고 혈액순환을 유지해 주는 응급처치법(대한적십자사, 2011)으로 심폐소생술의 목적은 심장정지가 발생한 사람에게 전문 소생술이 시행되기 전에 인공순환과 인공호흡을 제공하여 환자의 심장박동이 회복될 때까지 뇌와 심장에 산소를 공급하는 것이다. 영유아 심정지 원인은 성인과 달리 주로 급성기도 폐쇄, 호흡 마비나 손상, 영아돌연사증후군, 패혈증 등의 원인으로 발생한다(어린이집안전공제회, www.scia.or.kr).

2) 심폐소생술의 중요성

심장마비를 목격한 사람이 즉시 심폐소생술을 시행하게 되면 심폐소생술을 시행하지 않은 경우에 비해 심장마비 환자의 생명을 구할 수 있는 확률이 3배 이상 높아진다. 또한, 심폐소생술을 효과적으로 시행하면 그렇지 않은 경우에 비해 심장마비 환자의 생존율이 3배가량 높은 것으로 조사되었다. 따라서 모든 사람이 심폐소생술을 배운 후 응급 상황에서 이를 효율적으로 시행한다면 수많은 심장마비환자의 생명을 구할 수 있다.

그러나 심장마비로부터 살아나는 사람 중 적절한 시기에 효과적으로 심폐소생술을 받지 못하는 경우에는 비록 생존하더라도 대다수가 심한 뇌손상으로 고통을 받는다. 뇌손상으로 인해 회복된 후에도 의식이 없거나 심장마비 이전의 지능을 회복하지 못해 직장이나 사회생활로 복귀하지 못하는 경우가 많다. 우리가 배우고자 하는 심폐소생술은 심장마비환자의 뇌 손상을 줄이는 데 결정적인 역할을 하며, 궁극적으로는 심장마비환자의 생명을 구하는 소중한 치료법이다(대한심폐소생술협회, www.kacpr.org).

3) 영유아의 심폐소생방법

(1) 영아 및 유아의 심폐소생방법

소아 심장정지에서 기본소생술은 자발순환의 회복 및 생존율에 가장 큰 영향을 주며 그 시작은 생존사슬의 첫 단계인 심장정지의 예방에 있다. 심장정지의 생존사슬은 심장정지의 인지 및 구조 요청으로 시작하지만, 이에 앞서 심장정지의 예방은 병원 밖에서의 손상 예방과 안전을 위한 여러 제도적 장치부터 출발하고 병원 내에서는 조기경보체계 등을 활용하여 심장정지 상태가 되지 않도록 하는 노력이 중요하다. 소아에게도 일반인에 의한 신속하고 효과적인 심폐소생술은 성공적인 자발순환회복과 신경학적 회복에 도움이 된다.

영아와 소아에서는 심실세동에 의한 심정지보다 질식성 심정지가 훨씬 흔하기 때문에 영유아 소생술에서는 인공호흡이 매우 중요하다. 소아 기본소생술의 경우 영아와 만 8세 미만의 소아에게 모두 적용한다(영아: 만 1세 미만의 아기 / 소아: 만 1세부터 만 8세 미만까지).

출처: 질병관리청, 소방청, 대한심폐소생협회(2020). 2019년 급성심장정지 발생 현황 및 2020년 한국형 심폐소생술 가이드라인 개정 발표. 보도자료.

| 그림 11-1 | 소아 (병원 밖) 심장정지생존사슬

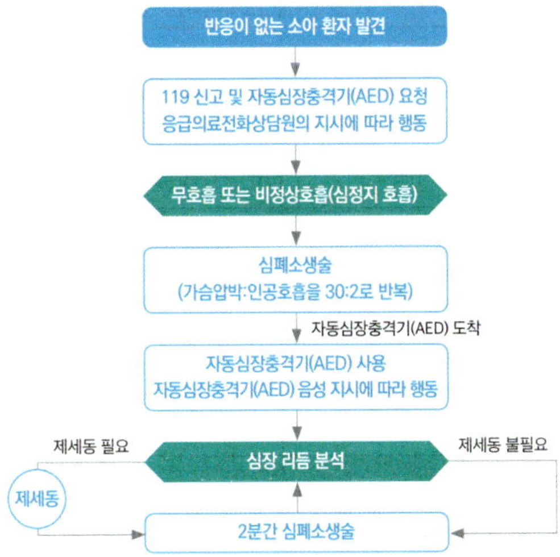

출처: 어린이집안전공제회(2021). 2021 어린이집 보육교직원 안전교육 기본과정.

| 그림 11-2 | 기본소생술 흐름도

| 표 11-1 | 연령별 심폐소생술의 절차

<table>
<tr><th colspan="2"></th><th>성인</th><th>소아</th><th>영아</th></tr>
<tr><td colspan="2">심정지의 확인</td><td colspan="3">무반응
무호흡 혹은 심정지 호흡
10초 이내 확인된 무맥박(의료제공자만 해당)</td></tr>
<tr><td colspan="2">심폐소생술의 순서</td><td colspan="3">가슴 압박 – 기도유지 – 인공호흡</td></tr>
<tr><td colspan="2">가슴 압박 속도</td><td colspan="3">최저 분당 100회 이상(최고 120회 미만)</td></tr>
<tr><td colspan="2">가슴 압박 깊이</td><td>적어도 5㎝ 이상
(6㎝ 넘지 않도록)</td><td>가슴 앞뒤 두께의
1/3 이상 (대략 5㎝)</td><td>가슴 앞뒤 두께의
1/3 이상 (대략 4㎝)</td></tr>
<tr><td colspan="2">가슴 압박 위치</td><td colspan="2">가슴뼈 아래 절반</td><td>양쪽 젖꼭지 이은
가상의 선 바로 아래</td></tr>
<tr><td colspan="2">가슴 이완</td><td colspan="3">가슴 압박 사이에는 온전한 가슴 이완</td></tr>
<tr><td colspan="2">가슴 압박 중단</td><td colspan="3">가슴 압박의 중단은 최소화(불가피한 중단은 10초 이내)</td></tr>
<tr><td colspan="2">기도유지</td><td colspan="3">머리 기울임–턱 들어 올리기(head tilt–chin lift)</td></tr>
<tr><td rowspan="2">가슴 압박
대 인공호흡
비율</td><td>전문기도
확보 이전</td><td>30:2</td><td colspan="2">30:2(1인 구조자)
15:2(2인 구조자, 의료제공자만 해당)</td></tr>
<tr><td>전문기도
확보 이후</td><td colspan="3">가슴 압박과 상관없이 2~3초마다 인공호흡</td></tr>
<tr><td colspan="2">일반인 구조자</td><td>가슴 압박 소생술 시행</td><td colspan="2">심폐소생술</td></tr>
</table>

출처: 어린이집안전공제회(2021). 2021 어린이집 보육교직원 안전교육 기본과정.

| 그림 11-3 | 영유아 심폐소생술

1. 의식확인

- 먼저 영유아의 의식을 확인하기 위해 발바닥을 두드리며 소리침
- 의식이 없고 숨만 간신히 쉬고 있는 상태라면 즉시 119에 신고

2. 119 신고

- 누군가와 함께 있을 경우, 심폐소생술을 시행하는 동안 다른 한 사람은 119에 신고
- 혼자 있을 경우, 큰 소리로 도움을 청한 뒤 119 구급대에 전화하여 응급 의료 상담원의 지시를 따름

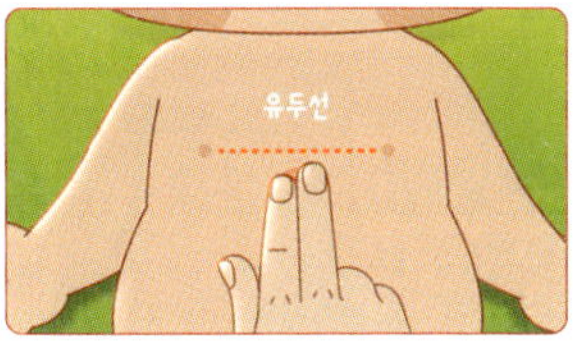

3. 심폐소생술(유두선 긋기)

- 심폐소생술을 시행하기 위해 영유아를 편평하고 딱딱한 바닥에 바르게 누인 후 옷을 벗겨 가슴을 드러냄
- 영유아의 고개를 움직이지 않게 유지하며 젖꼭지 사이를 연결하는 가상의 선인 유두선을 그음
- 그리고 둘째, 셋째 손가락의 첫마디를 유두선 중앙 아래에 위치시킴

4-1. 영아 심폐소생술

- 영아의 이마를 눌러 기도를 확보하고 유두선 중앙 아래를 가슴 높이의 1/3인 4cm 깊이로, 분당 100회에서 120회 속도로 중단 없이 강하고 빠르게 30회 누름

4-2. 소아 심폐소생술

- 한 손 또는 두 손을 사용하여 가슴 높이의 1/3인 5cm 깊이로, 분당 100회 속도로 30회 압박
- 손가락이 아닌 손바닥의 아랫부분을 소아의 흉골 부위에 놓고 압박

5. 기도확보

- 영아는 머리가 몸통에 비해 크기 때문에 평상시 고개가 약간 숙여져 있음
- 기도를 확보할 땐 고개를 15도만 들어 정면을 보게 함

6. 인공호흡

- 영유아의 입을 벌려, 입과 코가 한 번에 덮이고 가슴 부위 상승이 눈으로 확인될 정도로 1초 동안 약하게 숨을 불어 넣음
- 이대로 인공호흡을 2회 실시

주의) 1. 가슴 압박과 인공호흡은 같이 하지 않음
2. 인공호흡을 과도하게 하지 않음

7. 반복실시

- 119구급대가 도착하기 전까지 심폐소생술과 인공호흡을 반복
- 만약 환아가 스스로 숨을 쉬거나 의식을 찾으면 심폐소생술을 중단

출처: 어린이집안전공제회(2015). 영아 심폐소생술(영상). youtu.be/fuYlfeZABgg

| 표 11-2 | 코로나19 등 감염질환 유행 시(코로나19[의심]환자)의 일반인 구조자용 심폐소생술 방법

구분	내용
실시 전 준비	• 보건용 마스크(가능한 KF94) 착용 • 환자의 얼굴에 가까이 가지 않도록 주의하면서 호흡 등 반응 확인
실시 중 주의	• 119 신고 및 자동심장충격기 요청 • 스피커폰 통화 상태로 구급상황(상담) 요원 조언에 따라 조치 • 여분의 마스크가 있으면 환자에게 사용 • 환자의 코와 입을 천 또는 수건으로 덮기 • 인공호흡 금지, 가슴압박만 시행
실시 후 조치	• 가능한 한 빨리 비누와 물 또는 손세정제를 이용하여 손 씻기 • 지역 보건소에 연락하여, 코로나19 검사를 받는 등 보건소 조치사항 이행

출처: 질병관리청, 소방청, 대한심폐소생협회(2020). 2019년 급성심장정지 발생 현황 및 2020년 한국형 심폐소생술 가이드라인 개정 발표. 보도자료.

(2) 자동제세동기(AED) 사용방법

자동제세동기(Automated External Defibrillator, AED)는 심정지 환자의 심장리듬을 자동으로 분석하여 제세동 시행의 필요성을 시술자에게 시청각 정보로 알려주며, 설정된 제세동 에너지를 충전하여 시술자로 하여금 제세동을 시행하도록 유도한다. 이러한 자동제세동기는 의식과 정상적인 호흡이 없는 심정지 환자에게만 사용하여야 하며, 기본 소생술 시행 중에 자동제세동기가 도착한다면 지체 없이 심정지 환자에게 적용하여야 한다. 자동제세동기를 적용할 때에도 다른 구조자가 함께 있다면 가능한 한 기본 소생술을 중단하지 않는 것이 바람직하며, 자동제세동기의 적용 순서는 다음과 같다(대한적십자사, 2011).

| 그림 11-4 | 자동제세동기(AED) 사용법

1. 전원 켜기

• 자동심장충격기(AED)의 전원을 켠다.

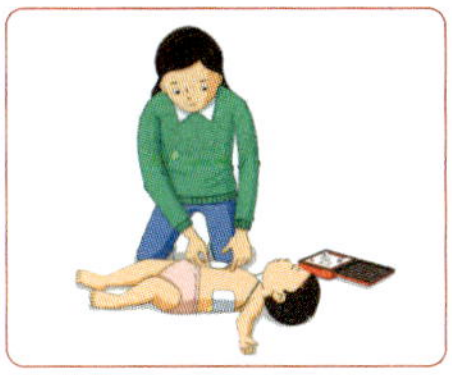

2. 두 개의 패드 부착

- 유아의 경우 우측 패드는 오른쪽 빗장뼈 밑에, 좌측 패드는 왼쪽 중간 겨드랑이 밑에 붙인다.
- 영아의 경우 좌측 패드는 가슴 앞에, 우측 패드는 등에 부착한다.

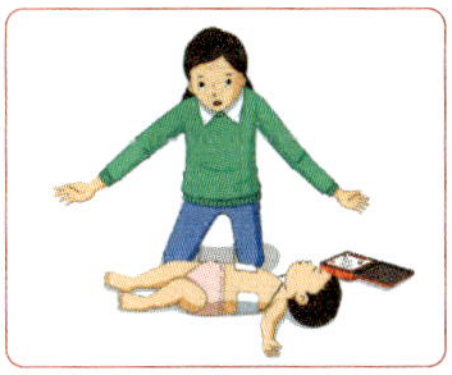

3. 심장 리듬 분석

- 물러나라는 신호가 나오면, 모두 물러나게 한다.

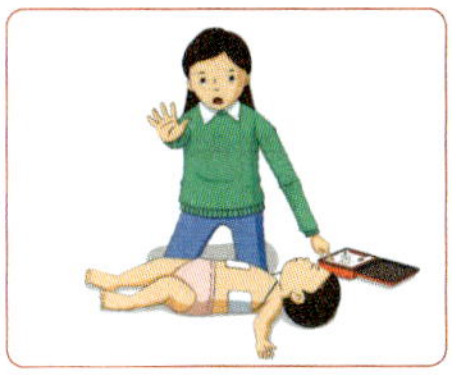

4. 제세동

- 분석결과 '쇼크가 필요하다'라는 신호가 나오면 자동으로 충전이 된다. 충전이 완료되기 직전에 다시 물러나라는 신호가 나오면 모두 물러나게 하고, 몸무게 1kg당 2~4J로 쇼크 버튼을 누른다.

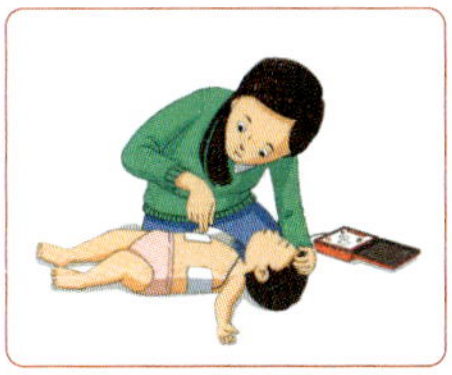

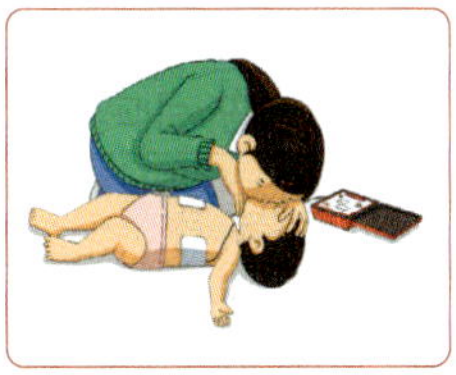

5. 즉시 가슴압박 시

- 쇼크가 끝나면 즉시 가슴압박을 시작한다.
- 자동심장충격기(AED)는 2분 후 자동으로 다시 분석 단계를 시작한다.

출처: 어린이집안전공제회(2019). 어린이집 안전가이드북.

소아는 심실세동으로 심정지가 발생되는 경우가 성인보다 적은 것으로 알려져 있다. 그러나 선천성 심장병이 있는 소아에게 심정지가 갑자기 유발되는 경우와 같이 심장성 원인에 의한 심정지가 의심되는 경우에는 소아도 성인과 마찬가지로 자동제세동기를 사용하여야 한다.

소아는 성인에 비하여 작은 에너지로 제세동을 실시하기 때문에 소아용 자동제세동기를 사용하여야 하며, 기기에 따라 소아 및 성인용 선택 버튼을 이용하여 제세동 에너지 용량을 변경시키는 경우도 있다. 마찬가지 이유로 성인에 비하여 크기가 작은 소아용 전극을 사용하여야 하며, 전극을 부착하는 위치 및 자동제세동기의 사용 방법은 성인과 같다. 소아용 전극이 없는 경우에는 성인용 전극을 대신 사용할 수도 있으나, 양 전극이 서로 맞닿지 않도록 하여야 한다. 심정지 영아를 대상으로 한 성공적 임상연구에 의해 1세 미만 영아에게도 소아 제세동 용량으로 에너지를 감쇄하거나 소아용 전극을 부착하여 자동제세동기를 적용할 수 있으며 구비되지 않을 경우에는 성인용 전극도 적용할 수 있다(대한적십자사, 2011).

4 상황별 응급처치

1) 기도 이물

기도가 막힌 경우 음식물이나 사탕, 장난감 등이 기도로 넘어가 호흡이 막히고 얼굴이 창백해지며 목을 감싸 쥐고 괴로워할 때, 즉시 119에 연락하고 응급처치(하임리히법, Heimlich maneuver 등)를 실시하여야 한다. 이물 제거 시술 도중 반응이 없으면 심폐소생술을 시작하는데 가슴 압박 후 호흡을 하기 전에 입안을 들여다보아 이물질이 보이면 손가락을 사용하여 이물을 꺼낸다. 하지만 입안에 이물이 보이지 않을 때 손가락을 넣어 이물을 빼내려고 하면 이물을 인두 내로 더 깊게 밀어 넣게 되거나 인두에 손상을 줄 수 있어 빼내려고 하면 안 된다.

부분적으로 기도가 막힌 경우 기침을 하도록 유도하고 119에 신고하여 병원을 속히 방문한다. 기도가 완전히 막힌 경우 주위 다른 사람에게 119 신고를 부탁하고 아래의 응급처치를 시행해야 한다(어린이집안전공제회, 2021).

| 표 11-3 | 이물에 막힌 것으로 의심할 수 있는 증상

기도가 완전히 막힌 경우	기도가 부분적으로 막힌 경우
• 말을 하지 못함 • 기침을 해도 기침 소리가 나지 않음 • 숨을 못 쉼 • 청색증이 생기고 의식 흐려짐	• 말을 함 • 기침하면 기침 소리가 남 • 호흡이 가능 • 의식이 온전함

출처: 어린이집안전공제회(2021). 2021 어린이집 보육교직원 안전교육 기본과정.

(1) 1세 미만의 영아를 위한 응급처치(12개월 미만)

① 아기를 왼쪽 팔에 엎어 올려놓고 아기의 목과 머리를 받혀서 잡는다.

② 오른쪽 손바닥으로 아기의 어깻죽지 사이를 빠르고 힘 있게 4번 연속해서 때려 준다.

③ 위의 방법으로 이물질이 튀어나오지 않으면 아기를 딱딱한 바닥에 바로 눕히고 아기의 가슴 중앙의 벼 있는 부위(흉골)를 손가락 2개로 힘 있게 4차례 눌러준다. 이때, 너무 세게 누르면 갈비뼈가 부러질 수 있으므로 주의한다.

④ 그래도 숨을 쉬지 못하면 똑바로 눕힌 상태에서 엄지와 검지로 아기의 양 볼을 눌러서 입을 벌린 후 가제나 수건으로 혀를 잡아당겨서 아기가 숨을 쉴 수 있도록 기도를 확보한다.

⑤ 이렇게 해도 이물질이 깊숙이 들어가서 호흡곤란이 해결되지 않는다면 즉시 아기의 입과 코를 교사의 입으로 덮은 채 숨을 불어 넣어 인공호흡을 시키면서 서둘러 응급실로 간다.

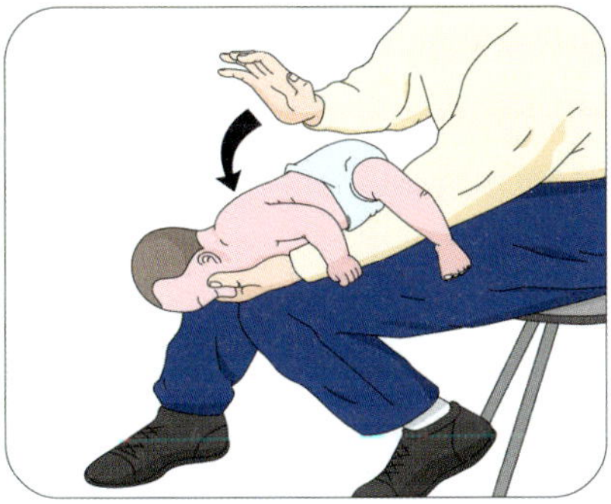

출처: 영등포 보건소(www.ydp.go.kr)

| 그림 11-5 | 영아 하임리히법

〈참고〉 영아 하임리히법
출처: 행정안전부 동영상 youtu.be/tqOA0TEd4Sk

(2) 1세 이상의 영아를 위한 응급처치

① 응급처치로 이물질이 튀어나오지 않으면 영아를 딱딱한 바닥에 똑바로 눕힌 후에 명치와 배꼽 사이에 교사의 한쪽 손바닥을 대고 그 위에 다른 손을 얹은 후 아래에서 위로 쓸어 올리듯이 밀어 올리며 몇 차례 재빨리 눌러 준다(간이나 갈비뼈가 상할 수 있으므로 너무 심하게 누르는 것은 금물).

② 영아가 계속 숨을 쉬지 못하면 입을 벌리게 한 후 혀를 잡아당겨서 숨을 쉴 수 있게 한다.

③ 그래도 숨을 쉬지 못하면 인공호흡과 복부 압박을 각각 6~10회 반복하면서 119의 신고 또는 얼른 응급실로 옮긴다.

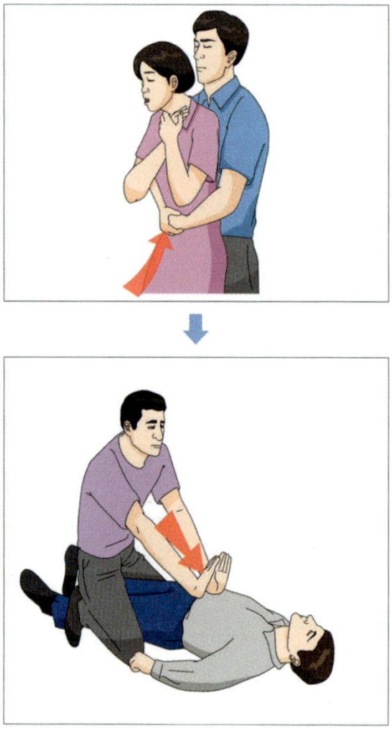

출처: 영등포 보건소(www.ydp.go.kr).

| 그림 11-6 | 1세 이상의 소아 또는 성인 하임리히법

(3) 유아를 위한 응급처치

① 유아의 뒤에 서서, 허리를 팔로 감싸 유아를 안는다.

② 제일 아래쪽 갈비뼈 바로 밑과 배꼽 약간 위쪽에 한 손의 주먹을 밀착시킨 뒤 다른 손으로 덮고 세게 껴안은 것처럼 45도 정도의 각도로 위쪽으로 눌러준다.

③ 물체가 나올 때까지 10회 정도 반복한다.

④ 물체가 나오지 않을 경우 119에 신고하고 보호자에게 연락한다.

2) 열성경련

열이란 직장 온도 섭씨 38도, 구강 온도 섭씨 37.5도, 겨드랑이 온도 섭씨 37도 이상으로 정의한다. 가벼운 열(38~38.5도)은 운동을 하거나 옷을 많이 끼어 입거나 목욕을 하거나 더운 날에 측정될 수 있다. 의심스러우면 30분 후 재측정한다(보건복지부, 대한소아과학과학회, 2011).

(1) 발작(경련)/구토

경련은 열성경련이라 하더라도 경련이 반복되거나 지속될 수 있고, 단순 열성경련이 아닌 다른 원인에 의한 경련일 수도 있기 때문에 일단 경련이 발생하면 경련이 멈췄더라도 일단 응급실을 방문하여 진료를 받는 것이 원칙이다(어린이집안전공제회, 2021).

① 영유아를 움직이지 못하게 결박이나 억제를 하지 않고, 목과 허리 부분의 옷을 느슨하게 한다.

② 구토를 하거나 입 안에 구토물이 보이는 경우 질식되는 것을 막기 위해 고개를 옆으로 돌리고 입 안에 손가락을 집어넣거나 억지로 입을 벌리지 않는다.

(2) 열이 날 때

영유아교육기관에서 해열제·감기약 등을 투약할 경우 미리 부모의 투약의뢰서 또는 부모의 투약요청 의사를 확인(유선 등)하고 해당 내용에 대한 증빙 가능 시 투약을 한다. 영유아교육기관에서는 해열제를 복용하는 정도로 충분하고, 해열제 복용 후에도 고열이 지속되거나 컨디션이 좋지 않으면 병원 진료를 권유하는 것이 바람직하다(어린이집안전공제회, 2021).

3개월 이하의 영아가 열이 날 때는 다음과 같은 증상을 보인다.

① 매우 아파 보이고 점점 심해진다고 판단될 때

② 의식이 없거나 점점 나빠질 때

③ 다리를 절거나 움직이지 못할 때

④ 빠르게 숨을 쉬거나 숨쉬기 힘들어서 잘 먹지 못하거나 놀지 못할 때

⑤ 목이 뻣뻣하거나 경련을 할 때

1. **해열제를 복용하여야 하는 경우**
   - 백일 이후
   - 섭씨 39도 이상
   - 만성적인 폐·심장 질환이 있는 경우
   - 이전 열성경련이 있었던 경우
2. **해열제 사용 시 주의점**
   - 정확한 양, 4~6시간 간격을 두고 투여
   - 자주 사용은 금할 것
   - 자는 아이를 깨워서 투여하지 말 것
3. **해열제 사용**
   - 해열제는 감염질환을 치료하는 약이 아니며, 병의 경과에 영향을 끼치지 않음
   - 영유아가 평상시처럼 잘 먹고 잘 놀며 잠을 잘 자는 경우에는 해열제를 투여하지 않아도 됨
4. **미지근한 물로 닦아주기**
   - 욕탕이나 대야에 2.5~5cm 정도 깊이로 30℃ 전후의 미지근한 물을 채움(온도계가 없다면 손목이나 손등으로 느꼈을 때 약간 따뜻한 정도면 적당)
   - 스펀지나 깨끗한 물수건을 사용하여 우선 아이의 목 뒷부분과 등을 닦고 겨드랑이와 사타구니 순서로 내려가면서 닦음
   - 영유아가 몸을 떨며 오한이 있을 때에는 시행하지 않는 것이 좋음

   * 해열을 위해 해열제보다 먼저 닦아주기를 시행하는 것은 바람직하지 않다. 해열제는 보통 정상 체온으로 내리지 못하고 섭씨 1~1.5도 정도만 내린다. 아스피린을 사용하여서는 안 된다.

출처: 보건복지부, 대한소아과학회(2011). 어린이집 건강관리 매뉴얼.

3) 벌에 쏘였을 때

침이 박혀 있을 경우는 침을 잡아당기지 말고 신용카드 같은 것의 모서리로 살살 긁어 침을 제거하고 침 끝에 남아 있는 독이 몸 안으로 더 들어갈 수 있기 때문에 손으로는 잡아당기지 않도록 한다.

이차적인 감염을 예방하기 위해 흐르는 물로 상처를 깨끗이 닦아주고, 연고를 발라준다. 쏘인 부위를 심장보다 높게 한 후에 냉찜질을 하여 부종을 감소시킨다. 아주 드문 경우 심한 알레르기 반응으로 얼굴과 몸, 기도가 부어올라 호흡이 어려워 사망에 이르는 경우가 있으니 쏘인 후 아이의 증상 변화를 살펴보아야 한다(어린이집안전공제회, 2018).

4) 코피가 날 경우

① 코피가 목으로 넘어가지 않도록 머리를 약간 앞으로 숙이도록 하여 코피가 콧구멍에서 흘러나오게 한다.

② 유아에게 입으로 숨을 쉬도록 하고 들이마시지 않도록 한다.

③ 한 손의 엄지와 검지를 사용하여 코앞 연골 부위를 코뼈에 바싹 붙여 단단히 붙잡고 5분간 지혈을 시도한다.

④ 코피가 멈추지 않았으면 다시 반복하여 압박한다.

⑤ 20분 이상 지속되면 병원으로 데리고 간다.

⑥ 코피가 날 때 코를 풀면 혈전 생성을 방해하므로 영유아에게 코를 풀지 않도록 한다.

5) 이물질이 들어간 경우

(1) 눈에 이물질이 들어갔을 때

① 눈의 표면에 먼지가 붙어 있을 경우에는 눈꺼풀을 넓혀 먼지가 보이면 깨끗한 거즈나 부드러운 손수건 끝을 물에 적셔 먼지를 닦아 낸다.

② 모래나 좀 더 큰 이물질이 눈에 들어간 경우에는 문지르지 않도록 한다.

- 이물질이 움직이고 있을 때는 눈을 문지르지 말고 눈을 감고 있으면 눈물이 나서 저절로 흘러나올 수 있다. 만약 나오지 않는 경우 영유아를 옆으로 눈꺼풀을 넓혀서 눈의 안쪽에서 바깥쪽으로 물을 부어서 씻어 내듯 흐르게 한다. 나오지 않을 경우 무리하여 닦아 내려 하지 말고 병원에 가서 진찰을 받아야 한다.
- 눈에 이물이 박혔을 때에는 박힌 것을 뽑거나 눈을 비비는 것은 절대 금물이다.

③ 약품이 눈에 들어간 경우

- 눈을 비비지 말고 정수된 물이나 생리 식염수를 흘려 눈의 안쪽에서 바깥쪽으로 향하여 5분 이상 헹구어 내야 한다.
- 양쪽 눈에 모두 뿌린 경우 두 눈을 동시에 샤워기를 이용하여 빨리 씻어 낸 다음 생리식염수로 헹구어 준다.
- 눈을 씻어 낸 후에도 통증을 호소하면 곧바로 병원으로 데리고 간다.
- 영유아의 눈을 감기고 깨끗한 거즈로 눈을 가린 후 눈을 많이 움직이지 않도록 조치한 후 안과에 가서 치료를 받는다.

(2) 귀에 이물이 들어갔을 때(작은 벌레가 들어간 경우)

귓속에 이물질이 들어가는 경우는 드물지만, 아이들의 경우 자주 귓속에 작은 물건들을 집어넣는 경우이다. 혹은 곤충이 들어가는 경우가 종종 있다.

① 어두운 곳에서 손전등을 비춘다.
② 베이비 오일 한두 방울을 귓속에 떨어뜨린다.
③ 귀를 아래쪽으로 향하게 하여 이물질이 밖으로 나오게 한다.

6) 치아 손상

(1) 치아가 빠졌을 경우

① 영유아의 입을 세척하고 이가 빠진 부위에 거즈를 대서 지혈한다.
② 빠진 치아를 다시 넣기에 가장 좋은 자리는 원래 있던 자리이다. 치아는 부상 당한 후 30분 이내에 원래 있던 자리에 다시 넣어 주면 대체로 잘 붙는다.
③ 인접한 치아의 모양을 보고 빠진 치아를 원래 있던 자리에 끼워 넣고 거즈를 살짝 물고 있는 것이 도움이 된다. 즉시 치아를 다시 끼워 넣을 수 없는 경우, 빠진 치아에 가장 나쁜 것은 치아를 건조 상태로 두는 것이다. 치아를 건조시키지 않기 위해 일시적으로 타액을 사용한다(1시간 이하).
④ 영유아와 함께 치아를 가지고 즉시 치과 의사에게 찾아간다.

(2) 부러진 치아

① 소독거즈나 깨끗한 천조각으로 상처 부위의 먼지나 혈액을 따뜻한 물을 사용해 부드럽게 닦아 낸다.
② 부상당한 치아 부위의 얼굴에 얼음주머니를 대어 부기를 가라앉힌다.
③ 턱뼈 골절이 의심되면 턱 아래에서 머리 위까지 붕대로 감아서 턱뼈를 고정시킨다. 즉시 치과의사를 찾아가 치료를 받는다.

7) 화상을 입었을 때

(1) 화상에 대한 기본적인 응급처치

① 가벼운 화상일 경우 바로 깨끗한 찬물에 화상 부위를 담가 식힌다.
② 물집은 터뜨리지 않도록 한다. 터트리면 감염되기 쉬우므로 터트리지 않도록 한다.
③ 냉각시킨 후에는 청결한 거즈와 천으로 가볍게 덮고 병원에 간다.
④ (화상이) 3도 이상인 경우에는 환자가 물을 찾더라도 절대 주어서는 안 된다.

(2) 열화상에 대한 처치

① 화재나 뜨거운 증기, 기름, 물 등에 의해 주로 어린이에게 많이 발생한다. 영아들은 화상 부위를 찬물에 10분 이상 담그지 않는다. 체온 손실로 인한 저체온증에 빠질 수 있다.
② 화상 부위를 즉시 찬물로 식힌다. 3도 화상인 경우는 감염위험이 있으므로 찬물에 담그지 않는다.
③ 세균감염 위험이 있기 때문에 항상 부위의 물질은 터뜨리지 않는다.

(3) 의복을 입은 채 화상을 당한 경우

① 옷을 입은 채로 흐르는 물로 식힌다.
② 옷을 벗기려고 애쓰거나 상처에 붙은 부분을 억지로 떼려고 하지 않는다.
③ 깨끗한 거즈로 덮고 병원으로 간다.

8) 영아돌연사증후군

영아가 예기치 않게 사망한 경우는 종합적으로 영아돌연사(SUID, Sudden Unexpected Infant Death)라고 한다. 그 중 영아돌연사(급사)증후군(SIDS, Sudden Infant Death Syndrome)은 임상기록의 검사, 사망 현장의 검사, 완벽한 부검 실행을 포함하여 철저한 사건조사 후에도 사망 원인이 밝혀지지 않는 1세 미만아의 갑작스러운 사망으로 정의한다.

계절별로는 겨울 및 환절기에, 시기별로는 생후 6개월 내 주로 발생하는 것으로 나타났으며 1세 이상의 영아 또는 유아의 경우도 SIDS와 유사한 사례가 발생하고 있어 수면 시 주의를 요한다(어린이집안전공제회, 2021).

| 표 11-4 | 해야 할 일(To do) vs 하지 말아야 할 일(Not To Do)

해야 할 일(To do)	하지 말아야 할 일(Not To Do)
• 수유 후 트림시키기 • 영아를 재울 때 등을 바닥에 대고 천장을 보도록 바로 눕힘 • 영아가 수면하는 바닥의 면이 단단해야 하며 덥지 않게 함 • 어둡지 않게 하여 수면 중인 영아의 얼굴을 살필 수 있어야 함 • 이불을 덮지 않거나 가벼운 이불로 영아의 가슴까지만 덮게 함 (머리/얼굴을 덮지 않도록 함) • 영아 상태를 수시로 확인함 • 응급상황 발생 시 대처법을 숙지함	• 영아가 자고 있는 주변에 위험한(푹신한) 물건을 두지 않음 • 영아와 같은 침대에 자거나 바로 옆에 눕지 않도록 함 • 흡연과 간접흡연 금지/방지 ※ 어린이집·유치원 경계 10m 금연구역★ 시행 [흡연 시 10만 원의 과태료(횟수와 무관)]

출처: 어린이집안전공제회(2021). 2021 어린이집 보육교직원 안전교육 기본과정.

〈참고〉 영아돌연사증후군
출처: 어린이집안전공제회 영아돌연사증후군예방 동영상 youtu.be/aYBr8uXOmU4

■ 다친 영유아에 대한 지침서(예시)

• 다친 영유아에 대한 처리절차

구분	내용
구급차 부르기	• 국번 없이 119를 누르거나, 공중전화를 이용할 경우 동전이 없어도 비상용인 빨간 버튼을 누르면 된다. • 마음을 진정시키고 응급이라고 말한다. 간단한 사고 개요, 사고 발생 시각과 장소를 정확히 알린다. - 어린이집 주소: 여기는 ○○동 12-3의 ○○어린이집입니다. - 영유아 상태: 아이가 갑자기 쓰러져 의식불명입니다. - 전화번호: 전화번호는 700-1234입니다. • 다친 영유아의 이름, 성별, 나이를 말하고 증세를 설명한다. • 현재까지 실시한 응급조치 상황을 알리고 지시하는 것에 따라 응급처치를 한다. • 소방서에서 사고가 난 곳의 소재를 정확히 파악했다고 할 때까지 전화를 끊지 않는다. • 신고를 마친 후 누군가는 마중 나가 구급차를 현장까지 인도한다. • 보호자는 건강보험카드와 약간의 경비, 기타 필요한 도구 등을 챙겨 구급차가 도착하는 즉시 다친 영유아와 함께 떠날 수 있도록 준비한다.

구분	내용
응급상황을 위한 준비	• 모든 교사는 기도 확보와 심폐소생술 등의 응급처치법과 상해예방, 전염성 질병 예방에 관해 훈련받는다. • 손이 쉽게 닿는 곳에 필요한 물품이 갖추어진 구급상자가 있어야 한다. • 영유아의 비상연락망, 응급 시 도움을 요청할 수 있는 기관의 전화번호(응급의료정보센터 1339), 응급절차과정 목록이 비치되어야 한다(응급절차과정은 어린이집 벽면에 붙여둔다.). • 야외활동을 나갈 때 교사는 휴대용 구급상자 및 비상연락망을 준비한다. • 응급상황 발생 시 조치에 대한 부모 동의서를 상시 준비한다. • 사고보고서를 준비하여 사고 발생 시 작성한다.
즉시 병원이나 응급실로 가야 하는 경우	• 열날 때 – 3개월 이하의 영아가 열이 날 때 – 매우 아파 보이고 점점 심해진다고 판단될 때 – 의식이 없거나 점점 나빠질 때 – 다리를 절거나 움직이지 못할 때 – 빠르게 숨을 쉬거나 숨쉬기 힘들어서 잘 먹지 못하거나 놀지 못할 때 – 목이 뻣뻣하거나 경련을 할 때 • 토할 때 – 반복적으로 심하게 토할 때 – 배가 평소보다 부푼 듯이 보일 때 – 배를 움켜쥐고 소리를 지를 정도로 심한 복통을 동반하는 경우 – 3일 이내에 머리를 다친 적이 있는 경우 – 탈수 현상(소변량이 줄고 혀가 말라 있는 등)이 있는 경우 – 녹색 혹은 피 색깔의 구토를 하는 경우 • 기타 – 처음으로 경기를 할 때 – 검은색 변을 보거나 피가 섞인 변을 볼 때 – 머리를 다친 후 의식이 흐리거나 자려고만 할 때
구급상자	• 들고 다닐 수 있는 상자 형태의 구급상자를 찾기 쉬운 곳에 놓는다. • 구급상자에는 구급약품 이외에도 응급전화번호, 긴급연락처 전화번호, 약품의 사용요령 등을 제시한다. • 약품의 유통기한을 확인하여 구비한다.

• 영유아의 상해 유형별 응급처치

상해유형	응급처치
열성경련	• 편안하게 눕히고 주위에 위험한 물건을 치운다. • 고개를 옆으로 기울여 분비물에 의해 기도가 막히지 않도록 한다. • 의복을 헐렁하게 하고 되도록 부드러운 것을 머리 밑에 대주어 머리를 보호한다. • 경련을 멈추면 회복 자세를 취해준다. • 병원으로 이송한다.
출혈	• 출혈이 멈춘 후에는 소독거즈를 덮고 압박붕대로 감아준다. • 출혈이 멈추지 않으면 더 강하게 압박해 본다. • 사지에서 출혈이 있는 경우 출혈 부위를 심장보다 높게 해준다.
손상	• 119 신고 후 기도-호흡-순환을 점검한다. • 두피에 출혈이 있는 경우는 소독된 드레싱으로 상처 부위를 감싼다. • 부상자의 목을 고정시켜 움직이지 않게 한다. • 환아를 함부로 옮기거나 들어 올리지 않는다.
절단	• 상처 부위는 직접압박 또는 압박점을 찾아서 지혈하고, 실패할 경우 지혈대를 사용한다. • 절단된 부위는 생리식염수로 적신 거즈에 감싼 후 비닐봉지에 담아 얼음물에 띄운다. • 비닐봉지는 얼음물과 같은 차가운 용기에 넣어서 조직의 괴사가 발생하지 않도록 한다.
화상	• 환자를 안전한 곳으로 옮긴다. • 화상 부위에 옷이 붙어있는 경우 억지로 떼지 말로 잘라서 제거한다. • 찬물에 적신 물수건으로 30분 이상 식혀준다. 심한 화상인 경우 즉시 병원 이송이 가능하다면 깨끗한 천으로 덮고 바로 이동한다. • 감염의 위험성이 높으므로 된장, 기름, 소주 등을 바르지 않는다.
골절	• 즉시 119에 신고한 후 주위가 위험하지 않다면 환자를 가급적 움직이지 않는다. • 다친 곳의 옷은 조심스럽게 벗긴다. 필요시 옷을 잘라내야 한다. • 발가락, 손가락의 감각 확인 후, 감각이 없다면 신경계나 척추손상의 우려가 크므로 주의한다. • 부러진 곳을 부목으로 고정시킨다.
중독	• 의식을 확인하고 기도를 유지한다. • 의식이 없는 경우 호흡과 맥박을 확인한다. • 피부가 위험물질에 노출되었을 때는 흐르는 물로 깨끗이 씻어야 한다. • 중독 가능성이 있는 약물, 화학물질 약병 등을 수거하여 비닐 팩에 담아 병원으로 가져간다.

국공립 ㅇㅇ어린이집

■ 응급처치 동의서(예시)

부모동의 및 조사서

○○어린이집에서는 영유아보육법 및 시행규칙, 사업지침 등에 따라 아래의 내용을 대하여 보호자의 동의를 받아 진행 여부를 결정하고자 합니다. 구체적인 내용을 확인하시고 해당 내용에 동의여부를 빠짐없이 체크해주시기 바랍니다.

〈영유아 기본 정보〉

성명	(남/여)	반 이름	
주소		생년월일	

보호자	성명	영유아와의 관계	연락처

1. 응급처치 및 귀가동의

구분	처리내용
응급처치	- 응급상황 발생 시 위의 보호자에게 연락하여 주십시오. - 필요시 119구조대에 연락하여 □ 기관지정 의료기관(　　)이나 □ 보호자지정 의료기관(　　)으로 수송해주십시오.
귀가동의	- 위 영유아의 귀가 시 위의 보호자에게 인도하여 주십시오. - 정해진 보호자 외 다른 사람에게 인계할 경우 사전에 반드시 연락을 취하겠습니다. ※ 우리 어린이집에서는 영유아를 성인 보호자에게 인계하는 것이 원칙입니다. 다만, 보호자가 보육아동의 13세(중학생) 이상 형제·자매에게 인계를 희망하는 경우에는 예외적으로 가능하며, 이때 인계 후 발생하는 안전사고 등에 대한 책임은 보호자에게 있습니다.(동의함 □) - 등·하원방법: □ 보호자 동행　□ 차량(어린이집) - 차량이용 시 등하원 시간: 등원(　시　분), 하원(　시　분) (필요시 기재) - 부모 외 인계보호자: (필요시 기재)

(중략)

※ 위 사항의 자세한 내용은 오리엔테이션에서 배부해드린 자료를 참고해 주시기 바라며, 문의사항이 있을 경우에는 ○○어린이집(00-000-0000)으로 연락주시기 바랍니다.

○○○○년 ○○월 ○○일

영유아명:　　　　　보호자(서명):

출처: 보건복지부(2020). 2020 보육사업안내.

참고문헌

대한심폐소생술협회, www.kacpr.org/cpr

대한적십자사(2011). 심폐소생술.

박혜실(2017). 유치원 및 어린이집교사의 응급처치에 대한 지식과 교육요구도. 부산가톨릭대학교 대학원 석사학위논문.

보건복지부(2020). 2020 보육사업안내.

보건복지부, 대한소아과학회(2011). 어린이집 건강관리 매뉴얼.

어린이집안전공제회, www.scia.or.kr

어린이집안전공제회(2015). 영아 심폐소생술(영상). youtu.be/fuYIfeZABgg

어린이집안전공제회(2018). 2018 어린이집 보육교직원 안전교육.

어린이집안전공제회(2019). 어린이집 안전가이드북.

어린이집안전공제회(2021). 2021 어린이집 보육교직원 안전교육 기본과정.

영등포 보건소, www.ydp.go.kr

영유아보육법 [시행 2021. 12. 9.] [법률 제18217호, 2021. 6. 8., 일부개정].

영유아보육법 시행령 [시행 2021. 12. 9.] [대통령령 제32189호, 2021. 12. 7., 일부개정].

질병관리청, 소방청, 대한심폐소생협회(2020). 2019년 급성심장정지 발생 현황 및 2020년 한국형 심폐소생술 가이드라인 개정 발표. 보도자료.

최신
아동안전관리

Safety Education for Children

PART 02

아동안전교육의 실제

PBL 아동안전관리교육을 위한 수업 꿀팁

1 PBL(Problem-Based Learning)이란?

PBL은 문제중심학습 또는 문제기반학습이라고 한다. Dewey는 전통적인 형식주의 교육의 문제를 교사·교과 중심의 교육을 학습자 중심으로 바꾸어야 하며 교육은 실제 생활을 살아가는 데 도움이 되어야 하고 그 생활 속에서 이루어져야 함을 강조하였다.

이에 Dewey의 PBL(Problem-Based Learning) 프로젝트학습이란 다음과 같다.

1) 학생의 생생한 현실 속의 문제를 다루어 그것을 해결하는 학생의 주체적인 능력이나 태도의 형성을 꾀하여야 한다.
2) 학습내용은 개념적 지식이나 고정적인 기술이 아니라 학생이 당면한 문제가 중심이 되고 그 해결에 필요한 학습활동이 마련되어야 한다.
3) 학생의 흥미를 환기하여 학습 의욕과 문제의식을 높이고 주체적·능동적인 학습을 진행하여야 한다.
4) 실천적인 지식 형성이 중심이 되어야 한다.
5) 교사중심이 아니라 학생중심이어야 한다(박재찬, 2019).

2 PBL(Problem-Based Learning)의 교육적 효과

1) 학습주체의식
   문제해결을 위한 전 과정에서 학습의 주체로서 스스로 과제를 구조화하고 대안을 창출할 수 있는 자기주도적 학습 환경을 제공하여 학습에 대한 내적 동기부여로 이어져 학습에 대한 적극적 관심과 흥미를 이끌어 낸다.

2) 성찰적 태도
   학습자는 자신이 속한 모둠에서 이루어지는 학습 내용과 과정을 지속적으로 성찰해 보는 기회를 갖게 된다.

3) 자신감
   학습에 대한 학습자 스스로 도전적 과제를 해결하기 위한 다양한 모색과정이 이루어지며, 개별적으로 모둠별로 해결안을 도출하기 위한 모색과정에서 학습자는 자신이 가진 잠재력을 발견하고 개발할 수 있는 기회를 갖게 된다.

4) 문제해결능력
   문제로부터 시작하여 그 문제를 해결로 끝나는 것인만큼 문제해결능력을 기르기 위해 자연스럽게 관련 내용을 공부하게 되어 학습 동기부여가 생기게 된다.

5) 비판적 사고력
   학습자에게 문제를 정의하고, 문제와 관련된 정보나 지식들의 적절성과 신뢰성을 판단하여 문제에 적절한 해결책을 찾아 학습자 간에 정보를 확인하는 과정에서 합리적인 비판 방법을 배우고, 구체화할 수 있는 논리적이고 체계적인 사고와 분석적인 사고를 갖게 된다.

6) 창의적 사고력

문제해결을 위한 다양한 접근방식과 융통성을 요구하기 때문에 새롭고 독창적인 방식의 접근을 통해 해결방안을 도출하게 된다.

7) 의사소통 능력과 협력적 학습능력

학습자 간의 상호 친밀하고 협조적이며 편안한 분위기에서 학습자 자신의 생각과 느낌을 자유롭게 토론할 수 있으므로 의사소통 및 협력적 학습능력을 함양하게 된다.

이처럼 PBL(Problem-Based Learning)의 긍정적인 교육적 효과는 개정 누리과정에서 교사들이 갖추어야 할 역량이다. 이에 PBL(Problem-Based Learning)을 기반으로 한 안전교육의 수업상황을 통해 안전예방에 대해 다양한 문제해결 방법의 모색해볼 수 있다.

3 PBL(Problem-Based Learning)을 기반으로 한 안전교육

[안전교육 지도 계획(4주간)의 예시]

단계	차시	순서	활동내용	
PBL 계획하기	1	인사 및 출석	• 인사 및 출석확인	
		학습분위기 조성	• 수업준비 확인	
		활동명 및 목표	• 학생들이 학습목표 기록	
		수업흐름 제시	• 수업의 흐름 제시 • 모둠구성 및 팀 이름 지정	
		학습 동기 유발	• 안전교육에 관한 영상자료 제시 • 영상자료 시청 후 발문하기	
		안전교육에 대한 개념 이해하기	• 안전교육에 대해 생각 나누기 • 안전교육에 대한 정의 및 관련 내용에 대해 자유롭게 이야기하기	안전교육 영역별
		정리	• 학습한 내용을 다시 한번 확인하고 학습목표에 도달했는지 살펴보기 • 다음 수업에 대한 안내	
PBL 실행하기 (1)	2	우리가 생각하는 안전에 대해 분석하기(문제제기)	• 안전영역을 세부적으로 탐구하기 • 창의적인 발상을 위해 다양한 매체를 활용하기 • 브레인스토밍을 통해 유목화된 내용을 알아보기	
PBL 실행하기 (2)	3	참여활동 계획 구체화하기	• 탐구한 안전영역에 대해 문제해결을 위한 스토리텔링하기 • 안전영역별 안전예방에 대한 새로운 아이디어 구상하기	
		중간 점검	• 교사와 함께 점검하고 조언 및 평가하기 • 학생들 간의 의견 공유하기	
PBL 실행 및 발표 (3)	4	모형 제작 및 최종 발표(결과물)	• 교사가 지원하는 재료를 가지고 다양하게 표현하기 • 모둠별 최종 발표 • 모둠 발표 후 느낀 소감 발표하기	입체적으로 구성하기

CHAPTER 12

영아

1 2024 개정 표준보육과정에서 살펴본 안전과 놀이

활동명	올라가면 위험해
대상연령	0–1세
개정 표준보육과정	신체운동·건강 > 안전하게 생활하기 > 안전한 상황에서 놀이하고 생활한다. 신체운동·건강 > 안전하게 생활하기 > 위험하다는 말에 주의한다.
영아 경험 실제	1. 놀이를 하던 태은이가 그림책이 있는 책장으로 가서 기어오른다. - 교사: 태은아, 위험해! 쾅 넘어질 수 있으니 내려오자. - 태은이가 교사를 쳐다본다.  2. 책 놀이터에서 태은이가 그림책을 들고 와 책상 위에 올라앉아 살펴본다. - 교사: 태은이 책 보고 있구나~ 근데 책상 위에 앉으면 떨어져 다칠 수 있어. 내려와서 보자. - 교사가 태은이의 몸을 돌려주자, 태은이가 교사의 손은 잡고 내려온다.  

영아 경험 이해 (통합적 이해)	1. 태은이는 그림책을 보려고 책장으로 가서 아래쪽 틀에 한 발을 올려보았다. 다른 쪽 발도 올리고, 양손으로 위쪽 틀을 잡아 몸의 균형을 맞추었다[신체운동·건강 > 신체활동 즐기기]. 그러다가 교사의 위험하다는 말에 주의를 기울였다[신체운동·건강 > 안전하게 생활하기]. 2. 태은이는 그림책을 보려고 책상에 올라앉았으나 교사의 손을 잡고 내려와 바닥에서 책을 보았다. 태은이는 안전한 상황에서 놀이하는 경험을 하였다[신체운동·건강>안전하게 생활하기].
교사 지원	**1. 안전** - 영아가 생활하는 환경에 위험한 물건이 없도록 점검하고, 안전한 상황이 유지될 수 있도록 관리하였다. - 영아의 행동에 즉각적으로 위험을 알려 영아가 위험을 인식할 수 있도록 하였다. **2. 상호작용** - 영아가 원하는 것에 공감해주고, 위험한 이유를 구체적으로 말해준 후, 안전하게 행동하는 대안을 제시하였다. - 부정어 대신 긍정어를 사용하고, 안전하게 행동한 영아를 격려해주는 긍정적 지도방법을 사용하였다. - "선생님이랑 같~이~ 선생님이랑 같~이~"와 같이 짧은 문장을 노래 부르듯 반복적으로 말하여 영아가 안전규칙을 쉽게 인식할 수 있도록 지원하였다. **3. 자료** - 안전과 관련된 동화책, 그림 자료 등을 비치하여 영아가 관심을 보일 때 이를 탐색할 수 있도록 지원하였다. **4. 공간** - 영아의 대근육 발달을 고려하여 안전하게 활동할 수 있는 대근육 활동 공간을 구성하였다.

출처: '보건복지부(2020). 제4차어린이집표준보육과정 해설서. 세종: 보건복지부, 57-59.'에서 재구성. (사진제공: 다솜어린이집).
교육부(2024). 2024 개정 표준보육과정(0~2세) 고시문.

활동명	내 카시트예요.
대상연령	0-1세
개정 표준보육과정	신체운동·건강 > 안전하게 생활하기 > 안전한 상황에서 교통수단을 이용해본다.
영아 경험 실제	1. 유주 어머니가 하원을 도와줄 외할머니에게 카시트를 전달해주도록 부탁하였다. 교사는 “그래, 이거 유주 카시트지~ 우리 이거 교실로 가져가서 앉아보자.”라고 말하며 카시트를 교실로 가져간다.  2. 유주는 교사의 도움을 받아 카시트에 앉아, 안전띠를 팔에 끼우려 하고 버클을 만지작거린다. - 교사: 유주가 카시트 버클 끼워보고 싶구나~ 엄마 차 붕~ 타고 올 때도 이렇게 카시트에 앉아서 안전띠를 하고 버클 딸깍 채우고 왔지~ - 교사: (버클을 채우며) 차가 끽~ 멈출 때 버클이 있어야 카시트가 유주를 다치지 않게 지켜주지~ - 교사: 집에 갈 때도 차에서 엄마 아빠 차에서 카시트 버클 채우고 가보자. - 유주는 교사와 함께 카시트 버클을 끼웠다 풀었다 반복하며 놀이한다.  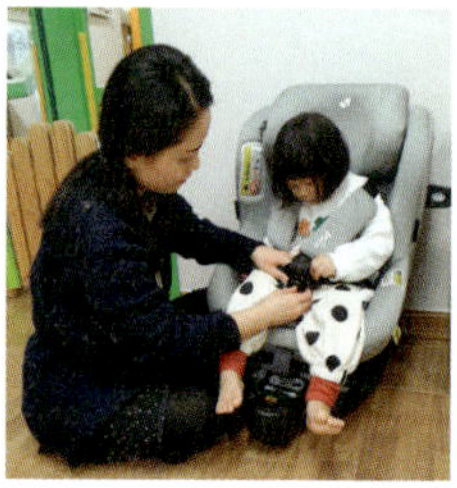

영아 경험 이해 (통합적 이해)	1. 유주는 교사의 손을 끌고 복도와 나와 내 것이라는 의사를 표현하고[의사소통 > 듣기와 말하기], 카시트에 앉아보고 싶다는 욕구와 감정을 나타내었다[사회관계 > 나를 알고 존중하기]. 2. 유주는 교사의 도움을 받아 카시트에 올라앉아 엉덩이를 움직여 편안한 자세[신체운동·건강 > 안전하게 생활하기]를 잡았다. 팔을 뒤로하여 안전띠에 끼우고[신체운동·건강 > 신체활동 즐기기], 버클을 만지작거리며, 버클을 만지작거리며 누르는 모방 행동[예술경험 > 창의적으로 표현하기]을 하였다. 3. 유주는 카시트 곁에 서서 느껴보고, 엉덩이를 대어 앉아보고, 안전띠를 팔을 끼워보고, 버클이 딸깍 채워지고 딸깍 풀리는 청각 자극을 느껴보는 등 카시트에 호기심을 가지고 감각으로 탐색[자연탐구 > 탐구과정 즐기기]하였다. 4. 유주는 카시트 안전에 대한 교사의 이야기를 들으며 안전한 상황에서 교통수단을 이용하는 경험을 환기[신체운동·건강 > 안전하게 생활하기]하였다.
교사 지원	**1. 안전** - 영아가 실물 카시트를 탐색하는 과정에서 부딪힘, 넘어짐, 끼임 등의 사고가 발생하지 않도록 안전에 유의하였다. **2. 상호작용** - 카시트에 대한 영아들의 관심을 일상의 놀이에서 교통안전교육의 기회로 연결하였다. - 영아가 카시트에 오르내리고, 안전띠에 팔을 끼우고 빼며, 버클을 끼우고 푸는 단순 행동을 반복할 때 이를 지켜보고 필요한 순간에 도움을 주며 탐색이 지속될 수 있도록 하였다. - 영아의 욕구와 행동을 언어로 표현해주며 탐색과 모방 행동을 지원하였다. - 모방놀이를 하면서 자동차 안전이용 수칙을 간단하면서 자연스럽게 안내하였다. **3. 공간 및 자료** - 영아가 관심을 보이는 카시트를 안전한 보육실로 가져와 충분히 탐색하고 놀이할 수 있도록 지원하였다.

출처: '보건복지부(2020). 제4차어린이집표준보육과정 해설서. 세종: 보건복지부, 60-61.'에서 재구성. (사진제공: 다솜어린이집).
교육부(2024). 2024 개정 표준보육과정(0~2세) 고시문.

활동명	바닥을 살펴봐요.
대상연령	2세
개정 표준보육과정	신체운동·건강 > 안전하게 생활하기 > 안전하게 놀이하고 생활한다. 신체운동·건강 > 안전하게 생활하기 > 위험한 상황에 대처하는 방법을 경험한다.
영아 경험 실제	1. 태범이가 보던 책을 책장에 갖다 둔다. 돌아선 태범이가 바닥에 있는 책을 밟는다. - 교사: 우리 태범이 책 다 보고 책장에 넣었구나~ 제자리에 잘 넣었네. 근데 태범아~ 친구가 책을 바닥에 두고 갔네~ 책을 밟으면 어떻게 될까? - 태범이가 몸을 기우뚱기우뚱하는 흉내를 낸다. - 교사: 그래~ 꽈당 넘어지면 다칠 수 있으니까 책은 책장에 정리하자. - 태범이는 고개를 끄덕이고 책을 갖다 넣는다. - 교사: 우와~ 우리 태범이가 책을 책장에 정리해서 잎새반이 더 안전해졌네~   2. 태범이가 점프하며 손으로 풍선을 잡으며 풍선 치기 놀이를 한다. - 교사: 태범아~ 북이 바닥에 있네~ 태범이가 점프하다가 북을 밟아서 넘어질 수 있겠다. - 태범: (북을 잡으며) 집에 데려다줄래~ - 교사: 우와~ 태범이가 북 정리해주었네~ 이제 태범이 넘어지지 않고 신나게 놀이할 수 있겠다~  

영아 경험 이해 (통합적 이해)	1. 태범이는 바닥에 있는 책을 의식하지 못하고 밟고 지나려다가, 위험하다는 교사의 말을 듣고 책을 집어서 책장에 갖다 넣는 정리 행동[신체운동 · 건강 > 안전하게 생활하기]을 하였다. 2. 태범이는 천장에 매달린 풍선을 쳐보다가, 몸의 균형을 잡은 후 점프[신체운동 · 건강 > 신체활동 즐기기]하여 풍선을 건드려보고, 두 손을 뻗어 풍선을 잡아[신체운동 · 건강> 신체활동 즐기기] 보았다. 위험하다는 교사의 말을 관심 있게 들은 후[신체운동 · 건강 > 안전하게 생활하기] 북을 제자리에 가져다 두었다. 3. 태범이는 위험하다는 교사의 말에 주의를 기울이고 이를 조심하여 일상에서 안전하게 놀이하고 생활[신체운동 · 건강 > 안전하게 생활하기]하는 경험을 하였다.
교사 지원	**1. 안전 및 공간** - 영아가 안전하게 신체활동을 할 수 있도록 보육실 내에 충분한 공간을 마련하였다. - 사용하지 않는 놀잇감이 바닥에 많이 나와 있는 경우 이를 일부 정리하여 영아들이 밟고 미끄러지거나 걸려 넘어지는 안전사고가 발생하지 않도록 하였다. **2. 상호작용** - 영아가 위험요소에 주의를 기울일 수 있도록 대상과 이유를 구체적으로 설명하였다. - 위험 요인이 발견되는 경우 즉시 이를 제거해주거나 혹은 영아가 이를 피할 수 있도록 안내하였다.

출처: '보건복지부(2020). 제4차어린이집표준보육과정 해설서. 세종: 보건복지부, 152-153.'에서 재구성. (사진제공; 다솜어린이집).
교육부(2024). 2024 개정 표준보육과정(0~2세) 고시문.

활동명	버스 타고 나들이 가요.
대상연령	2세
개정 표준보육과정	신체운동·건강 > 안전하게 생활하기 > 안전한 상황에서 교통수단을 이용해 본다.
영아 경험 실제	1. 실외 활동을 준비하고 있는데 창밖으로 노란색 견학 버스 차량이 보인다. - 영아들: 버스~ 버스~  - 교사: 그래, 우리 오늘 버스 타고 선생님이랑 같이 놀러 가자~ - 교사: 차 타러 갈 때는 선생님, 엄마, 아빠 손 꼭 잡고 가는 거지~ - 태범: (교사를 쳐다보며) 선생님이랑 같이~ - 교사: 한 명씩 차례차례 올라가자~ - 지수: (교사를 보며) 차례차례~  - 교사: (지수의 손을 잡아주며) 한 발, 한 발, 선생님 손 잡고 차에 올라가자. (다른 영아들을 보며) 그대로 멈춰라! 기다려 주세요~ 지수 타고 차례차례 타자. - 태범, 유영이가 지수가 타는 것을 보며 서 있다. - 교사: 우리 태범이 유영이, 안전하게 기다려줬구나~ 이제 태범이!! (차례대로 손을 잡아준다.) 2. 태범이가 카시트에 팔을 끼우려고 한다. 교사는 태범이의 카시트 착용을 도와준다. - 교사: 태범이 차에 타서 제일 먼저 카시트에 앉는구나~ 카시트 했으니까 안전하게 갈 수 있겠다. - 태범: 카시트는 지켜주지요~ 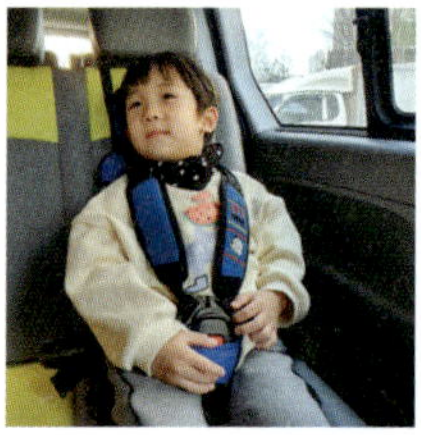 - 교사: 그치 쾅 사고 나면 카시트가 지수 지켜주지~ 카시트를 안 하면 아야~ 많이 다칠 수 있지~ - 교사: (모든 영아의 카시트 착용을 확인하고) 모두 모두 안전하게 카시트 했나요? 그럼 출발할까요? - 영아들: (큰소리로) 네~

영아 경험 이해 (통합적 이해)	1. 태범, 유영, 지수는 교사, 친구들의 손을 잡고 안전하게 버스로 걸어갔다[신체운동·건강 > 안전하게 생활하기]. 친구들이 올라가는 모습을 보며 차례를 기다렸다[신체운동·건강 > 안전하게 생활하기]. 교사가 잡아준 손과 계단에 올려놓은 한쪽 발에 힘껏 힘을 주어[신체운동·건강 > 신체활동 즐기기] 높은 버스 계단에 올라섰다[신체운동·건강 > 신체활동 즐기기]. 2. 태범이는 버스에 올라 의자에 앉은 후 팔을 뒤로 돌려 안전벨트에 팔을 끼워[신체운동·건강 > 안전하게 생활하기]보았다. 교사가 버클을 채워주고 모두 카시트를 착용했는지 묻자 힘껏 소리 질러 답하였다[의사소통 > 듣기와 말하기]. 3. 영아들은 교사와 손잡고 이동하기, 차례로 탑승하기, 안전벨트 채우기 등의 행동을 통해 교통수단을 안전하게 이용해보는 경험[신체운동·건강 > 안전하게 생활하기]을 하였다.
교사 지원	**1. 안전** - 원장은 보육교직원이 교통안전 수칙을 숙지하고 지킬 수 있도록 교육하였다. - 원장은 영아가 안전하게 견학 차량을 이용할 수 있도록 견학 차량 업체를 관리하고, 필요한 경우 보호 장구 등을 구비하였다. - 견학 차량 운전기사는 교사와 모든 영아가 개별 안전띠 또는 영아용 보호 장구 착용을 완료한 후 차량을 출발시켰다. 또한 모든 사람이 차량을 하차한 후에는 교사와 영아들이 안전한 곳으로 이동한 것을 확인하고 차량을 출발하였다. - 교사는 남은 영아가 있는지 차량 탑승 전, 후 차 안을 점검하고 인원을 체크하였다. - 교통수단 이용 시 영아의 안전을 최우선으로 여기고 모든 영아가 교사의 보호 하에 있도록 유의하였다. **2. 상호작용** - 교통수단 이용 시 지켜야 할 안전 약속을 미리 말해주어 영아가 준비될 수 있도록 지원하였다. - 위험할 수 있는 상황을 단계마다 예측하여 알려줌으로써 영아가 주의할 수 있도록 지원하였다. - 영아가 스스로 안전하게 행동할 때, 구체적인 언어로 표현하며 격려하였다. - 영아들과 안전수칙(영아 손잡고 이동하기, 차량 정차 확인하기, 영아 먼저 차량 탑승하기, 보호 장구 착용, 인원 확인 등)을 철저하게 지키도록 유의하였다.

출처: '보건복지부(2020). 제4차어린이집표준보육과정 해설서. 세종: 보건복지부, 154-155.'에서 재구성. (사진제공: 다솜어린이집).
교육부(2024). 2024 개정 표준보육과정(0~2세) 고시문.

활동명	선생님과 함께 약을 먹어요.
대상연령	2세
개정 표준보육과정	신체운동·건강 > 안전하게 생활하기 > 안전하게 놀이하고 생활한다. 신체운동·건강 > 안전하게 생활하기 > 위험한 상황에 대처하는 방법을 경험한다.
영아 경험 실제	1. 교사: 태범아~ 태범이 기침 콜록콜록 약 먹자. - 교사가 투약함에서 약을 꺼낸다. - 태범: 이거, 이거, 약 주세요. - 교사: 그래, 그래~ 여기 태범이 약이라고 적혀 있네. - 우리 태범이 약 먹고 어서 낫자~  2. 예린이가 약 먹는 태범이를 본다. - 교사: 예린아~ 태범이 뭐 하고 있어? - 예린: 약 약~ 먹어~ - 교사: 그치 태범이 선생님이랑 약 먹고 있지~ 예린이도 지난번에 선생님이랑 감기약 먹었지. - 예린: 엄마랑도 감기약 먹었어. - 교사: 맞아~ 약은 선생님, 엄마, 아빠랑 같이 먹는거지~ 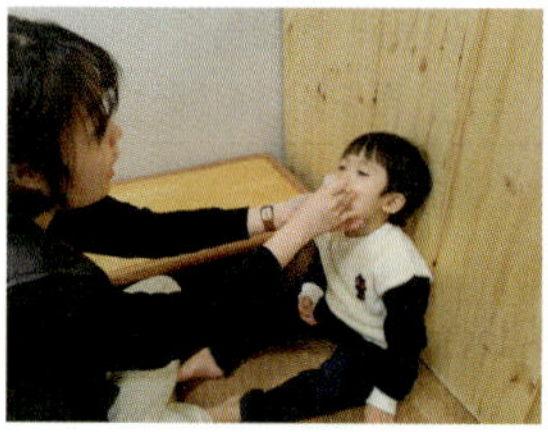 3. 태범이가 인형과 약병을 가져와 인형에게 약을 먹인다. - 교사: 태범이 선생님~ 아기가 어디 아파요? - 태범: 배가 아파요~ - 교사: 아이고~ 아기가 배가 아프군요~ - 태범: 자 이제~ 주사도 맞아야 해요. - 태범이는 주사기와 체온계도 가져와 인형에게 약을 먹이고 주사를 놓으며 놀이한다. 

영아 경험 이해 (통합적 이해)	1. 태범이는 약을 먹자는 교사의 말에 따라 미각으로 느껴지는 약의 질감과 쓴 맛[신체운동·건강 > 신체활동 즐기기]을 참고 정해진 용량을 먹었다. 2. 예린이는 약을 먹는 또래의 모습에 관심을 나타내었다[사회관계 > 더불어 생활하기]. 교사와 감기약을 먹었던 이야기를 듣고, 집에서 엄마와도 약을 먹었던 경험을 말했다[의사소통 > 듣기와 말하기]. 3. 태범이와 예린이는 '약은 어른과 함께 다루어야 한다.'는 교사의 약물안전 이야기에 관심을 갖고 들었다[신체운동·건강 > 안전하게 생활하기]. 4. 태범이는 병원 놀이 장난감을 가져와 인형에게 약을 먹여주는 모방 행동[예술경험 > 창의적으로 표현하기]을 하였다.
교사 지원	**1. 안전 및 공간** - 투약할 약은 보관방법(상온, 냉장보관 등)을 준수하여 영아의 손이 닿지 않는 곳에 안전하게 보관하였다. - 정확한 투약이 이루어지도록 약 봉투, 약 병 등에 영아의 이름을 적고, 투약 전에 확인하였다. - 부모가 의뢰한 투약사항에 따라 영아에게 투약하고, 투약한 내용을 기록하여 부모에게 보고하였다. **2. 상호작용** - 영아가 투약을 긍정적으로 받아들일 수 있도록 편안한 분위기를 형성하였다. - 영아가 교사의 행동을 모방할 때 관심을 보이며 놀이 상대가 되어 주고, 상황이나 놀잇감을 추가로 제시하여 놀이를 활성화시킴으로써 영아의 표상 활동을 지원하였다. - 일상생활에서 투약경험과 관련하여 영아가 관심을 보이는 부분이 모방놀이나 투약안전교육으로 이어질 수 있도록 지원하였다.

출처: '보건복지부(2020). 제4차어린이집표준보육과정 해설서. 세종: 보건복지부, 156-157.'에서 재구성. (사진제공: 다솜어린이집).
교육부(2024). 2024 개정 표준보육과정(0~2세) 고시문.

2 그림책을 활용한 영아 안전교육프로그램

도서명	펭귄나라 달리기 대회
글, 그림	김아나, 이루다
출처	어린이집안전공제회 2019년 제3회 아이사랑 안심보육 공모전 대상작 어린이집안전공제회 홈페이지(www.csia.or.kr) > 안전사고예방 > 아이사랑 안심보육 공모전

☑ 연령별 안전내용

만 0–1세	재난대비 > 자연 재난의 개념과 안전한 행동 알기 > 날씨(폭염, 폭설, 미세먼지 등)의 변화를 느껴본다.
만 2세	재난대비 > 자연 재난의 개념과 안전한 행동 알기 > 날씨(폭염, 폭설, 미세먼지 등)에 따른 위험 속에서 내 몸을 보호하는 방법에 대해 안다.

※ '어린이집안전공제회(2020). 제4차어린이집표준보육과정 개정에 따른 그림책을 활용한 영아 안전교육: 안전교육활동안 작성법을 중심으로[개정판]. 서울: 어린이집안전공제회, 60–65.'에서 영아(만0–2세) 연령별 안전내용 부록2 참조

☑ 주요 상호 작용

만 0–1세	만 2세
추우니까 선생님과 ㅇㅇ하자	빙판길에서는 조심조심

■ 활동계획안 예시

<table>
<tr><td>활동명</td><td colspan="3">미끄러운 빙판길에서는 조심 조심 걸어요.</td></tr>
<tr><td>개정 표준보육과정</td><td colspan="3">신체운동·건강 > 안전하게 생활하기 > 위험한 상황에 대처하는 방법을 경험한다.</td></tr>
<tr><td>안전내용</td><td colspan="3">재난대비 > 자연 재난의 개념과 안전한 행동 알기 > 날씨(폭염, 폭설, 미세먼지 등)에 따른 위험 속에서 내 몸을 보호하는 방법에 대해 안다.</td></tr>
<tr><td>주요 경험</td><td>비끄러운 빙판길에서는 조심조심 걸어본다.</td><td>대상연령</td><td>2세</td></tr>
<tr><td>기본자료</td><td colspan="3">펭귄나라 달리기 대회 그림책</td></tr>
<tr><td>활동</td><td colspan="3">1. 영아가 그림책에 관심을 보일 때 펭귄나라 달리기 대회 그림책 표지를 보며 이야기 나눈다.
– 펭귄 친구들이 많이 있네~ 뭐 하고 있을까?
– 펭귄 친구들이 얼음 위에서 다 함께 있네(펭귄의 생김새에 대해 이야기 나눠보며) 다양한 펭귄 친구들이 있어! 펭귄 친구들이 왜 모여 있을까?

2. 선생님과 펭귄나라 달리기 대회 그림책을 살펴본다.
– 펭귄 나라에는 눈이 많이 와서 바닥이 빙판길이 되었대.
– 미끄러운 빙판길에서 조심 조심 걷지 않고 뛰어다녀서 꽈당 넘어졌대.
– 얼음이 있는 길에서는 미끌미끌 미끄러우니까 펭귄 친구들처럼 뛰어다니면 넘어질 수 있어.
– 펭귄 친구들처럼 넘어지지 않게 선생님 손, 엄마 아빠 손을 잡고 조심조심 걸어가는 거야.

3. 눈이 온 뒤 어린이집에서 산책활동이나 놀이터에 갈 때도 미끄러운 길이 있는지 잘 살피고 걸어야 함을 이야기한다.
– 눈이 온 뒤에는 바닥이 미끄러울 수 있으니 밖에 나갈 때는 뛰어가지 말고 선생님 손을 꼭 잡고(실제 손을 잡아주며) 조심조심 걸어다녀야 해.
– 집에서 외출할 때도 엄마 아빠 손을 꼭 잡고 조심조심 걸어다녀야 해.</td></tr>
<tr><td>주요 상호작용</td><td colspan="3">미끄러운 빙판길에서는 조심조심 걸어야 해.
빙판길에서 뛰면 꽈당 넘어질 수 있으니 조심해야 해.</td></tr>
<tr><td>확장/연계 활동</td><td colspan="3">1. 신체활동으로 교실 바닥에 비닐(얼음판을 연상)을 붙이고 양말을 신고 걸어본다.
2. 미끄러운 것이 어떤 것인지 느껴보고 조심조심 걸어야 하는 것에 대해 이야기 나눈다.
3. 미끄러워 넘어질 수 있으니 영아들이 놀이할 때 교사는 주변에 항상 있어야 한다.</td></tr>
<tr><td>유의사항</td><td colspan="3">일상생활 속에서도 걷기를 할 때 교사는 장애물이 있거나 위험요소가 있는지 확인하며 조심조심 걷는 연습을 해보며, 눈 오는 날 빙판길에 나갈 때는 안전을 위해 충분한 명수의 교사들이 함께 한다.</td></tr>
<tr><td>평가</td><td colspan="3">1. 추운겨울 눈이 온 뒤에는 길이 빙판길이 될 수 있다는 것을 인지한다.
2. 빙판길은 미끄러워 넘어질 수 있으니 보호자와 함께 조심조심 걸을 수 있다.</td></tr>
</table>

출처: 어린이집안전공제회(2020). 제4차어린이집표준보육과정 개정에 따른 그림책을 활용한 영아 안전교육: 안전교육활동안 작성법을 중심으로[개정판]. 서울: 어린이집안전공제회, 37.
교육부(2024). 2024 개정 표준보육과정(0~2세) 고시문.

도서명	빠뽀야 놀자! 안전 Yes, No
글, 그림	시공주니어 편집부
출판사	시공주니어
출처	어린이집안전공제회(2017). 그림책을 활용한 영아 안전교육프로그램. 서울: 어린이집안전공제회, p.36, p.38. 어린이집안전공제회 홈페이지(www.csia.or.kr) > 자료실 > 교육자료실

☑ 연령별 안전내용

만 0–1세	교통안전 > 안전한 도로 횡단법 > 건널목을 건널 때 보호자와 손을 잡고 안전하게 건넌다.
만 2세	교통안전 > 안전한 도로 횡단법 > 길을 건널 때 차가 멈추는 것을 보고 건넌다.

※ '어린이집안전공제회(2020). 제4차어린이집표준보육과정 개정에 따른 그림책을 활용한 영아 안전교육: 안전교육활동안 작성법을 중심으로[개정판]. 서울: 어린이집안전공제회, 60–65.'에서 영아(만0–2세) 연령별 안전내용 부록2 참조

☑ 주요 상호 작용

만 0–1세	만 2세
손을 잡고 건너요. 걸어서 건너요.	차가 멈추면 초록불에 건너요.

■ 활동계획안 예시

<table>
<tr><td>활동명</td><td colspan="3">걸어서 길을 건너요.</td></tr>
<tr><td>개정
표준보육과정</td><td colspan="3">신체운동·건강 > 안전하게 생활하기 > 위험한 상황에서 교통수단을 이용해본다.
신체운동·건강 > 안전하게 생활하기 > 위험하다는 말에 주의한다.</td></tr>
<tr><td>안전내용</td><td colspan="3">교통안전 > 안전한 도로 횡단법 > 건널목을 건널 때 보호자와 손을 잡고 안전하게 건넌다.</td></tr>
<tr><td>주요 경험</td><td>건널목을 건널 때 손을 잡고 걸어서 건넌다.</td><td>대상연령</td><td>0–1세</td></tr>
<tr><td>기본자료</td><td colspan="3">빠뿌야 놀자! 안전 Yes, No 그림책</td></tr>
<tr><td>활동</td><td colspan="3">1. 영아가 그림책에 관심을 보일 때 선생님과 함께 살펴본다.
- (그림책의 장면을 가리켜 보며) 어? 여기 팬더 곰들이 길을 건너고 있네~
- 손을 잡고 걸어서 건너고 있구나!
2. ‘건너가는 길’ 노래를 안전 주요 상호작용에 맞게 선생님과 개사해서 불러 본다.
- (팬더 곰들이 손을 잡고 건너가는 모습을 보며) ‘건너가는 길’ 노래를 불러 본다.
- 건너가는 길을 건널 때~ 손잡고 건너요~ 걸어서 건너요~ 조심해서 건너요~
3. 다시 한 번 그림책을 보며 이야기하고 노래를 불러 본다.
- (팬더 곰들이 손을 잡고 건너가는 모습을 보며) 어떻게 길을 건너고 있지?
- 손을 꼭 잡고 걸어서 건너고 있구나!
- 주요 상호작용에 맞춰 선생님과 노래가사를 개사해서 불러 본다.
- 건너가는 길을 건널 때~ , 빨간불 안돼요~ 노란불 안돼요~, 초록불이 돼야죠~ 신호등이 없는 길에선 달려도 안돼요~ 뛰어도 안돼요~ 걸어서 가야죠~</td></tr>
<tr><td>주요
상호작용</td><td colspan="3">걸어서 건너요.</td></tr>
<tr><td>확장/연계
활동</td><td colspan="3">신체활동으로 횡단보도를 건너는 놀이를 해본다.</td></tr>
<tr><td>유의사항</td><td colspan="3">1. 걷지 못하는 영아들은 차량이 적게 다닐 때 유모차를 타고 건널목을 건너보는 경험을 한다.
2. 영아들이 건널목에서 뿐만 아니라 일상생활에서도 실외나 위험한 곳에서는 보호자의 손을 잡고 걷는 경험을 할 수 있도록 한다.
3. 영아들이 건널목에서 신호등이 바뀌어서 건널 때는 안전을 위해 차가 멈추었는지 눈으로 확인하고 건넌다.</td></tr>
<tr><td>평가</td><td colspan="3">건널목을 건널 때 손을 잡고 뛰지 않고 안전하게 걸어서 가는 것을 안다.</td></tr>
</table>

출처: 어린이집안전공제회(2017). 그림책을 활용한 영아 안전교육프로그램. 서울: 어린이집안전공제회. 38.
교육부(2024). 2024 개정 표준보육과정(0~2세) 고시문.

도서명	(길을 잃었을 때) 엄마, 어디 있어요?		
글	크리스토프 르만	그림	마리알린 바뱅
옮김	이정주	출판사	시공주니어
출처	어린이집안전공제회(2017). 그림책을 활용한 영아 안전교육프로그램, 서울: 어린이집안전공제회, p.61, p.64. 어린이집안전공제회 홈페이지(www.csia.or.kr) > 자료실 > 교육자료실		

☑ 연령별 안전내용

연령	안전내용
만 0–1세	• 실종·유괴의 예방·방지 교육 > 미아 및 유괴 발생 시 대처방법 > 보호자와 다른 사람을 인지한다. • 실종·유괴의 예방·방지 교육 > 미아 및 유괴 발생 시 대처방법 > 보호자가 보이지 않을 때 표정, 몸짓, 말소리로 의사표현을 한다.
만 2세	• 실종·유괴의 예방·방지 교육 > 미아 및 유괴 발생 시 대처방법 > 내 이름, 보호자(어린이집) 이름을 안다. • 실종·유괴의 예방·방지 교육 > 미아 및 유괴 발생 시 대처방법 > 보호자가 보이지 않을 때 표정, 몸짓, 언어로 의사표현을 한다.

※ '어린이집안전공제회(2020). 제4차어린이집표준보육과정 개정에 따른 그림책을 활용한 영아 안전교육: 안전교육활동안 작성법을 중심으로[개정판]. 서울: 어린이집안전공제회. 60–65.'에서 영아(만0–2세) 연령별 안전내용 부록2 참조

☑ 주요 상호 작용

만 0–1세	만 2세
엄마(보호자)를 찾아요. 엄마(보호자)를 잃어버렸어요. 도와주세요!	엄마를 찾아주세요! 도와주세요. (○○○어린이집에 다녀요~)

■ 활동계획안 예시

<table>
<tr><td>활동명</td><td colspan="3">엄마를 찾아주세요.</td></tr>
<tr><td>개정
표준보육과정</td><td colspan="3">신체운동·건강 > 안전하게 생활하기 > 위험한 상황에 대처하는 방법을 경험한다.</td></tr>
<tr><td>안전내용</td><td colspan="3">실종·유괴의 예방·방지 교육 > 미아 및 유괴 발생 시 대처방법 > 내 이름, 보호자(어린이집) 이름을 안다.
실종·유괴의 예방·방지 교육 > 미아 및 유괴 발생 시 대처방법 > 보호자가 보이지 않을 때 표정, 몸짓, 언어로 의사표현을 한다.</td></tr>
<tr><td>주요 경험</td><td>길을 잃었을 때 주변에 도움을 요청할 수 있다.
엄마(아빠) 이름, 어린이집 이름을 말할 수 있다.</td><td>대상연령</td><td>2세</td></tr>
<tr><td>기본자료</td><td colspan="3">(길을 잃었을 때) 엄마, 어디 있어요? 그림책</td></tr>
<tr><td>활동</td><td colspan="3">1. 영아가 관심을 보일 때 그림책을 선생님과 함께 본다.
- 엄마를 잃어버린 ○○ 친구의 기분은 어떨까? 엄마를 잃어버리면 누구에게 도움을 청하면 좋을까?
- 112번으로 전화해서 도움 받을 수도 있단다.
- 어떻게 도움을 요청해야 될까?
- 엄마를 찾아주세요~ 도와주세요! 라고 말할 수 있지?, 우리 엄마를 찾아주세요!
2. 엄마와 아빠, 어린이집 이름도 이야기 해본다.
- 길을 잃었을 때 ○○ 어린이집에 다녀요~ 라고 이야기할 수 있지~
- 엄마(아빠) 이름은 ○○○, 어린이집 이름은 ○○○어린이집이에요.</td></tr>
<tr><td>주요
상호작용</td><td colspan="3">엄마를 찾아주세요! 도와주세요(○○○어린이집에 다녀요~)</td></tr>
<tr><td>확장/연계
활동</td><td colspan="3">역할영역에서 시장놀이를 하면서 '엄마를 잃어버렸어요' 상황을 만들어 활동해 본다.</td></tr>
<tr><td>유의사항</td><td colspan="3">1. 같이 가던 선생님이나 엄마, 아빠가 보이지 않으면 선생님, 엄마, 아빠를 3회 이상 크게 부를 수 있도록 한다.
2. 엄마, 아빠 이름과 함께 어린이집 이름도 생활 속에서 여러 번 반복하여 이야기할 수 있도록 한다.</td></tr>
<tr><td>평가</td><td colspan="3">엄마(보호자)를 잃었을 때 엄마, 아빠, 어린이집의 이름을 이야기하고, 주변의 도움을 청할 수 있다.</td></tr>
</table>

출처: 어린이집안전공제회(2017). 그림책을 활용한 영아 안전교육프로그램. 서울: 어린이집안전공제회, 64.
교육부(2024). 2024 개정 표준보육과정(0~2세) 고시문.

도서명	아기 꿀꿀이의 참방참방 목욕놀이		
글	마이크 달	그림	오리올 비달
옮김	초록색연필	출판사	키즈엠
출처	어린이집안전공제회(2017). 그림책을 활용한 영아 안전교육프로그램, 서울: 어린이집안전공제회, p.74, p.76. 어린이집안전공제회 홈페이지(www.csia.or.kr) > 자료실 > 교육자료실		

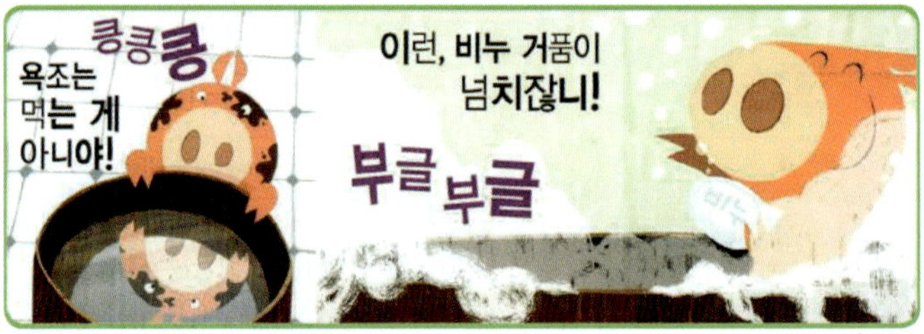

☑ 연령별 안전내용

만 0–1세	감염병 및 약물의 오용·남용 예방 등 보건위생 관리 교육 > 생활주변의 해로운 약물·화학제품 그림으로 구별하기 > 위험한 약물이나 화학제품의 만지지 말라는 위험표시를 안다.
만 2세	감염병 및 약물의 오용·남용 예방 등 보건위생 관리 교육 > 생활주변의 해로운 약물·화학제품 그림으로 구별하기 > 해로운 약물, 화학제품의 위험 표시를 알고 접근하지 않는다.

※ '어린이집안전공제회(2020). 제4차어린이집표준보육과정 개정에 따른 그림책을 활용한 영아 안전교육: 안전교육활동안 작성법을 중심으로[개정판]. 서울: 어린이집안전공제회, 60–65.'에서 영아(만0–2세) 연령별 안전내용 부록2 참조

☑ 주요 상호 작용

만 0–1세	만 2세
○○아, ~을 만지면 안돼요! ○○아, 함부로 만지지 않아요.	어른들이 사용해요.

■ 활동계획안 예시

<table>
<tr><td>활동명</td><td colspan="3">만지면 위험해!</td></tr>
<tr><td>개정
표준보육과정</td><td colspan="3">신체운동·건강 > 안전하게 생활하기 > 위험하다는 말에 주의한다.</td></tr>
<tr><td>안전내용</td><td colspan="3">감염병 및 약물의 오용·남용 예방 등 보건위생 관리 교육 > 생활주변의 해로운 약물·화학제품 그림으로 구별하기 > 위험한 약물이나 화학제품의 만지지 말라는 위험표시를 안다.</td></tr>
<tr><td>주요 경험</td><td>생활주변의 약물, 화학제품 위험성을 안다.</td><td>대상연령</td><td>0–1세</td></tr>
<tr><td>기본자료</td><td colspan="3">아기 꿀꿀이의 참방참방 목욕놀이 그림책, 약물 및 화학제품 사진자료, 음식 사진자료</td></tr>
<tr><td>활동</td><td colspan="3">1. '아기 꿀꿀이의 참방참방 목욕놀이' 그림책을 살펴본다.
– 꿀꿀이가 거품을 이용해 참방참방 몸을 씻고 있구나.

2. 약물(예 물약, 연고), 화학제품(예 세제, 비누), 먹을 수 있는 그림 또는 사진(예 사과, 우유)을 살펴보고 구별해 본다.
– 무엇을 할 때 사용하는 것일까? 세제를 먹어 몸에 들어가면 어떻게 될까?
– 세제를 먹으면 배가 아프고 큰일 나요~ 먹으면 안돼요.

3. 약물 화학제품 그림표시를 교사와 함께 살펴본다.
– 약병 그림이 그려진 그림표시를 본 적이 있었니?
– 청소할 때 쓰는 약품이야!
– 세제나, 약물은 함부로 만지지 않아요~</td></tr>
<tr><td>주요
상호작용</td><td colspan="3">○○아, 함부로 만지지 않아요.</td></tr>
<tr><td>확장/연계
활동</td><td colspan="3">놀잇감 사진과 세제그림 카드를 만들어 만질 수 있는 것과 없는 것을 구분한다.</td></tr>
<tr><td>유의사항</td><td colspan="3">세안이나 목욕을 할 때 눈과 입에 들어가면 위험하다는 것을 인식할 수 있도록 지속적으로 상호작용해 준다.</td></tr>
<tr><td>평가</td><td colspan="3">만질 수 있는 것과 만질 수 없는 것을 구분할 수 있다.</td></tr>
</table>

출처: 어린이집안전공제회(2017). 그림책을 활용한 영아 안전교육프로그램. 서울: 어린이집안전공제회, 76.
교육부(2024). 2024 개정 표준보육과정(0~2세) 고시문.

도서명	소중한 나의 몸
글, 그림	정지영, 정혜영
출판사	비룡소
출처	어린이집안전공제회(2017). 그림책을 활용한 영아 안전교육프로그램. 서울: 어린이집안전공제회, p.108, p.110 어린이집안전공제회 홈페이지(www.csia.or.kr) > 자료실 > 교육자료실

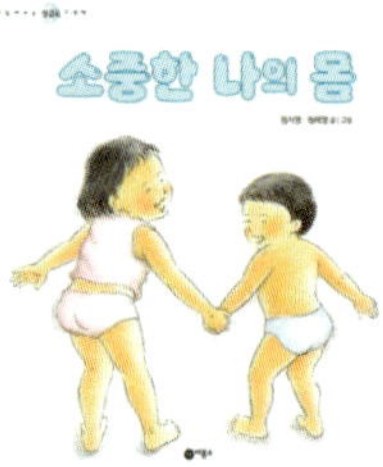

☑ 연령별 안전내용

만 0-1세	성폭력 및 아동학대 예방교육 > 좋은 느낌과 싫은 느낌 > 싫은 느낌이 들었을 때 표정, 몸짓, 말소리로 의사표현을 한다.
만 2세	성폭력 및 아동학대 예방교육 > 좋은 느낌과 싫은 느낌 > 싫은 느낌이 들었을 때 표정, 몸짓, 언어 등으로 의사표현을 한다.

※ '어린이집안전공제회(2020). 제4차어린이집표준보육과정 개정에 따른 그림책을 활용한 영아 안전교육: 안전교육활동안 작성법을 중심으로[개정판]. 서울: 어린이집안전공제회, 60-65.'에서 영아(만0-2세) 연령별 안전내용 부록2 참조

☑ 주요 상호 작용

만 0-1세	만 2세
아이 좋아! 싫어요~ 보면 안돼요! 만져도 안돼요!	만지면 안돼요. 도와주세요!

■ 활동계획안 예시

<table>
<tr><td>활동명</td><td colspan="3">속옷을 입은 곳은 더욱 소중해~</td></tr>
<tr><td>개정
표준보육과정</td><td colspan="3">신체운동·건강 > 안전하게 생활하기 > 위험하다는 말에 주의한다.</td></tr>
<tr><td>안전내용</td><td colspan="3">성폭력 및 아동학대 예방교육 > 좋은 느낌과 싫은 느낌 > 싫은 느낌이 들었을 때 표정, 몸짓, 말소리로 의사표현을 한다.</td></tr>
<tr><td>주요 경험</td><td>내 몸을 함부로 만지면 안 된다는 것을 안다.</td><td>대상연령</td><td>0–1세</td></tr>
<tr><td>기본자료</td><td colspan="3">소중한 나의 몸 그림책</td></tr>
<tr><td>활동</td><td colspan="3">1. 영아가 그림책에 관심을 보이면 선생님과 그림책을 본다.
– (겉표지의 그림을 보며) 여기 두 친구가 웃고 있네~
– (속옷 입은 곳을 가리켜 보며) 여기는 소중한 곳이야~

2. (그림책의 내용에 맞춰) 우리 몸을 남에게 함부로 보여주지 않음을 이야기한다.
– 우리 몸은 소중해서 이렇게 옷도 입는 거야. 다른 사람이 봐도 안되고 만져도 안돼!
– 속옷을 입은 곳은 더욱 소중해~

3. 다른 사람이 우리 몸을 만지려고 할 때에 대해 이야기한다.
– (그림책의 장면을 보며) 다른 사람이 내 몸을 함부로 만지려 하면 어떻게 해야 할까?
하지 마~ 싫어요~ 보면 안돼요! 만져도 안돼요! 라고 이야기할 수 있지~

4. 영아와 그림책 장면을 보며 함께 이야기해 본다.
– 싫어요~ 보면 안돼요! 만져도 안돼요!</td></tr>
<tr><td>주요
상호작용</td><td colspan="3">싫어요~ 보면 안돼요! 만져도 안돼요!</td></tr>
<tr><td>확장/연계
활동</td><td colspan="3">역할영역에서 상황극 놀이를 하며 “싫어요~ 보면 안돼요! 만져도 안돼요!” 활동을 한다.</td></tr>
<tr><td>유의사항</td><td colspan="3">1. 내 몸의 소중한 곳이 보일 때 보호할 수 있도록 기저귀, 팬티를 입어야 함을 자연스럽게 알려준다(너무 강조하여 지나치지 않도록 유의한다).
2. 일상생활 속에서 영아들이 좋은 느낌과 싫은 느낌을 구분해 볼 수 있도록 반복적으로 상호작용한다.</td></tr>
<tr><td>평가</td><td colspan="3">내 몸을 보거나 만지면 안 된다는 것을 알고 반응한다.</td></tr>
</table>

출처: 어린이집안전공제회(2017). 그림책을 활용한 영아 안전교육프로그램. 서울: 어린이집안전공제회. p110.
교육부(2024). 2024 개정 표준보육과정(0~2세) 고시문.

<table>
<tr><td>도서명</td><td colspan="3">깨물면 안돼!</td></tr>
<tr><td>글</td><td>마이크 달</td><td>그림</td><td>아담 레코드</td></tr>
<tr><td>옮김</td><td>공상공장</td><td>출판사</td><td>키즈엠</td></tr>
<tr><td>출처</td><td colspan="3">어린이집안전공제회(2017). 그림책을 활용한 영아 안전교육프로그램. 서울: 어린이집안전공제회. p.133, p.136
어린이집안전공제회 홈페이지(www.csia.or.kr) > 자료실 > 교육자료실</td></tr>
</table>

☑ 연령별 안전내용

만 0–1세	생활안전교육 > 친구와 안전하게 놀이하기 > 내 몸과 친구 몸이 다치지 않게 놀이해야 함을 알고 경험한다.
만 2세	생활안전교육 > 친구와 안전하게 놀이하기 > 친구가 싫어하는 행동을 하지 않는다.

※ '어린이집안전공제회(2020). 제4차어린이집표준보육과정 개정에 따른 그림책을 활용한 영아 안전교육: 안전교육활동안 작성법을 중심으로[개정판]. 서울: 어린이집안전공제회. 60–65.'에서 영아(만0–2세) 연령별 안전내용 부록2 참조

☑ 주요 상호 작용

만 0–1세	만 2세
○○아, 깨물면 안돼. ○○아, 깨물면 아파.	○○아, 깨물면 싫어해.

■ 활동계획안 예시

<table>
<tr><th>활동명</th><td colspan="3">깨물 수 있는 것과 깨물 수 없는 것</td></tr>
<tr><th>개정
표준보육과정</th><td colspan="3">신체운동·건강 > 안전하게 생활하기 > 안전하게 놀이하고 생활한다.
신체운동·건강 > 안전하게 생활하기 > 위험한 상황에 대처하는 방법을 경험한다.</td></tr>
<tr><th>안전내용</th><td colspan="3">생활안전교육 > 친구와 안전하게 놀이하기 > 친구가 싫어하는 행동을 하지 않는다.</td></tr>
<tr><th>주요 경험</th><td>깨물 수 있는 것과 깨물 수 없는 것이 있음을 안다.</td><th>대상연령</th><td>2세</td></tr>
<tr><th>기본자료</th><td colspan="3">깨물면 안돼! 그림책, 그림 또는 사진자료(깨물 수 있는 것과 깨물 수 없는 것)</td></tr>
<tr><th>활동</th><td colspan="3">1. (그림책 장면을 보며) 영아와 그림책을 본다.
- (공룡이 깨물고 있는 모습을 짚어 보며) 비행기를 깨물면 어떻게 될까?
- 장난감이 고장 나겠지? 그리고 공룡 이빨이 아플 거야~

2. 공룡이 깨물어 보는 것에 대해 이야기한다.
- 공룡이 장난감 말고 또 무엇을 깨물었지?
- 엄마를 깨물면 어떻지? 엄마가 아프겠지? 엄마를 깨물면 아파~
- 만약에 친구들을 깨물면 친구들은 어떨까? 친구들도 깨물면 아파, 싫어해~
- 음식은 깨물어도 되겠지?

3. (그림카드 준비) 그림카드를 보고 깨물 수 있는 것과 깨물 수 없는 것을 구분해 본다.
- 이 중에 깨물 수 있는 것과 깨물 수 없는 것을 찾아볼까?
- (친구들 사진이 나오면) 친구들은 깨물 수 없지? 친구를 깨물면 친구가 아파, 싫어해~</td></tr>
<tr><th>주요
상호작용</th><td colspan="3">○○아, 깨물면 싫어해</td></tr>
<tr><th>확장/연계
활동</th><td colspan="3">사진자료를 보고 깨물면 안 되는 것을 찾아오는 게임을 해본다.</td></tr>
<tr><th>유의사항</th><td colspan="3">1. 영아들이 일상생활에서 깨물어서 일어나는 안전사고에 대해 미리 교사가 예방할 수 있도록 빠르게 움직인다.
2. 깨문다는 것을 너무 강조하면 호기심에 친구들을 깨물어 볼 수 있으므로 조절하여 이야기한다.</td></tr>
<tr><th>평가</th><td colspan="3">깨물 수 있는 것과 깨물 수 없는 것을 구분한다.</td></tr>
</table>

출처: 어린이집안전공제회(2017). 그림책을 활용한 영아 안전교육프로그램. 서울: 어린이집안전공제회. 136.
교육부(2024). 2024 개정 표준보육과정(0~2세) 고시문.

CHAPTER 13

유아

<table>
<tr><td colspan="2">활동명</td><td colspan="3">주차되어 있는 자동차도 위험해요.</td></tr>
<tr><td colspan="2">활동목표</td><td colspan="3">• 위험한 상황이 무엇인지 알고, 안전하게 행동한다.
• 교통안전 규칙을 알고 지키려는 태도를 기른다.</td></tr>
<tr><td colspan="2">대상연령</td><td>4~5세</td><td rowspan="2">활동유형</td><td rowspan="2">동화</td></tr>
<tr><td colspan="2">집단구성</td><td>대집단 활동</td></tr>
<tr><td colspan="2">활동자료</td><td colspan="3">• 동영상: 폴리와 함께 하는 교통안전 이야기 5번-보이지 않는 사각지대
• 동화: 현수는 교통안전 박사(지은이: 김은중)</td></tr>
<tr><td colspan="2">누리과정
관련요소</td><td colspan="3">• 신체운동 > 건강 > 안전하게 생활하기 > 교통안전 규칙을 지킨다.
• 사회관계 > 더불어 생활하기 > 사회적 가치를 알고 지키기 > 약속과 규칙의 필요성을 알고 지킨다.</td></tr>
<tr><td rowspan="3">활동
방법</td><td>도입</td><td colspan="3">'보이지 않는 사각지대' 동영상 감상하기</td></tr>
<tr><td>전개</td><td colspan="3">1. 동영상 속의 주인공 친구는 어디에 숨어 있었나요?
2. 동영상 속의 주인공 친구는 어떤 위험 상황에 놓여 있었나요?
3. 주차되어 있는 자동차에서 왜 사고가 일어날 수 있을까요?
- 자동차의 운전석에는 눈으로 볼 수 없는 사각지대가 있어요.
4. 운전자가 볼 수 없는 사각지대는 어디 어디일까요?
- 자동차의 앞과 뒤
- 자동차의 양 옆
5. 운전자가 볼 수 없는 사각지대에서는 어떤 위험이 발생할 수 있을까요?
- 자동차 뒤에 숨어 있으면?
- 자동차 뒤에서 놀이를 하면?
- 자동차 옆으로 뛰어가면?
6. 주차되어 있는 자동차 주변에서는 어떻게 해야 안전할까요?
- 자동차 완전히 멈추었는지 살펴봐요.
- 차 밑으로 공이나 물건이 들어갔을 때는 어떻게 해야 할까요?
- (운전자나 주변의 어른에게 공이 들어갔다는 것을 알리고 도움을 요청한다.)</td></tr>
<tr><td>마무리</td><td colspan="3">1. 동화 '현수는 교통안전 박사' 이야기 중 안전 사각지대에 대한 이야기를 다시 한번 들어본다.
2. (활동지) 내가 생각하는 안전 사각지대를 그려 보아요.</td></tr>
<tr><td colspan="2">확장활동</td><td colspan="3">주차된 자동차 주변에서의 공놀이 역할극하기</td></tr>
<tr><td colspan="2">유의사항</td><td colspan="3">자동차의 크기에 따라 사각지대가 더 많이 생겨날 수 있음을 알려준다.</td></tr>
</table>

<table>
<tr><td colspan="2">활동명</td><td colspan="3">교통안전 표지판을 읽어요.</td></tr>
<tr><td colspan="2">활동목표</td><td colspan="3">• 교통안전 표지판의 종류에 대해 안다.
• 교통안전 표지판이 알려주는 내용의 의미에 대하여 관심을 가진다.</td></tr>
<tr><td colspan="2">대상연령</td><td>4~5세</td><td rowspan="2">활동유형</td><td rowspan="2">이야기 나누기</td></tr>
<tr><td colspan="2">집단구성</td><td>대집단 활동</td></tr>
<tr><td colspan="2">활동자료</td><td colspan="3">• 교통안전 표지판, 안전교수 멀티 자료, O X 카드</td></tr>
<tr><td colspan="2">누리과정 관련요소</td><td colspan="3">• 의사소통 > 듣기와 말하기 > 자신의 경험, 느낌, 생각을 말한다.
• 사회관계 > 더불어 생활하기 > 약속과 규칙의 필요성을 알고 지킨다.
• 신체운동·건강 > 안전하게 생활하기 > 교통안전 규칙을 지킨다.</td></tr>
<tr><td rowspan="3">활동 방법</td><td>도입</td><td colspan="3">교통안전 표지판의 이전 경험 나누기
– 교통안전 표지판을 본 적이 있나요?
– 어디서 보았나요?
– 무엇을 알려주는 표지판을 보았나요?</td></tr>
<tr><td>전개</td><td colspan="3">1. 교통안전 표지판의 색깔과 그림에 대하여 탐색하기
– 어떤 색으로 구성되어 있나요?
– 어떤 모양으로 구성되어 있나요?
2. 교통안전 표지판에 그려진 그림에 대한 생각 모으기
– 표지판에는 어떤 그림이 그려져 있나요?
– 왜 그림으로 그려 놓았을까요?
3. 교통안전 표지판이 알려주는 약속에 대하여 생각 나누기
– 파란색 표지판은 어떤 것을 지켜야 하는 약속일까요?
– 빨간색 표지판은 어떤 것을 지켜야 하는 약속일까요?
– 노란색 표지판은 어떤 것을 지켜야 하는 약속일까요?
4. 교통안전 표지판이 우리에게 주는 고마움 알아보기
– 교통안전 표지판의 약속을 지키지 않으면 어떤 일이 생겨날까요?
– 교통안전 표지판은 우리에게 어떤 도움을 줄까요?
– 차에게는 어떤 도움을 줄까요?</td></tr>
<tr><td>마무리</td><td colspan="3">1. 우리 주변의 교통표지판을 찾아보고 교통질서 지키는 방법에 대해 관심을 갖는다.
2. 차량을 이용한 나들이 시 교통표지판의 알림대로 안전 운전하기</td></tr>
<tr><td colspan="2">확장활동</td><td colspan="3">• 교통안전 표지판 O, X 퀴즈
– 교통안전 표지판을 제시하기
– 제시된 교통안전 표지판에 대하여 설명을 듣고 O, X 로 의견 제시하기
– 최종 우승자에게 〈교통안전 박사〉 수료증 수여하기</td></tr>
<tr><td colspan="2">유의사항</td><td colspan="3">• 어린이집 주변의 교통안전 표지판도 함께 알아본다.</td></tr>
</table>

<table>
<tr><th colspan="2">활동명</th><td colspan="3">안전벨트는 생명 지킴이</td></tr>
<tr><th colspan="2">활동목표</th><td colspan="3">• 안전벨트를 매야 하는 이유와 중요성에 대해 안다.
• 안전벨트 착용을 생활화하는 태도를 기른다.</td></tr>
<tr><th colspan="2">대상연령</th><td>3~5세</td><th rowspan="2">활동유형</th><td rowspan="2">역할극</td></tr>
<tr><th colspan="2">집단구성</th><td>대집단 활동</td></tr>
<tr><th colspan="2">활동자료</th><td colspan="3">• 동영상 안전벨트를 매요 / 통학버스를 안전하게 이용해요(누리놀이, 교통안전)
• 동영상: 차를 탈 땐 안전벨트를 꼭 매요(폴리와 함께 하는 교통안전 이야기#24)
• 역할극 놀이용품(버스 그림 현수막, 운전대 모형, 안전벨트, 의자)</td></tr>
<tr><th colspan="2">누리과정 관련요소</th><td colspan="3">• 신체운동·건강 > 안전하게 생활하기 > 교통안전규칙을 지킨다.
• 사회관계 > 나를 알고 존중하기 > 내가 할 수 있는 것을 스스로 한다.
• 신체운동·건강 > 생활 속에서 탐구하기 > 도구와 기계에 대해 관심을 가진다.</td></tr>
<tr><th rowspan="3">활동 방법</th><th>도입</th><td colspan="3">'안전벨트를 매요', '통학버스를 안전하게 이용해요' 동영상 시청하기</td></tr>
<tr><th>전개</th><td colspan="3">1. 동영상 속의 주인공은 안전벨트를 사용할 때 어떤 생각을 했나요?
– 마음대로 움직일 수 없어 불편해요.
2. 안전벨트를 매지 않은 동영상 속의 주인공들이 어떤 일들을 겪었나요?
3. 안전벨트는 우리에게 어떤 도움을 줄까요?
– 사고가 났을 때 우리 몸을 꼭 잡아 주어 사람이 차 밖으로 튀어나가거나 많이 다치지 않도록 도와줘요
– 어린이들은 몸이 가볍기 때문에 안전벨트를 착용하지 않고 있을 때 갑작스러운 추돌사고가 발생한 경우 몸이 차창 밖으로 튕겨져 나갈 수 있어요.
4. 차량을 이용할 때의 안전벨트를 착용하는 자세 및 사용방법 알아보기
– 차를 타면 바르게 앉아 안전벨트에서 〈딸깍〉 소리가 나도록 올바르게 매야 해요.
– 달리는 차 안에서는 안전벨트를 반드시 매고 있어야 해요.
– 차가 멈추기 전에 안전벨트를 풀고 일어나면 위험해요.
– 차가 완전히 멈추면 안전벨트를 풀어요.</td></tr>
<tr><th>마무리</th><td colspan="3">1. 안전벨트를 매야 하는 이유와 사용법을 회상해보고 차를 타면 먼저 안전벨트를 착용한다.
– 차에 타면 가장 먼저 무엇을 해야 하나요?
– 왜 안전벨트를 매야 할까요?
2. 안전벨트의 바른 착용법에 대해 실제 연습해본다.</td></tr>
<tr><th colspan="2">확장활동</th><td colspan="3">• (가정연계) 안전벨트를 바르게 착용한 사진을 찍어 카페에 올려 활용하기
• (역할) 버스 그림이 있는 현수막 등을 이용하여 교통안전 놀이로 활동지원</td></tr>
<tr><th colspan="2">유의사항</th><td colspan="3">• 승차 후 반드시 안전벨트를 매고 있어야 함을 알고 중간에 안전벨트를 풀거나 장난으로 연결하지 않도록 한다.</td></tr>
</table>

<table>
<tr><td>활동명</td><td colspan="4">횡단보도를 안전하게 건너요.</td></tr>
<tr><td>활동목표</td><td colspan="4">• 신호등이 있는 횡단보도를 안전하게 건너는 방법을 안다.
• 횡단보도에서 일어날 수 있는 위험 상황에 대해 알고 대처방법을 익힌다.</td></tr>
<tr><td>대상연령</td><td colspan="2">3~5세</td><td rowspan="2">활동유형</td><td rowspan="2">신체활동</td></tr>
<tr><td>집단구성</td><td colspan="2">대집단 활동</td></tr>
<tr><td>활동자료</td><td colspan="4">• 동영상자료, 신호등, 횡단보도 모형</td></tr>
<tr><td>누리과정
관련요소</td><td colspan="4">• 신체운동·건강 > 안전하게 생활하기 > 교통안전 규칙을 지킨다.
• 신체운동·건강 > 신체활동 즐기기 > 신체를 인식하고 움직인다.</td></tr>
<tr><td rowspan="2">활동
방법</td><td>도입</td><td colspan="3">횡단보도와 신호등에 대한 사전 경험을 이야기 나눈다.
– 신호등을 본 적이 있나요?
– 신호등은 어떤 역할을 하나요?
– 횡단보도는 왜 필요할까요?
– 횡단보도는 어떤 역할을 하나요?</td></tr>
<tr><td>전개</td><td colspan="3">1. 신호등 자료와 횡단보도 자료를 활용하여 이야기 나눈다.
– 신호등에는 왜 빨간색, 초록색이 있을까요?
– 신호등에 빨간불이 들어왔을 때는 어떻게 해야 할까요?
– 신호등에 초록불이 들어왔을 때는 어떻게 해야 할까요?
– 초록불이 들어왔을 때 바로 건너도 될까요?
– 멈추지 않은 차가 있으면 어떻게 해야 할까요?
– 우리는 키가 작은데 운전자에게 우리가 건너는 것이 보이려면 어떻게 해야 할까요?
– 초록불이 깜빡일 때는 어떻게 해야 할까요?
2. 자료를 활용하여 횡단보도를 건너 보도록 한다.
– 두 명씩 나와서 횡단보도를 건너도록 해 볼까요?
(빨간불일 때, 초록불일 때, 초록불이 깜빡일 때, 신호가 바뀌었지만 차가 멈추지 않을 때 모든 상황을 해본다.)
  </td></tr>
</table>

<table>
<tr><td></td><td>마무리</td><td>1. 활동을 평가한다.
- 오늘 어떤 활동을 해보았나요?
- 활동을 해보니 어떤 느낌이 들었나요?

2. 횡단의 5원칙을 알아보고 활동을 마무리한다.
- 횡단보도를 건널 때는 다섯 가지 약속을 꼭 지켜야 해요.

횡단의 5원칙
1. 우선 멈춘다.
2. 좌, 우를 살펴본다.
3. 운전자와 눈을 마주친다.
4. 차량의 멈춤을 확인한다.
5. 건너는 동안 차량을 계속 보면서 건넌다.</td></tr>
<tr><td colspan="2">확장활동</td><td>• (게임) 횡단보도 건너기</td></tr>
<tr><td colspan="2">유의사항</td><td>• 횡단 시 지켜야 할 약속을 유의하며 활동할 수 있도록 한다.</td></tr>
</table>

활동명	신호등 만들기
■ 날 짜: 월 일 ■ 이 름:	
신호등이 어떤 색깔일 때 건너야 할까요? 색종이로 신호등을 꾸며 보세요.	

<table>
<tr><td colspan="2">활동명</td><td colspan="3">우리 어린이집의 비상대피 경로 파악하기</td></tr>
<tr><td colspan="2">활동목표</td><td colspan="3">• 어린이집의 비상대피 통로를 경험해 보고 위험한 상황 시 대처방법을 익힌다.
• 소방안전 기구의 위치를 파악하고 사용법을 안다.</td></tr>
<tr><td colspan="2">대상연령</td><td>4~5세</td><td rowspan="2">활동유형</td><td rowspan="2">이야기 나누기</td></tr>
<tr><td colspan="2">집단구성</td><td>대집단 활동, 개별 활동</td></tr>
<tr><td colspan="2">활동자료</td><td colspan="3">• 어린이집 비상대피 안내도, 사진(소화기, 비상구, 경보기, 손전등 등)</td></tr>
<tr><td colspan="2">누리과정
관련요소</td><td colspan="3">• 신체운동·건강 > 안전하게 생활하기 > 안전사고, 화재, 재난, 학대, 유괴 등에 대처하는 방법을 경험한다.
• 자연탐구 > 생활 속에서 탐구하기 > 도구와 기계에 대해 관심을 가진다.
• 자연탐구 > 탐구과정 즐기기 > 궁금한 것을 탐구하는 과정에 즐겁게 참여한다.</td></tr>
<tr><td rowspan="3">활동
방법</td><td>도입</td><td colspan="3">1. 동화 '원숭이네 집에 불이 났어요' 감상하기
2. 어린이집에 불이 나면 어떻게 될까 생각해 보기
3. 불이 났을 때 우리의 안전을 지켜주는 것에 대하여 예측해 보기</td></tr>
<tr><td>전개</td><td colspan="3">1. 불이 났을 때 우리를 도와주는 안전도구 분류해 보기
- 불이 났음을 알려주는 것은?
- 불이 났을 때 불을 끌 수 있는 것은?
- 불이 났을 때 대피할 수 있도록 도와주는 것은?
2. 어린이집에 있는 소방안전 시설 돌아보기
- 대피경로 탐색하기
- 경보기, 소화기, 비상구 등의 위치 파악하기</td></tr>
<tr><td>마무리</td><td colspan="3">불이 났을 때 우리를 도와주는 안전 도구를 분류해 보기
- 불이 났을 때 알려주는 도구는?
- 불이 났을 때 불을 끌 수 있는 도구는?
- 불이 났을 때 대피를 도와주는 것들은 무엇이 있을까요?</td></tr>
<tr><td colspan="2">확장활동</td><td colspan="3">• 불이 났을 때 우리반의 대피경로를 비상대피 도면으로 탐색해 보기
• 비상대피로로 이동하여 소방대피훈련 체험하기</td></tr>
<tr><td colspan="2">유의사항</td><td colspan="3">• 소화기와 손전등은 비상시에만 사용하는 것임을 알 수 있도록 한다.
• 지속적인 대피 훈련을 통하여 위험한 상황에 당황하지 않고 대피할 수 있도록 한다.</td></tr>
</table>

<table>
<tr><th colspan="2">활동명</th><td colspan="3">옷에 불이 붙었어요.</td></tr>
<tr><th colspan="2">활동목표</th><td colspan="3">• 옷에 불이 붙었거나 화재 발생 시 안전하게 대처하는 행동요령을 익힌다.
• 화재가 발생하지 않도록 위험한 놀이를 하지 않는다.</td></tr>
<tr><th colspan="2">대상연령</th><td>3~5세</td><th rowspan="2">활동유형</th><td rowspan="2">이야기 나누기</td></tr>
<tr><th colspan="2">집단구성</th><td>대집단 활동</td></tr>
<tr><th colspan="2">활동자료</th><td colspan="3">• 동영상 '불이 붙었어요' (한국19소년단 > 119소방교실 > 우리는 안전 어린이 > 유아용 동영상 3번)
• 아동사이버교육센터 '옷에 불이 붙었이요.'
• 역할놀이 소품: 모형불꽃</td></tr>
<tr><th colspan="2">누리과정
관련요소</th><td colspan="3">• 신체운동·건강 > 안전하게 생활하기 > 안전사고, 화재, 재난, 학대, 유괴 등에 대처하는 방법을 경험한다.
• 자연탐구 > 과학적 탐구하기 > 생활 속에서 탐구하기 > 물체의 특성과 변화를 여러 가지 방법으로 탐색한다.</td></tr>
<tr><th rowspan="3">활동
방법</th><th>도입</th><td colspan="3">우리의 생활을 도와주는 불에 대하여 생각 나누기
– 불이 있어야 음식을 만들 수 있어요.
– 불이 우리 집을 따뜻하게 해줘요.
– 어두운 밤을 환하게 밝혀줘요.</td></tr>
<tr><th>전개</th><td colspan="3">1. 불에 대한 경험 나누기
– 성냥, 라이터, 가스 불, 폭음탄, 위험한 화학제품을 만져본 적이 있나요?
– 불을 켰을 때 어떤 느낌이나 생각이 들었나요?
– 불을 켰을 때 뜨거워서 성냥이나 라이터를 바닥에 떨어뜨린다면 어떤 일이 일어날까요?
2. 만약에 내 옷에 불이 붙었다면 어떻게 행동해야 할까요?
– 자리에 멈춰 서요.
– 바닥에 엎드려요.
– 두 손으로 얼굴(눈, 코 ,입)을 가리고, 불이 꺼질 때까지 뒹굴어요.
– 옷에 불이 붙었을 때 놀라거나 당황해서 팔짝팔짝 뛰거나 몸을 움직이면 불이 더 크게 번질 수 있어요.
– 옷에 불이 붙었을 때 불이 붙은 부분을 바닥에 대고 비벼서 꺼야 해요.
3. 불이 나지 않게 하려면 우리는 어떤 것들을 지켜야 할까요?
– 위험한 도구(성냥, 라이터, 가스 불, 폭음탄 등)는 놀잇감으로 사용하면 안돼요.
– 종이나 헝겊 등도 불이 붙을 수 있어요.
– 어린이들은 혼자 불을 켜거나 만지지 말고 필요하면 어른들에게 도움을 요청해야 해요.</td></tr>
<tr><th>마무리</th><td colspan="3">불이 나면 어떻게 할까요?
– 119로 화재 신고하기   – 큰 소리로 "불이야" 외치기
– 밖으로 대피하기   – 구석으로 숨지 않기</td></tr>
<tr><th colspan="2">확장활동</th><td colspan="3">1. 역할놀이
– 모형 불꽃을 이용하여 내 몸에 불이 붙었을 때의 행동요령 체험하기
– 119로 화재 신고하기
2. 게임
– 옷에 풍선을 달고 풍선 터뜨리기</td></tr>
<tr><th colspan="2">유의사항</th><td colspan="3">• 옷에 불이 붙었을 때 행동요령을 익힐 수 있도록 한다.</td></tr>
</table>

활동명	안전하게 우리집을 찾아가 보아요.

■ 날 짜: 월 일

■ 이 름:

안전하게 집으로 갈 수 있는 방법에 대해 알아보아요.

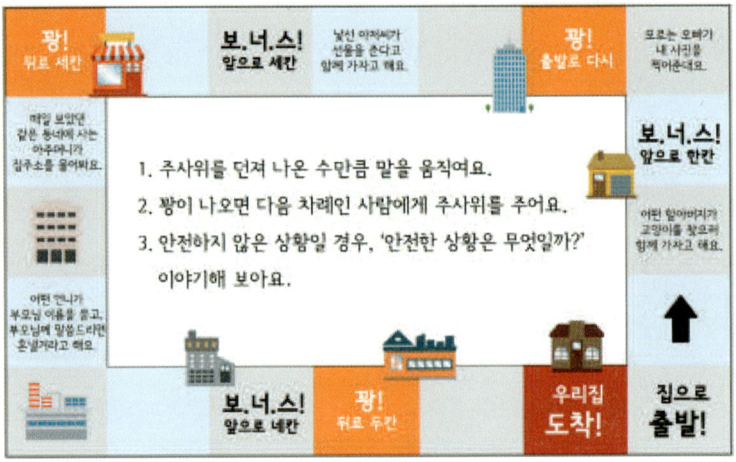

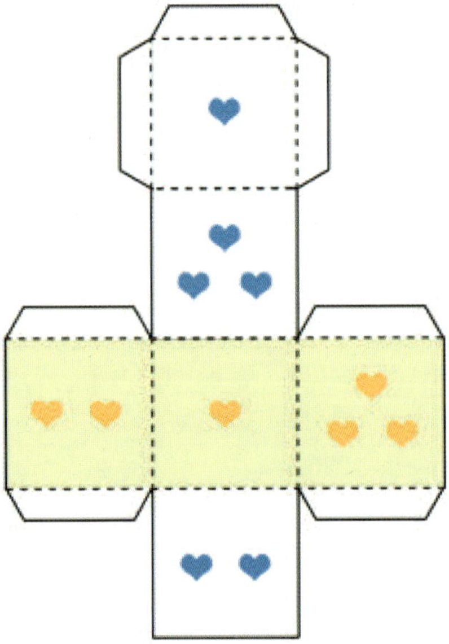

<table>
<tr><td colspan="2">활동명</td><td colspan="3">내 몸은 내가 지켜요</td></tr>
<tr><td colspan="2">활동목표</td><td colspan="3">• 내 몸의 신체 각 부위의 특징을 이해한다.
• 내 몸의 소중함을 이해하고 지키는 방법을 안다.</td></tr>
<tr><td colspan="2">대상연령</td><td>3세</td><td rowspan="2">활동유형</td><td rowspan="2">이야기 나누기</td></tr>
<tr><td colspan="2">집단구성</td><td>대집단 활동</td></tr>
<tr><td colspan="2">활동자료</td><td colspan="3">동화책, 인형, 인형 옷</td></tr>
<tr><td colspan="2">누리과정 관련요소</td><td colspan="3">• 사회관계 > 나를 알고 존중하기 > 나를 알고 소중히 여긴다.
• 신체운동·건강 > 신체활동 즐기기 > 신체를 인식하고 움직인다.</td></tr>
<tr><td rowspan="2">활동 방법</td><td>도입</td><td colspan="3">1. 노래를 부르며 각각의 신체 부위를 찾아본다.
– ○○는 어디 있나 여기, 손은 어디 있나 여기, 발가락은 어디 있나 여기, 배꼽은 어디 있을까? 여기~
2. 신체 명칭을 알아본 뒤 동화를 감상한다.
– 표지를 보니 어떤 그림이 있나요?
– 어떤 내용의 동화책일까요?
– 똑똑똑~ 똑 문 좀 열어주세요.</td></tr>
<tr><td>전개</td><td colspan="3">제목: 지은이: ○○○
좋은 생각을 하는 나의 몸 / 둥글둥글 나의 얼굴
세상을 보는 나의 눈 / 냄새를 맡는 나의 코 / 말을 하고 음식을 먹는 나의 입
소리를 듣는 나의 귀 / 기다랗고 매끄러운 나의 목 / 길쭉길쭉 나의 팔
뾰족뾰족 나의 팔꿈치 / 나의 가슴 / 통통한 나의 배
포동포동 나의 엉덩이 / 튼튼한 나의 두 다리 / 둥글둥글 나의 무릎
나의 두 발 / 꼬물꼬물 나의 발가락 / 발가락 끝의 발 톱 / 소중한 나의 몸
머리끝부터 발끝까지 소중한 나의 몸 / 나의 몸을 아끼고 사랑해요.
– 동화를 감상해 보니 어떤 느낌이 들었나요?
1. 인형을 제시하여 신체 부위 중 소중하게 지켜야 할 부위에 대해 이야기 나누기
– (인형에게 바지를 입히며) 티를 입으면 우리 몸의 어떤 부분을 보호할 수 있을까요?
– 속옷을 입으면 우리 몸의 어떤 부분을 보호할 수 있을까요?
– 왜 소중한 부분을 지켜야 할까요?
2. 소중한 부위를 지키는 방법에 대해 이야기 나누기
– 다른 사람이 나의 소중한 부분을 만지려고 하면 어떻게 해야 할까요?
– 내가 나의 소중한 부분을 자주 만지면 어떻게 될까요?</td></tr>
</table>

		– 소중한 부분에 병균이 들어가면 어떻게 될까요?    
	마무리	1. 오늘 어떤 것에 대해 이야기 나누었나요? 2. 어떤 생각이 들었나요? 3. 우리가 우리 몸을 보호하고 지키기 위해서는 어떻게 해야 할까요? 4. 어른이 될 때까지 우리 몸을 스스로 지키도록 약속할 수 있나요?
확장활동		• 게임: 친구와 함께 손바닥, 발바닥 부딪쳐 보기 • 미술: 우리 몸 중 소중한 부분을 찾아 색칠하기
유의사항		• 내 몸의 소중함을 알고 잘 보호하도록 한다.

<table>
<tr><td colspan="2">활동명</td><td colspan="3">이렇게 행동해요.</td></tr>
<tr><td colspan="2">활동목표</td><td colspan="3">• 위험한 상황에서 소중한 우리 몸을 지키는 방법에 대해 안다.
• 정확하고 큰 소리로 표현해 보고 대처방법을 익힌다.</td></tr>
<tr><td colspan="2">대상연령</td><td>3~5세</td><td rowspan="2">활동유형</td><td rowspan="2">역할극</td></tr>
<tr><td colspan="2">집단구성</td><td>대집단 활동</td></tr>
<tr><td colspan="2">활동자료</td><td colspan="3">• 동영상 '빨간 모자가 되었어요' (2015 보건복지부 아동안전사고 예방사업)
• 동화 '도와줘요, 빨래 할머니' (지은이: 엄미랑)
• '안돼요, 싫어요, 하지 마세요' 글씨 모형, 크레파스, 색연필, 사인펜, 나무젓가락</td></tr>
<tr><td colspan="2">누리과정 관련요소</td><td colspan="3">• 신체운동·건강 > 안전하게 생활하기 > 안전사고, 화재, 재난, 학대, 유괴 등에 대처하는 방법을 경험한다.
• 사회관계 > 나를 알고 존중하기 > 나를 알고 소중히 여긴다.
• 의사소통 > 듣기와 말하기 > 자신의 경험, 느낌, 생각을 말한다.</td></tr>
<tr><td rowspan="3">활동 방법</td><td>도입</td><td colspan="3">동영상 '빨간 모자가 되었어요' 감상하기</td></tr>
<tr><td>전개</td><td colspan="3">1. '빨간 모자가 되었어요' 동영상 내용 회상하기
– 빨간 모자는 어디를 가고 있었나요?
– 양 아저씨는 빨간 모자에게 어떤 행동을 했나요?
– 빨간 모자의 기분은 어떠했나요?
– 빨간 모자는 어떤 행동을 했나요?
2. 내 몸을 만지는 아저씨의 행동에 빨간 모자는 어떻게 대처했나요?
– 도와줄 사람을 찾았어요.
– 큰 소리로 '하지 마세요', '도와주세요'라고 이야기했어요.
– 안전지킴이 표시가 있는 곳을 찾아갔어요.
– 우리 집(부모님)에 전화를 했어요.
3. 이럴 땐 어떻게 해야 할까요?
– 엘리베이터에서 모르는 아저씨가 가까이 오거나 내 몸을 만지려고 하면?
– 낯선 사람이 차를 태우려고 하면?
– 부모님이 대신 부탁했다고 거짓말을 하면?
– 아는 사람이라도 강제로 차에 태우거나 모르는 곳으로 가자고 말하거나 내 몸을 만지면?</td></tr>
<tr><td>마무리</td><td colspan="3">동화 '도와줘요, 빨래 할머니'를 읽고 상황에 맞는 대응방법 익히기
– '안돼요, 싫어요, 하지 마세요' 큰소리로 외치기
– 도와줄 사람이나 가게 등으로 도망가기
– 몸을 만지려고 하면 팔, 다리, 몸부림을 치며 빠져나오기
– 뒤에서 안으려고 하면 온몸을 웅크리고 앉아 힘주기
– 손을 잡고 끌고 가려고 하면 손이나 팔을 힘껏 깨물고 빠져나오기
– 억지로 끌고 가려고 하면 힘껏 도망치며 '도와주세요'라고 큰 소리로 외치기</td></tr>
<tr><td colspan="2">확장활동</td><td colspan="3">• 동극 활동: 상황에 따라 이럴 땐 이렇게 외쳐요.
• 조형 활동: '안돼요, 싫어요, 하지 마세요' 막대 글씨 꾸미기</td></tr>
<tr><td colspan="2">유의사항</td><td colspan="3">• 유아가 알고 있는 사람이라도 내 몸을 함부로 만지면 안 된다는 것을 이야기해 준다.
• 유아가 재연하는 상황이 위험한 상황임을 알게 해주고, 진지하게 활동에 임할 수 있도록 한다.</td></tr>
</table>

<table>
<tr><th colspan="2">활동명</th><td colspan="3">낯선 사람을 조심해요.</td></tr>
<tr><th colspan="2">활동목표</th><td colspan="3">• 낯선 사람을 만났을 경우 대처방법을 안다.
• 역할을 경험하고 자기 생각을 말로 표현할 수 있다.</td></tr>
<tr><th colspan="2">대상연령</th><td>5세</td><th rowspan="2">활동유형</th><td rowspan="2">역할극</td></tr>
<tr><th colspan="2">집단구성</th><td>소집단 활동</td></tr>
<tr><th colspan="2">활동자료</th><td colspan="3">표정 그림 자료 2개, 상황 그림 자료 3개, 낯선 사람 손인형</td></tr>
<tr><th colspan="2">누리과정 관련요소</th><td colspan="3">• 신체운동·건강 > 안전하게 생활하기 > 안전사고, 화재, 재난, 학대, 유괴 등에 대처하는 방법을 경험한다.
• 의사소통 > 듣기와 말하기 > 적절한 단어를 사용하여 말한다.
• 예술경험 > 창의적으로 표현하기 > 극놀이로 경험이나 이야기를 표현한다.</td></tr>
<tr><th rowspan="2">활동 방법</th><th>도입</th><td colspan="3">상황 그림 자료 2종류(A상황: 화가 난 표정의 사진 / B: 웃는 표정의 사진)를 보며 이야기 나누기
– A의 사람은 어떤 표정을 짓고 있나요?
– 나에게 다가오면 어떻게 해야 할까요?
– 왜 그렇게 생각했나요?</td></tr>
<tr><th>전개</th><td colspan="3">1. 상황 그림자료를 보며 이야기 나누기
(상황1) 할머니가 집에 가는 길을 잃었으니 길을 알려달라고 하는 상황
– 할머니가 무엇을 도와달라고 했나요?
– 할머니를 어떻게 도와줄 수 있을까요?
– (직접 112에 전화해서 경찰의 도움을 요청한다.)
(상황2) 아저씨가 다가와서 사탕과 아이스크림을 사 준다며 같이 가자고 하는 상황
– 이 아저씨가 지금 무엇을 하고 있나요?
– 따라가면 어떤 일이 일어날까요?
(상황3) 언니, 오빠가 다가와 귀엽게 생겼다며 엄마 전화번호를 알려 달라고 하는 상황
– 언니, 오빠(형, 누나)가 어떻게 했나요?
– 번호를 알려주면 어떤 일이 생길까요?
2. 역할을 정하여 상황을 대처해 보기
– 이번에는 우리가 그림 속 친구가 되어서 역할을 해볼까요?</td></tr>
</table>

활동 방법	전개	3. 대처방법에 대해 이야기 나누기 – OO는 엄마한테 전화해서 확인해요. – OO는 주변에 지나가는 사람에게 도움을 요청해요.   
	마무리	1. 활동을 해보니 어떤 느낌이 들었나요? 2. 낯선 사람이 다가왔을 때 어떻게 하면 좋을까요? 3. 낯선 사람도 아는 어른도 부모님이 없을 때는 모두 조심하도록 해요.
확장활동		• (미술)유괴 예방 안내 포스터 만들기
유의사항		• 유아들의 생각을 말로 표현하도록 한다. • 상황에 따른 대처방법을 잘 기억하도록 한다.

<table>
<tr><td colspan="2">활동명</td><td colspan="3">미세먼지와 황사</td></tr>
<tr><td colspan="2">활동목표</td><td colspan="3">• 미세먼지와 황사의 위험성에 대하여 알고 대처방법을 안다.
• 미세먼지와 황사가 심할 때는 외출을 삼가고 외출 시 주의해야 할 사항을 안다.</td></tr>
<tr><td colspan="2">대상연령</td><td>4~5세</td><td rowspan="2">활동유형</td><td rowspan="2">이야기 나누기</td></tr>
<tr><td colspan="2">집단구성</td><td>대집단 활동, 개별활동</td></tr>
<tr><td colspan="2">활동자료</td><td colspan="3">• 마스크, 그림자료(먼지 사진, 공장 연기 사진, 자동차 매연 사진 등)
• 국민안전 동영상 자료(국민이 안전이와 함께하는 황사와 미세먼지 안전수칙)
• 환경부 동영상 ‘미세먼지로부터 행복을 지키는 건강한 습관’(어린이용)</td></tr>
<tr><td colspan="2">누리과정
관련요소</td><td colspan="3">• 자연탐구 > 자연과 더불어 살기 > 날씨와 계절의 변화를 생활과 관련짓는다.
• 신체운동·건강 > 건강하게 생활하기 > 질병을 예방하는 방법을 알고 실천한다.
• 신체운동·건강 > 건강하게 생활하기 > 자신의 몸과 주변을 깨끗이 한다.</td></tr>
<tr><td rowspan="3">활동
방법</td><td>도입</td><td colspan="3">1. ‘미세먼지’와 ‘황사’에 대하여 생각 나누기
– ‘미세먼지’는 무엇일까요?
– ‘황사’는 무엇일까요?
2. ‘미세먼지’와 ‘황사’가 위험한 이유는 무엇일까요?</td></tr>
<tr><td>전개</td><td colspan="3">1. 동영상 ‘미세먼지로부터 행복을 지키는 건강한 습관’ 감상하기(환경부 제공 어린이용)
2. ‘미세먼지’에 대한 생각 나누기
– 미세먼지가 만들어지는 이유는?
– 미세먼지는 우리에게 어떤 영향을 미칠까요?
3. 미세먼지를 피하려면 어떻게 해야 할까요?
4. ‘황사’에 대한 생각 나누기
– 황사는 어느 계절에 많이 나타날까요?
– 황사가 나타나는 이유는?
5. ‘미세먼지’와 ‘황사’가 있는 날의 생활수칙 알아보기
– 우리 몸을 보호할 수 있는 도구들은?
– 우리 생활에서 지켜야 하는 생활규칙은?</td></tr>
<tr><td>마무리</td><td colspan="3">1. 올바른 마스크 착용방법을 알아보고 실천해 보기
2. 올바른 손 씻기 방법 익히기</td></tr>
<tr><td colspan="2">확장활동</td><td colspan="3">• (게임) ‘나무가 되어 황사를 막아보자’</td></tr>
<tr><td colspan="2">유의사항</td><td colspan="3">• 미세먼지와 황사의 위험성을 알고 대처하는 방법을 익힐 수 있도록 한다.</td></tr>
</table>

<table>
<tr><td colspan="2">활동명</td><td colspan="3">지진이 일어났어요.</td></tr>
<tr><td colspan="2">활동목표</td><td colspan="3">• 지진이 발생했을 때 어떤 일이 일어날 수 있는지 알고 안전하게 행동한다.
• 지진 발생 시 사전에 대피 행동요령을 익힌다.</td></tr>
<tr><td colspan="2">대상연령</td><td>4~5세</td><td rowspan="2">활동유형</td><td rowspan="2">이야기 나누기</td></tr>
<tr><td colspan="2">집단구성</td><td>대집단 활동</td></tr>
<tr><td colspan="2">활동자료</td><td colspan="3">• 그림 자료: 다양한 지진 발생 관련 사진
• 그림 자료: 지진 대피요령이 그려 있는 그림(책상 밑으로 숨는 그림, 가스레인지를 잠그는 그림, 머리를 보호하는 그림, 라디오로 소식을 듣는 그림 등)</td></tr>
<tr><td colspan="2">누리과정 관련요소</td><td colspan="3">• 자연탐구 > 탐구과정 즐기기 > 궁금한 것을 탐구하는 과정에 즐겁게 참여한다.
• 신체운동·건강 > 안전하게 생활하기 > 안전사고, 화재, 재난, 학대, 유괴 등에 대처하는 방법을 경험한다.</td></tr>
<tr><td rowspan="3">활동 방법</td><td>도입</td><td colspan="3">다양한 지진 발생 사진을 보여주며 이야기 나누기
– 땅이 갈라졌어요.
– 집이 무너졌어요.
– 유리창이 깨지고 파편이 떨어졌어요.</td></tr>
<tr><td>전개</td><td colspan="3">1. 지진이란?
– 지진은 지구 속의 에너지가 지구 밖으로 나오면서 생겨나는 자연현상이에요.
– 이때 땅이 흔들리는 현상을 지진이라고 해요.
2. 상황에 따른 지진 대피방법은?
– 집안에 있을 때 지진이 일어났어요. 어떻게 해야 할까요?
– 지진이 일어났을 때는 자신의 몸을 보호하는 것이 가장 중요해요.
: 지진이 느껴지면 탁자나 책상 또는 침대 밑으로 몸을 피해야 해요.
– 화재의 위험이 없도록 초기에 불을 끄는 것이 중요해요.
: 건물이 흔들리기 시작하면 조리 중인 불과 가스밸브를 잠글까요?
3. 집 밖에 있을 때, 갑자기 지진이 나면 어떻게 해야 할까요?
– 건물이나 담장 등이 무너져 내리면 다칠 수 있으므로 공원이나 광장 등 넓고 안전한 곳으로 대피해야 해요.</td></tr>
<tr><td>마무리</td><td colspan="3">지진이 발생하기 전에 미리 알아두면 좋은 올바른 대비방법 익히기
– 지진이 일어났을 때는 자신의 몸을 보호하는 것이 가장 중요해요.
– 우리 동네의 안전대피 장소를 기억해요.
– 높은 곳의 물건은 떨어질 수 있으니 낮은 곳으로 내려놓아요.
– 큰 불이 일어나지 않도록 전기나 가스는 안전벨트를 잠가 놓아요.
– 비상식량, 구급상자, 휴대용 장비 등을 미리 챙겨 놓아요.</td></tr>
<tr><td colspan="2">확장활동</td><td colspan="3">• 지역사회 연계: 안전체험관의 지진 체험 등 연계해 보기</td></tr>
<tr><td colspan="2">유의사항</td><td colspan="3">• 대피훈련 시 유아들이 서로 다치지 않도록 주의한다.
• 지진 소리를 무서워하는 유아가 있을 경우에는 볼륨을 줄여 듣도록 한다.
• 그림 및 영상자료 시청 후 유아들이 그 내용을 이해하였는지 확인한다.</td></tr>
</table>

<table>
<tr><td colspan="2">활동명</td><td colspan="3">손 씻기는 즐거워 – 으악 내 손에 병균이</td></tr>
<tr><td colspan="2">활동목표</td><td colspan="3">• 손 씻기의 중요성을 알고 올바른 손 씻기를 실천한다.
• 손 씻기를 통하여 질병을 예방하기 위한 방법을 익힌다.</td></tr>
<tr><td colspan="2">대상연령</td><td>3~5세</td><td rowspan="2">활동유형</td><td rowspan="2">이야기 나누기, 동화</td></tr>
<tr><td colspan="2">집단구성</td><td>대집단 활동</td></tr>
<tr><td colspan="2">활동자료</td><td colspan="3">• 그림 자료: 인체 모형 그림, 감기벌레 5마리, 비누 및 세정제, 세면대
• 동화: 감기벌레는 집짓기를 좋아해(지은이: 미우)
• 손 씻기 순서 그림 자료
• 음악 CD: 올챙이 학교</td></tr>
<tr><td colspan="2">누리과정
관련요소</td><td colspan="3">• 신체운동·건강 > 건강하게 생활하기 > 질병을 예방하는 방법을 알고 실천한다.
• 의사소통 > 책과 이야기 즐기기 > 책에 관심을 가지고 상상하기를 즐긴다.
• 예술경험 > 창의적으로 표현하기 > 신체나 도구를 활용하여 움직임과 춤으로 자유롭게 표현한다.</td></tr>
<tr><td rowspan="3">활동
방법</td><td>도입</td><td colspan="3">'감기벌레는 집짓기를 좋아해' 동화 듣기</td></tr>
<tr><td>전개</td><td colspan="3">1. 감기벌레는 주인공의 몸 어디어디에 집을 지었나요?
– 손, 팔뚝, 입속, 코 속 등
2. 감기벌레는 왜 집짓기를 좋아할까요?
3. 감기벌레를 물리치려면 어떻게 해야 하나요?
4. 감기벌레만 더러운 우리 몸을 좋아할까요?
5. 위생적이고 건강한 생활을 하려면 어떻게 하면 좋을까요?
– 외출 후에는 반드시 손과 발을 씻고 양치질을 해요.
– 음식을 먹을 때는 꼭 손을 씻고 먹어요.
– 더운 여름에는 자주 손 씻기를 해요.
– 땀이 묻었거나 더러운 옷은 자주 세탁해서 입어요.</td></tr>
<tr><td>마무리</td><td colspan="3">1. 깨끗한 손이 되려면 어떻게 해야 할까요?
– 비누, 세정제를 이용해서 깨끗이 씻어요.
– 손 씻는 순서를 생각하며 바르게 씻어요.
2. 동요(올챙이 학교)에 맞추어 '올바른 손 씻기'를 순서대로 표현해 보기</td></tr>
<tr><td colspan="2">확장활동</td><td colspan="3">• 손 씻기 체험용 뷰 박스 체험 활동
지역사회의 보건소와 연계하여 〈손 씻기 체험용 뷰 박스〉를 대여받아 아동들이 직접 자신의 손 씻기 전후의 위생 상태를 체험할 수 있도록 함
• 인체 그림 자료와 감기벌레, 동화책을 인지 영역에 배치하여 놀이활동으로 연계</td></tr>
<tr><td colspan="2">유의사항</td><td colspan="3">• 손 씻기 순서 그림을 게시해 주고 일상생활에서 올바른 습관을 기를 수 있도록 한다.</td></tr>
</table>

활동명	안전하게 놀이해요(Ⅰ)

■ 날 짜: 월 일

■ 이 름:

실내에서 안전하게 놀이하는 방법에 대해 토의해 보아요.

실내활동	안전한 놀이 방법
블록을 키보다 높이 쌓을 때	• • •
놀잇감을 던지거나 세게 부딪히며 놀이할 때	• • •
조형 영역에서 가위를 사용할 때	• • •
기타 영역 (음률, 과학 등)	• • •

활동명	안전하게 놀이해요(Ⅱ)

■ 날 짜: 월 일

■ 이 름:

실내에서 안전하게 놀이하는 방법에 대해 토의해 보아요.

실내활동	안전한 놀이 방법
그네	• • •
모래놀이	• • •
오르기 기구	• • •
시소	• • •

<table>
<tr><td colspan="2">활동명</td><td colspan="3">우리 반 구급약상자</td></tr>
<tr><td colspan="2">활동목표</td><td colspan="3">• 약의 종류와 올바른 복용법에 대해 안다.
• 약을 먹을 때 반드시 어른이 주는 약만 먹어야 함을 알고 지키려는 태도를 기른다.</td></tr>
<tr><td colspan="2">대상연령</td><td>3~5세</td><td rowspan="2">활동유형</td><td rowspan="2">이야기 나누기</td></tr>
<tr><td colspan="2">집단구성</td><td>대집단 활동</td></tr>
<tr><td colspan="2">활동자료</td><td colspan="3">구급약 상자, 실제 약품, 모형 약품</td></tr>
<tr><td colspan="2">누리과정
관련요소</td><td colspan="3">• 신체운동·건강 > 건강하게 생활하기 > 질병을 예방하는 방법을 알고 실천한다.
• 자연탐구 > 탐구과정 즐기기 > 궁금한 것을 탐구하는 과정에 즐겁게 참여한다.</td></tr>
<tr><td rowspan="2">활동
방법</td><td>도입</td><td colspan="3">‘배가 아파요’ 노래 부르며 주의 집중을 한다.
– 아이스크림 맛이 있어서 / 하나먹고 둘 먹고 또 먹었더니 꾸르르르 꾸르르르르 / 꾸륵 꾸륵 배가 아파요 어지러웠죠 골치 아팠죠 / 병원에 갔죠 주사 맞았죠. 그런데 내 동생들이 / 하나 먹고 둘 먹고 또 먹겠대요. 그러면 안돼 그러면 안돼 / 떽 떽 떼엑</td></tr>
<tr><td>전개</td><td colspan="3">1. 실제 약을 보면서 사전 경험에 대해 이야기 나눈다.
– 이렇게 생긴 약을 먹어본 적이 있나요?
– 왜 약을 먹었나요?
– 어디가 아팠나요?
– 어떻게 생긴 약을 먹었나요?

2. ‘약은 무엇일까요’ 자료를 보면서 여러 가지 약의 종류에 대해 알아본다.
– 알약은 어떻게 생겼나요?
– 물약을 먹어본 적이 있나요?
– 주사를 맞아본 적이 있나요?
– 연고를 발라본 적이 있나요?
– 상처가 난 곳은 어떻게 치료할까요?
– 눈 안에 넣는 약을 무엇이라고 할까요?
– 벌레에 물렸을 때 어떤 약을 사용했나요?</td></tr>
</table>

활동 방법	전개	3. '약은 무엇일까요?' 자료를 보면서 아픈 증상마다 필요한 약이 다르다는 것을 알아본다. - 감기에 걸렸을 때 어떤 약을 먹어야 할까요? - 눈이 아플 때 어떤 약이 필요할까요? - 상처가 났을 때 어떤 약이 필요할까요? - 상처가 난 곳을 소독하지 않으면 어떻게 될까요? 4. 약이 필요할 때 반드시 어른이 주는 것만 먹어야 한다는 것에 대해 이야기 나눈다. - 어린이가 약을 사용하면 어떤 일이 일어날 수 있을까요? - 왜 어른의 도움이 필요할까요? - 왜 어린이가 스스로 치료하면 안 될까요?    
	마무리	활동을 평가하고 마무리한다. - 오늘 어떤 것에 대해 알아보았나요? - 어른이 없을 때 스스로 약을 먹거나 치료해도 될까요? - 약을 먹거나 치료할 때는 어른의 도움을 받도록 해요.
확장활동		• (수·조작): 아플 때마다 치료하는 약이 달라요.
유의사항		• 유아들이 호기심에 약품을 만지거나 먹지 않도록 지도한다.

최신
아동안전관리

Safety Education for Children

부록

부록 1 안전교육 연간계획

1 안전교육 연간계획안 [0세 예시]

월	0세 보육프로그램 단원	안전교육 프로그램
3	여기가 어딜까?	• 기저귀 갈 때 좋은 느낌(성폭력) • 우리 반에서 놀아요. (생활)
4	선생님 몸은 따뜻해요.	• 안전벨트가 지켜줘요. (교통) • 기저귀 갈 때 좋은 느낌(성폭력)
5	어디 있나? 까꿍!	• 누가 있을까? (실종·유괴) • 내 몸의 소중한 곳은 함부로 만지지 않아요. (성폭력①)
6	내 몸이 움직여요	• 손을 꼭 잡아요. (실종·유괴) • 꼭 잡고 있어요. (생활) • 아무거나 입에 넣지 않아요. (약물①)
7	조물조물 첨벙첨벙	• 빵빵~ 자동차가 지나가요. (교통①)
8	무슨 소리일까?	• 비가 와요.(재난①) • 내 몸의 소중한 곳은 함부로 만지지 않아요. (성폭력②) • 깨진 건 위험해요. (생활)
9	재미있는 놀잇감	• 내 몸의 소중한 곳은 함부로 만지지 않아요. (성폭력③) • 빵빵~ 자동차가 지나가요. (교통②) • 비가 와요. (재난②)
10	내 주변은 재미있어요	• 손을 꼭 잡아요. (실종·유괴②) • 우리 반에서 놀아요. (생활)
11	옹알옹알 말해요	• 누가 있을까? (실종·유괴)
12	이게 뭘까?	• 아무거나 입에 넣지 않아요. (약물②) • 깨진 건 위험해요. (생활)
1	요리조리 흉내놀이	• 빵빵~ 자동차가 지나가요. (교통③)
2	내가 해 볼래요	• 꼭 잡고 있어요. (생활)

2 안전교육 연간계획안 [1세 예시]

월	1세 보육프로그램 단원	안전교육 프로그램
3	편안한 1세반	• 선생님이 주는 약만 먹어요. (약물) • 뽀송뽀송 (성폭력) • 내가 잘 자는지 봐 주세요. (생활)
4	재미있는 놀잇감	• 손잡고 안전하게 걸어요. (교통)
5	예쁜 내 얼굴	• 뽀송뽀송 (성폭력) • 팬티를 입어요. (성폭력) • 선생님과 손을 잡아요. (실종·유괴) • 긴 손톱 싫어요. (생활)
6	활발한 움직임	• 인형의 안전벨트를 매어 주세요. • 땅이 흔들려요. (재난) • 움직일 때 조심해요. • 선생님이 이거 해도 돼요?
7	첨벙첨벙 물놀이	• 날아가요. (재난) • 빗물 웅덩이. (재난) • 팬티를 입어요. (성폭력)
8	알고 싶어요	• 먹을 수 있는 것과 없는 것 (약물) • 약은 사탕이 아니에요. (약물) • 떨어지는 물건은 위험해요. (재난) • 전기콘센트 안전 덮개. (재난) • 움직일 때 조심해요. (생활)
9	즐거운 인형놀이	• 약은 사탕이 아니에요. (약물) • 느낌이 달라요. (성폭력) • 선생님과 손을 잡아요. (실종·유괴) • 낯신 사람을 따라가지 않아요. (실종·유괴)
10	바깥세상	• 밝은 색 옷을 입으면 잘 보여요. • 손잡고 안전하게 걸어요. (교통) • 소방대피훈련 (재난) • 낯선 사람을 따라가지 않아요. (실종·유괴) • 큰 소리로 도움을 요청해요. (실종·유괴)
11	그림책	• 소방대피훈련 (재난) • 느낌이 달라요. (성폭력)
12	추워요	• 선생님이 주는 약만 먹어요. (약물) • 앗! 뜨거워. (생활)
1	궁금한 것이 많아요	• 땅이 흔들려요. (재난) • 소방대피훈련. (재난) • 전기콘센트 안전 덮개. (재난) • 떨어지는 물건은 위험해요. (재난)
2	친구가 있어요	• 낯선 사람을 따라가지 않아요. (실종·유괴) • 큰 소리로 도움을 요청해요. (실종·유괴) • 아픈건 싫어요. (생활)

3 안전교육 연간계획안 [2세 예시]

월	2세 보육프로그램 단원	안전교육 프로그램
3	어린이집에 왔어요	• 맛있는 냄새가 나도 먹으면 안돼요. (약물) • 올라가지 않아요. (생활) • 물면 안돼! (생활) • 그대로 멈춰라. (생활) • 위험한 표시예요. (생활)
4	놀잇감 탐색·신나는 바깥놀이	• 따르릉 따르릉 비켜나세요. (교통) • 실외놀이 후 손을 깨끗이 씻어요. (약물) • 느낌이 달라요. (성폭력) • 선생님과 함께 다녀요. (실종·유괴) • 아무도 없는 곳에 가지 않아요. (실종·유괴) • 모서리는 위험해요. (생활) • 장난감을 밟지 않아요. (생활)
5	봄나들이 가요.	• 실외 놀이 후 손을 깨끗이 씻어요. (약물) • 아무도 없는 곳에 가지 않아요. (실종·유괴) • 아무 차나 타지 않아요. (실종·유괴) • 큰 소리로 도움을 청해요. (실종·유괴) • 그대로 멈춰라. (생활)
6	나	• '싫어요'라고 말해요. (성폭력) • 나는 소중해요. (성폭력) • 선생님과 함께 다녀요. (실종·유괴) • 물면 안돼. (생활) • 살살 깨워 주세요. (생활)
7	더워요	• 친구 약을 먹으면 안돼요. (약물) • 땅이 흔들흔들 (재난) • 무서운 바람. (재난) • 인형이 물에 떠내려가요 (재난)
8	동물	• 무서운 바람. (재난) • 인형이 물에 떠내려가요 (재난)
9	가족	• 느낌이 달라요. (성폭력) • '싫어요'라고 말해요. (성폭력) • 선생님과 함께 다녀요. (실종·유괴) • 아무 차나 타지 않아요. (실종·유괴) • 모르는 사람이 데려가요. (실종·유괴) • 살살 깨워 주세요. (생활)

월	2세 보육프로그램 단원	안전교육 프로그램
10	내가 만난 사람들	• 옛날에 먹던 약을 먹으면 안돼요. (약물) • 친구 약을 먹으면 안돼요. (약물) • 느낌이 달라요. (성폭력) • '싫어요'라고 말해요. (성폭력) • 아무 차나 타지 않아요. (실종·유괴) • 모르는 사람이 데려가요. (실종·유괴) • 큰 소리로 도움을 청해요. (실종·유괴)
11	탈것	• 멈춘다! 살핀다! 건넌다! (교통) • 차에서 내릴 때 차례차례 (교통) • 따르릉 따르릉 비켜나세요. (교통) • 탈 때는 아이 먼저, 내릴 때는 어른 먼저 (교통)
12	추워요	• 옛날에 먹던 약을 먹으면 안돼요. (약물) • 친구 약을 먹으면 안돼요. (약물) • 소방대피훈련: 불이야! 외쳐요. (재난) • 안전한 곳으로 피해요. (재난)
1	재미있는 색깔놀이·모양놀이	• 멈춘다! 살핀다! 건넌다! (교통) • 차에서 내릴 때 차례차례 (교통) • 맛있는 냄새가 나도 먹으면 안돼요. (약물) • 모서리는 위험해요. (생활) • 위험한 표시예요. (생활)
2	형·언니가 되어요	• 옛날에 먹던 약을 먹으면 안돼요. (약물) • 살살 깨워 주세요. (생활)

4 안전교육 연간계획안 [5세 예시]

- 교통안전교육: 2개월 1회(연간 12시간 이상)
- 실종·유괴 예방, 방지교육: 3개월 1회(연간 10시간 이상)
- 감염병 및 약물의 오남용 예방 등 보건위생관리 교육: 3개월 1회(연간 10시간 이상)
- 재난대비안전교육: 6개월 1회 이상(연간 6시간 이상)
- 성폭력 및 아동학대 예방교육: 6개월 1회(연간 6시간 이상)
- 생활안전: 일상 속에서 매일

* 이 외 교통안전교육은 실외 놀이 시 매일, 약물 오남용 안전교육은 영유아 투약 시 수시로 이루어지며 주제와 관련하여 모든 안전교육내용이 충분히 이루어지도록 하루 일과를 계획하여 실행하도록 한다.

월	주	사고유형	활동명	목표	활동유형
3	1	생활안전	교실에서 놀잇감을 바르게 가지고 놀아요.	교실에서 교구와 블록을 사용할 때 지켜야 할 주의점을 안다.	이야기 나누기
	2	교통안전	안전하게 걸어요.	길을 건널 때 유아들이 안전하게 보행할 수 있도록 한다.	동화
	3	화재대피	안전하게 대피하는 출입구 알기	불이 났을 때 내가 있는 위치에서 가장 가까운 대피장소를 인지할 수 있도록 하며 상황에 따라 어느 곳으로 대피해야 하는지 알고 대피할 수 있다.	이야기 나누기
	4	재난대비안전	자연재해란 무엇일까요?	자연재해란 무엇인지 알 수 있다.	이야기 나누기
4	1	실종·유괴 예방, 방지	낯선 사람에 대해 알아요.	그림책 내용을 기초로 낯선 사람의 개념과 상황대응방안에 대해 안다.	역할극
	2	소방안전	불이야! 불! (불이 날 때 어떻게 해야 할지?)	불이 났을 때 상황대처와 대피요령에 대해 알게 한다.	이야기 나누기
	3	감염병 및 약물의 오남용 예방 등 보건위생관리	약은 무엇일까?	• 약의 종류에 대해 관심을 가진다. • 약을 먹을 때 반드시 어른이 주는 약만 먹어야 함을 안다.	이야기 나누기
	4	화재대피	불은 왜 날까요?	불이 나는 원인에 대해 알아보고 불장난은 위험하다는 것을 알게 한다.	이야기 나누기
5	1	재난대비안전	봄의 불청객 황사	• 황사의 원인을 알고 황사가 심할 때는 외출을 삼가고, 외출 시 주의해야 할 사항을 안다. • 자신의 몸을 소중히 여기는 마음을 갖는다.	이야기 나누기
	2	생활안전	실외놀이 시 지켜야 할 약속	실외 놀이 시 지켜야 할 약속에 대해 이야기 나누기	동화
	3	교통안전	대중교통 안전하게 이용하기	대중교통에 대해 인지하고 대중교통을 안전하게 이용할 수 있다.	이야기 나누기

월	주	사고유형	활동명	목표	활동 유형
5	4	화재대피	비상구가 있어요.	우리 어린이집의 비상구를 알아보고 대피로를 알 수 있다.	미술
	5	성폭력 및 아동학대 예방	소중한 우리 몸	우리 몸의 중요성을 알고, 소중함과 보호하는 방법에 대해 안다.	동화
6	1	재난대비안전	작고 작은 미세먼지	• 미세먼지의 위험성과 예방법에 대해 안다. • 미세먼지가 우리 몸에 주는 영향에 대해 이야기할 수 있다.	동화
	2	성폭력 및 아동학대 예방	이런 장난은 싫어	여자와 남자의 성을 이해하고 올바른 성 예절을 이해한다.	동화
	3	교통안전	비 오는 날 안전	비 오는 날 안전보행에 대해 안다	이야기 나누기
	4	화재대피	미끄럼틀과 계단으로 탈출해요	2층 비상탈출구(미끄럼틀)와 계단으로 탈출하는 방법을 알고 빠르게 대피할 수 있다.	이야기 나누기
7	1	실종·유괴 예방, 방지	멈추기 생각하기 도와주세요.	길을 잃었을 때, 바른 대처하는 방법에 대해 안다.	이야기 나누기
	2	감염병 및 약물의 오남용 예방 등 보건위생관리	약은 정해진 약만 먹어요.	약을 먹을 수 있는 올바른 방법에 대해 알아보며 약을 먹을 때 주의해야 할 점이 무엇인지 안다.	게임
	3	화재대피	소방서에서 하는 일	소방서에서 하는 일을 알고 소방관들에게 감사하는 마음을 갖는다.	이야기 나누기
	4	재난대비안전	비가 많이 와서 물이 넘쳐요.	홍수의 의미와 피해사례를 통해 위험성에 대해 안다.	이야기 나누기 /동화
8	1	생활안전	물놀이를 할 때에는	물놀이를 할 때 알아야 할 안전규칙에 대해 알게 한다.	동화
	2	실종·유괴 예방, 방지	따라가면 안돼요.	여러 가지 유괴방식을 알려주어 유괴를 피하도록 한다.	역할극
	3	화재대피	앗, 옷에 불이 붙었어요.	불이 났을 때 올바르게 대처·대피하는 요령을 배우게 한다.	이야기 나누기
	4	교통안전	이동교통수단에서의 안전약속	이동교통수단(버스)에서의 바르게 행동하는 방법에 대해 알게 한다.	이야기 나누기
	5	감염병 및 약물의 오남용 예방 등 보건위생관리	잘 쓰면 약! 못 쓰면 독!	우리 주변에 있는 약의 종류에 대해 알아보고, 약의 양면성 (이로움과 해로움)을 알고, 올바르게 약을 복용하는 방법에 대해 안다.	이야기 나누기

월	주	사고유형	활동명	목표	활동 유형
9	1	재난대비안전	땅이 흔들려요.	지진과 지진의 위험성에 대해 알고 지진 대처 방법을 알아두어 지진 시 바르게 대피하는 방법에 대해 알게 한다.	역할극
	2	생활안전	에스컬레이터/ 엘리베이터를 탈 때에는	공공장소에서 엘리베이터나 에스컬레이터를 바르게 이용할 수 있는 방법을 알 수 있다.	이야기 나누기
	3	성폭력 및 아동학대 예방	나는야 내 몸 지킴이	좋은 느낌, 싫은 느낌을 알고 다른 사람이 함부로 몸을 만지지 않게 한다.	동화
	4	화재대피	좋아하는 것과 싫어하는 것	불을 좋아하는 것과 싫어하는 것을 통해 불의 속성을 알 수 있게 한다.	게임
10	1	재난대비안전	태풍은 무서워요.	태풍의 의미와 피해사례를 통해 위험성에 대해 알아보고, 태풍이 오기 전과 왔을 때 안전한 행동에 대해 알고, 이를 실천한다.	이야기 나누기
	2	감염병 및 약물의 오남용 예방 등 보건위생관리	약은 혼자서 먹으면 위험해요.	어른 없이 혼자서 약을 먹을 때 위험에 처 할 수 있다는 것을 알게 한다.	이야기 나누기
	3	화재대피	불이 났어요.	불이 났을 때 상황대처와 대피요령에 대해 알게 한다.	동화
	4	교통안전	안전하게 길을 건너요.	길을 건너는 방법에 대해 알고 안전하게 길을 건널 수 있다.	이야기 나누기
	5	성폭력 및 아동학대 예방	보여줄 수 없는 몸이 있어요.	신체 중 속옷을 입은 곳은 남에게 보여줄 수 없는 소중한 부분임을 알고 함부로 만지거나 만지게 하면 안 됨을 안다.	동화
11	1	교통안전	재미있는 교통놀이	교통기관을 이용할 때 안전한 행동과 안전하지 못한 행동을 구분할 수 있다.	미술
	2	화재대피	무서운 가스	안전하게 가스를 사용하는 방법과 올바른 가스점검 방법에 대해 알게 한다.	동화
	3	실종·유괴 예방, 방지	따라가지 않을 게요.	유괴 당하는 순간, 어떻게 해야 하는지 알아본다.	이야기 나누기
	4	재난대비안전	대설이란?	대설에 대해 알아보고 어떻게 대비해야 할지를 알게 한다.	이야기 나누기

월	주	사고유형	활동명	목표	활동 유형
12	1	감염병 및 약물의 오남용 예방 등 보건위생관리	아야~배가 아파요.	중독 사고를 유발 할 수 있는 가정용품의 올바른 사용법을 알고 안전하게 보관한다.	게임
	2	성폭력 및 아동학대 예방	비밀은 없어요.	낯선 사람의 불쾌한 행동에 대해 자신을 지킬 줄 알게 한다.	동화
	3	감염병 및 약물의 오남용 예방 등 보건위생관리	알코올, 카페인은 싫어요.	알코올, 카페인이 우리 몸에 주는 여러 가지 해로움을 알아보고 음료수의 섭취량을 줄여본다.	이야기 나누기
	4	생활안전	좋아요. 나빠요. (인터넷, 스마트폰 중독예방)	인터넷(스마트폰)의 장·단점에 대해 알아본 뒤 올바른 인터넷(스마트폰) 사용방법에 대해 알게 한다.	이야기 나누기
1	1	교통안전	지하철을 탈 때에는	지하철을 이용할 때의 안전규칙과 실제 상황들에 대해 알게 한다.	멀티 자료
	2	화재대피	소화기 사용법을 알아요.	올바른 소화기 사용법을 알아 위급 상황에 적극 대처할 수 있도록 한다.	동화
	3	감염병 및 약물의 오남용 예방 등 보건위생관리	비타민 약! 알고 잘 먹어요.	비타민 종류에 대해 알아보며 비타민이 부족하거나 많이 섭취 시, 발생할 수 있는 문제점에 대해 안다.	미술
	4	화재대피	만지면 안돼요.	불에 델 수 있는 물건과 데이지 않는 물건을 알게 한다.	이야기 나누기
	5	교통안전	길을 건널 수 있는 곳	횡단보도, 육교 등의 쓰임새를 알며, 안전하게 보행하는 방법에 대해 알게 한다.	음률
2	1	실종·유괴 예방, 방지	이건 비밀이 아니에요.	위험한 상황을 알고 도움을 청하며, 좋지 않은 일을 겪었을 때에는 부모님이나 선생님에게 말할 수 있다.	이야기 나누기
	2	화재대피	약속을 지켜요.	전기안전점검 생활화와 올바른 콘센트 사용법으로 전기화재를 예방할 수 있음을 알게 한다.	게임
	3	교통안전	여러 가지 길에서의 안전	차도와 보도를 구분하고 안전하게 보행하는 방법을 익히고 신호등이 있는 경우와 신호등이 없는 경우, 안전하게 차도를 건너는 방법을 안다.	이야기 나누기
	4	감염병 및 약물의 오남용 예방 등 보건위생관리	하얀 담배 연기 속 나쁜 비밀	• 담배 속 들어 있는 유해 물질에 대해 안다. • 금연도우미가 되어 금연캠페인을 한다.	이야기 나누기

부록 2

(예시) ○○어린이집 비상대응 훈련 계획

결재	담당자	안전관리책임관

훈련명	어린이집 화재 발생 시 비상 대응	훈련일시	2017년 3월 17일
참가자	어린이집 보육교직원 24명, 영유아 100명	훈련 진행책임자	안전관리책임관 및 안전관리자
훈련 종류	실제훈련		
훈련 목적	어린이집 화재 발생 시 즉각적인 대피를 위해 비상계획에 명시된 대피에 관련된 내용을 훈련함 (대피 시간 줄이기에 중점)		
비상대응상황 시나리오	조리실의 누수로 인해 전기 배선으로 물이 침투하여 약 11시경에 조리실에서 화재가 발생되어 화재경보기가 울림		

훈련 내용		
상황	대응 활동	평가중점내용
조리실에서 화재 발생하여 화재 경보발생	소화기를 사용한 초기 진화 시도	소화기 사용
	각반의 영유아 대피 실시	질서유지하며 대피
	119 연락	위치, 상황설명
초기진화에 실패하여 화세 확장	조리실 앞의 방화문을 내리고 계속적으로 영유아를 정해진 장소로 대피시킴 (방화문이 없는 경우, 조리실 문을 닫고 대피함)	대피시간 / 대피한 영유아 수
	대피 후 부상자 사상자 확인	부상자 사상자 응급처치
119 출동 후 화재 진압 후 사태 종료	안전한 곳에서 대피 지속, 인근 병원 연락 영유아 부모에게 연락	연락 시간 / 응대 태도

출처: 보건복지부(2021). 2021년도 보육사업안내(부록). 세종: 보건복지부, 242.

부록 3

(예시) ○○어린이집 비상대응 훈련 평가서

결재	담당자	안전관리책임관

훈련명	어린이집 화재 발생 시 비상 대응	훈련일시	2017년 3월 17일
참가자	어린이집 보육교직원 24명, 영유아 100명	훈련 진행책임자	안전관리책임관 및 안전관리자
훈련 목적	어린이집 화재 발생 시 즉각적인 대피를 위해 비상계획에 명시된 대피에 관련된 내용을 훈련함 (대피 시간 줄이기에 중점)		
비상대응상황 시나리오	조리실의 누수로 인해 전기 배선으로 물이 침투하여 약 11시경에 조리실에서 화재가 발생되어 화재경보기가 울림		

훈련 내용		평 가	
대응 활동	평가중점 내용	평가항목	평가(기술)
소화기를 사용한 초기 진화 시도	소화기 사용	소화기 위치를 빠르게 파악했는가?	
		소화기 사용법을 숙지하였는가?	
각반의 영유아 대피 실시	질서유지하며 대피	남아있는 원아는 없이 안전히 대피를 하였는가?	
		영유아는 질서를 지켜 대피를 하였는가?	
119 연락	위치, 상황설명	정학한 위치와 상황을 119에 연락하여 전달하였는가?	
조리실 앞의 방화문을 내리고 계속적으로 영유아를 정해진 장소로 대피시킴	대피시간 / 대피한 영유아 수	방화문의 위치를 파악하여 작동을 실시하였는가?	
		대피 소요시간은 어떻게 되는가?	
		대피한 영유아의 인원파악을 하였는가?	
대피 후 부상자 사상자 확인	부상자 사상자응급처치	부상상태를 파악 후 적절한 조치를 취하였는가?	
		사상자 응급처치를 진행하였는가?	
안전한 곳에서 대피 지속, 인근 병원 연락 영유아 부모에게 연락	연락 시간/ 응대 태도	병원에 방문 여부를 확인 (기록)하였는가?	
		부모에게 연락을 취하였는가?	

출처: 보건복지부(2021). 2021년도 보육사업안내(부록). 세종: 보건복지부. 243.

부록 4

화재발생 시 영유아 대피 세부행동요령

1. 화재를 감지하는 법
   - 눈: 연기가 보이고 따가워집니다.
   - 귀: 사람들의 아우성소리와 비상벨소리가 들립니다.
   - 코: 무언가 타는 냄새가 납니다.
   - 피부: 뜨거움을 느낍니다.
2. 불이 났을 때는 초기진화와 대피가 우선
   - 비상문에서 제일 가까운 영유아가 문을 열고 나가기 시작하여 신속히 대피합니다.
   - 교사는 영유아가 평시에 훈련한 대피장소로 이동하도록 유도합니다.
   - 교사는 남아 있는 영유아가 있는지 살핍니다.
   - 소화기를 이용하여 신속히 초기진화 합니다.
   - 엘리베이터를 타지 않고 비상구를 이용합니다.
   - 119에 신고합니다.
3. 화재발생 후 연기 속에서 대피할 때
   - 손수건이나 옷을 이용하여 코와 입을 보호합니다.
   - 자세를 최대한 낮춥니다.
   - 다른 손으로 벽을 잡습니다.
   - 비상구 방향으로 신속하게 대피합니다.
4. 불길이나 연기 때문에 대피할 수 없어 건물 속에 갇혔을 때
   - 문 손잡이를 만져보아 뜨거우면 문을 열고 나가지 않습니다.
   - 창문이나 문틈을 물에 적신 수건으로 막고, 물에 적신 손수건이나 수건으로 입과 코를 가리고 낮은 자세를 취합니다.
   - 창문에서 수건을 흔들며 구조를 요청합니다.
   - 함부로 창밖으로 뛰어내리지 않습니다.

출처: 보건복지부(2021). 2021년도 보육사업안내(부록). 세종: 보건복지부, 244.

부록 5 어린이집 통합 안전점검표

〈일별 점검표〉

① 안전분야

(점검상태: 양호○, 보통△, 불량×)

구분	점 검 항 목	점검결과						조치사항
		/	/	/	/	/	/	
		월	화	수	목	금	토	
실외 환경	- 어린이집 보호벽 및 주변의 관리상태는 양호한가?							
	- 실외놀이 공간 주변의 돌, 유리조각, 요철, 녹이 슨 부분, 벗겨진 페인트, 돌출된 모서리가 방치되어 있지는 않은가?							
	- 놀이터 바닥에 오물, 방치된 물웅덩이가 없는가?							
실내 환경	- 문과 창문 등의 추락 위험은 없는가?							
	- 바닥에는 다칠 수 있거나 미끄러운 곳이 없는가?							
	- 복도, 계단, 비상계단, 미끄럼대 등에 방치된 물건이 없어 피난계단, 미끄럼대 등을 사용하기에 양호한가?							
	- 보육용품이나 비품 유리창 등에 날카로운 모서리 등이 없는가?							
	- 전기포트, 뜨거운 차, 글루건 등은 영유아의 손이 닿지 않는 곳에 보관되어 있는가?							
	- 세면대, 정수기 등 뜨거운 온수가 나오는 곳에 안전조치가 되어 있는가?							
놀잇감 및 놀이 기구	- 망가져 날카롭고 위험한 것 또는 부품이 빠지거나 작은 볼트 등이 빠진 것은 없는가?							
	- 유해 색소가 칠해진 놀잇감은 없는가?							
	- 영유아가 삼킬만한 작은 놀잇감이나 부품은 없는가?							
	- 놀잇감 및 놀이기구의 수납 상태가 양호한가?							
화장실·세면대	- 화장실 내 세제나 락스 등 위험한 물건이 영유아들의 손이 닿는 곳에 방치되어 있지 않는가?							
전기·화기·위험물	- 콘센트는 안전덮개로 보호되어 있는가?							
	- 화기에 의한 안전사고 위험은 없는가?							
	- 위험물에 의한 안전사고 위험은 없는가?							
	- 가스밸브와 가스중간밸브 잠금은 양호한가?							

출처: 보건복지부(2021). 2021년도 보육사업안내(부록). 세종: 보건복지부. 348

〈일별 점검표〉

② 차량분야

(점검상태: 양호○, 보통△, 불량×)

구분	점 검 항 목	점검결과						조치사항
		/ 월	/ 화	/ 수	/ 목	/ 금	/ 토	
운행 전 점검	– 차량 외부의 이상 유·무를 확인한다.							
	– 차량 내 소화기·비상약품이 비치여부 및 비치상태가 양호한지 확인한다.							
	– 차량시동 후 엔진 및 각종계기판 이상 유·무를 확인한다.							
	– 엔진 및 차체의 잡음은 없는가?							
	– 차량 출발 전 탑승자의 안전벨트 및 문단속을 확인하고 전·후방 사각지대에 영유아 또는 장애물이 있는지 확인한다.							
운행 중 점검	– 차량에 영유아를 보호할 수 있는 사람(보육교사 등)이 탑승하는가?							
	– 창문 밖으로 머리, 손을 내미는 영유아가 있는가?							
	– 안전운행을 위하여 교통안전규칙을 철저히 지킨다.							
	– 정차는 후방의 차량에 최대한 방해되지 않는 곳에 한다.							
	– 운행 중에는 휴대폰, 이어폰 등을 사용하지 않는다.							
운행 후 점검	– 타이어 압력 및 트랙은 양호한가?							
	– 주차 브레이크는 정상인가?							
	– 차량 내 영유아가 전원 하차 하였는지 확인한다.							

출처: 보건복지부(2021). 2021년도 보육사업안내(부록). 세종: 보건복지부. 349.

〈월별 점검표〉

(점검상태: 양호○, 보통△, 불량×)

구분	점 검 항 목	점검결과 월	조치사항
안전관리	- 안전관리의 책임 및 위기관리 체계가 적합한가?		
	- 일별 안전점검 체크리스트에 의해 관리되고 있는가?		
	- 응급전화번호 및 비상연락망 등이 잘 관리되고 있는가?		
실외환경	- 어린이집 주변에 감전 위험은 없는가?		
	- 위험한 적치물, 축대 붕괴, 맨홀 등에 대한 위험은 없는가?		
실내 환경	- 모든 설비는 움직이거나 떨어지지 않도록 바닥과 벽면에 단단히 고정되어 있는가?		
	- 창문, 방충망의 상태는 안전한가?		
현관·통로·계단·비상구	- 출입문, 현관문 등의 안전장치는 정상 작동하는가?		
	- 계단, 통로부분에 미끄럼 방지처리가 되어있는가?		
	- 계단의 안전 상태는 양호한가?		
화장실·세면대	- 화장실 내 전기 콘센트 등 전기용품은 안전한가?		
	- 세면대의 고정 상태는 안전한가?		
실내외 놀이기구 및 공간	- 모든 놀이기구가 바닥에 안전하게 고정되어 있는가?		
	- 놀이 시설물의 상태(틈새나 간격)가 영유아의 몸에 끼이지 않는 넓이인가?		
	- 기초대, 지지대 등 매설부분이 노출되지 않았는가?		
	- 모든 놀이기구 아래와 주위(안전지대)의 충격흡수재 성능은 양호한가?		
	- 보수가 필요한 놀잇감 및 놀이 기구가 방치되어 있는가?		
	- 놀이기구의 높이가 영유아에게 적합한가?		
	- 어린이제품안전특별법, 품질경영 및 공산품 안전관리법 등에 의한 안전검사(KC 인증 등)를 필한 제품인가?		
전기·가스·위험물 안전관리	- 전선, 콘센트, 플러그 등 손상된 부분은 없는가?		
	- 한 개의 콘센트에 용량을 초과해 사용하고 있지 않은가?		
	- 분배전반 및 각종 전기기구의 노후 및 파손된 것은 없는가?		
	- 가스경보기의 설치 상태가 양호한가?		

<table>
<tr><th rowspan="2">구분</th><th rowspan="2">점 검 항 목</th><th>점검결과</th><th rowspan="2">조치사항</th></tr>
<tr><th>월</th></tr>
<tr><td rowspan="4">소방시설
관리</td><td>- 대피를 위한 대피도가 잘 관리되어 있는가?</td><td></td><td></td></tr>
<tr><td>- 소화기, 스프링클러 등 소화장비의 작동 및 관리 상태는 양호한가?</td><td></td><td></td></tr>
<tr><td>- 자동화재 탐지설비의 설치 상태가 양호한가?</td><td></td><td></td></tr>
<tr><td>- 옥내소화전의 관리 및 작동이 양호한가?</td><td></td><td></td></tr>
<tr><td rowspan="3">비상대피
시설관리</td><td>- 비상계단 및 미끄럼대 등이 화재 등 유사시 사용이 가능한가?</td><td></td><td></td></tr>
<tr><td>- 피난유도등 유도표지 등이 잘 갖추어져 있고 정상 작동하는가?</td><td></td><td></td></tr>
<tr><td>- 건물 내 대피경로에 장애가 되는 요소는 없는가?</td><td></td><td></td></tr>
</table>

출처: 보건복지부(2021). 2021년도 보육사업안내(부록). 세종: 보건복지부, 350-351.

부록 6 서식

<table>
<tr><td colspan="4" rowspan="2">폐쇄회로 텔레비전(CCTV) 영상물 (□열람 □존재확인) 요청서</td><td>처리기한</td></tr>
<tr><td>10일 이내</td></tr>
<tr><td rowspan="3">청구인</td><td>성 명</td><td></td><td>전화번호</td><td></td></tr>
<tr><td>생년월일</td><td></td><td>정보주체와의 관계</td><td></td></tr>
<tr><td>주 소</td><td colspan="3"></td></tr>
<tr><td rowspan="3">정보주체 인적사항</td><td>성 명</td><td></td><td>전화번호</td><td></td></tr>
<tr><td>생년월일</td><td colspan="3"></td></tr>
<tr><td>주 소</td><td colspan="3"></td></tr>
<tr><td rowspan="3">청구내용</td><td>청구영상 기록기간</td><td colspan="3">(예: 연도, 월, 일, 시간 정확히 기록)</td></tr>
<tr><td>청구영상 설치장소</td><td colspan="3">(예: 원내장소 기입)</td></tr>
<tr><td>청구영상 목적 및 사유</td><td colspan="3">(구체적으로 기입하지 않으면 처리가 곤란할 수 있음)</td></tr>
<tr><td colspan="5">「영유아보육법」 제15조의5 및 「개인정보보호법」 제17조에 따라 위와 같이 CCTV영상정보(□열람 □존재확인) 청구합니다.

년 월 일

청구인 : (서명 또는 인)

○○어린이집원장 귀하</td></tr>
</table>

어린이 놀이시설 사고 보고서(예시)

<table>
<tr><td>시설명
(관리주체)</td><td></td><td colspan="2">전화번호</td><td colspan="2"></td></tr>
<tr><td>시설주소</td><td colspan="5"></td></tr>
<tr><td>상해아동이름</td><td></td><td>성별</td><td>남·여</td><td>생년월일</td><td>년 월 일</td></tr>
<tr><td>사고일자</td><td>년 월 일</td><td colspan="2">사고시간</td><td colspan="2">오전/오후</td></tr>
<tr><td>부모성명</td><td></td><td colspan="2">부모 연락처</td><td colspan="2"></td></tr>
<tr><td>조치내용</td><td colspan="5"></td></tr>
<tr><td>사고발생 장소</td><td colspan="5">☐ 실외놀이터 ☐ 실내놀이터 ☐ 부대시설 ☐ 기타 ( )</td></tr>
<tr><td>상해를 입은 기구</td><td colspan="5">☐ 오르는 기구(정글짐) ☐ 회전놀이기구 ☐ 건너는 기구(평균대)
☐ 종합놀이대 ☐ 미끄럼틀 ☐ 흔들놀이 기구(시소)
☐ 그네 ☐ 바닥 걸림 ☐ 기타 ( )</td></tr>
<tr><td>상해의 유형</td><td colspan="5">☐ 화상(열상) ☐ 뇌진탕 ☐ 골절 ☐ 삠
☐ 타박상 ☐ 골절/탈구 ☐ 찰과상 ☐ 내장손상
☐ 사망 ☐ 기타 ( )</td></tr>
<tr><td>사고원인</td><td colspan="5">☐ 바닥으로 떨어짐: 떨어진 높이 약 m, 바닥의 형태:
☐ 놀이기구 등에 부딪힘 ☐ 놀이기구 줄에 매이거나 묶임
☐ 놀이기구 등에 긁힘 ☐ 놀이기구에 끼임
☐ 뛰거나 발을 헛디뎌 넘어짐 ☐ 다른 유아에게 맞거나 밀림
☐ 기타 ( )</td></tr>
<tr><td>다친 부위
(좌·우 표시)</td><td colspan="5">☐ 머리 ☐ 눈(좌, 우) ☐ 귀(좌, 우) ☐ 코 ☐ 입
☐ 목 ☐ 가슴 ☐ 등 ☐ 엉덩이(좌, 우)
☐ 생식기 ☐ 팔, 손(좌, 우) ☐ 발, 다리(좌, 우) ☐ 내장
☐ 기타 ( )</td></tr>
<tr><td>작성 일자</td><td></td><td colspan="2">작성자 서명</td><td colspan="2">(인 또는 서명)</td></tr>
<tr><td>확인 일자</td><td></td><td colspan="2">확인자 서명
(관리주체)</td><td colspan="2">(인 또는 서명)</td></tr>
</table>

응급 처치 동의서(예시)

성명		주민등록번호	-
성별	남 , 여	반	

귀 기관에서 다음의 절차에 따라 응급처치를 하는 경우, 그 권한을 귀 기관에 위임할 것에 동의합니다.

20 . . .

부 모 : (서명 또는 인)

〈응 급 처 치 절 차〉

1. 사고 발생 시 가장 먼저 부모님께 연락합니다.

	연락처(☎)		
	집	휴대폰	직장
아버지			
어머니			

2. 부모님과 신속하게 연락되지 않을 경우, 부모님이 정해주신 다음의 연락처로 연락드립니다.

성병	유아와의 관계	연락처(☎)		
		집	휴대폰	직장

3. 필요한 경우 119 구조대에 연락할 것이며 (기관에서 지정하는 의료기관이나, 부모님이 정하신 _______ 의료기관)으로 응급수송 할 것입니다.
   (비용은 보호자 부담으로 합니다)
4. 의료기관 수송 후에는 다음의 의료보험 관련 정보를 주어 신속하게 치료받을 수 있도록 합니다.
   의료보험 종류 번호 기관
5. 알레르기 및 특이 체질에 의하여 진료에 영향을 미치는 기타 정보
   (약물 부작용 여부 등)

○○ 원장

서식 1-1 재원아동 건강상태 모니터링 기록지(예시)

* 등원 시 발열 또는 호흡기 증상(콧물, 기침)등 이 있는 경우 즉시 등원 중단 및 귀가 조치가 필요합니다. (보건복지부)

발열 체크리스트			
일자		감염관리책임자	(서명)

아 동 명	체크시간	체온	호흡기 증상 (콧물, 기침)여부	조치사항
(예시) ooo	*08:50* *14:20*	*36.5* *36.5*	*부*	–
△△△	*09:00* *14:00*	*36.5* *37.5*	*부*	*모에 즉시 유선 통보 하고 원장실에 격리 후 모에 인계(15:00)*

※ 해당 서식을 참고로 등원 시, 의심환자와 접촉 시, 외부인 출입 시 등 어린이집 상황에 맞게 수정 사용

출처: 보건복지부(2021). 「코로나바이러스감염증-19」유행대비 어린이집용 대응 지침 Ⅷ-2판, 15.

서식 1-2 보육교직원 건강상태 모니터링 기록지(예시)

* 출근 시 발열 또는 호흡기 증상(콧물, 기침)등 이 있는 경우 즉시 등원 중단 및 귀가 조치가 필요합니다. (보건복지부)

발열 체크리스트			
일자		감염관리책임자	(서명)

교직원명	체크시간	체온	호흡기 증상 (콧물, 기침)여부	조치사항
(예시) ○○○	*08:50* *14:20*	*36.5* *36.5*	*부*	–
△△△	*09:00* *14:00*	*36.5* *37.5*	*부*	*귀가조치*

※ 해당 서식을 참고로 등원 시, 의심환자와 접촉 시, 외부인 출입 시 등 어린이집 상황에 맞게 수정 사용

출처: 보건복지부(2021). 「코로나바이러스감염증-19」유행대비 어린이집용 대응 지침 Ⅷ-2판, 16.

서식 1-3 코로나19 대응 어린이집 감염 예방 관리 체크리스트

○ 확인일시: 20 년 월 일 (요일) 시

○ 확 인 자: 소속 ____________ 이름 __________(서명)

<table>
<tr><th colspan="2" rowspan="2">체크리스트</th><th colspan="2">해당란에 ○ 표시</th><th rowspan="2">비고</th></tr>
<tr><th>예</th><th>아니오</th></tr>
<tr><td colspan="5">협력체계(1)</td></tr>
<tr><td rowspan="2">• 비상연락체계
(격리시설–관할 보건소–관할 시·군·구 및 시·도)</td><td>마련 및 현행화하였는가</td><td></td><td></td><td></td></tr>
<tr><td>눈에 잘 띄는 곳에 비치되어 있는가</td><td></td><td></td><td></td></tr>
<tr><td colspan="5">인력 배치 및 관리(4)</td></tr>
<tr><td colspan="2">• 감염관리책임자가 지정되어 있는가</td><td></td><td></td><td></td></tr>
<tr><td colspan="2">• 모든 아동 및 보육교직원에 일일 건강체크를 시행하고 있는가
(발열, 호흡기증상 등)</td><td></td><td></td><td></td></tr>
<tr><td colspan="2">• 모든 아동 및 보육교직원 대상 감염병예방관리 교육을 수행하였는가</td><td></td><td></td><td></td></tr>
<tr><td colspan="2">• 격리실이 구비되어 있는가</td><td></td><td></td><td></td></tr>
<tr><td colspan="5">위생 및 방역 관리(4)</td></tr>
<tr><td colspan="2">• 어린이집은 자체 소독 지침에 따라 매일 소독하고 있는가</td><td></td><td></td><td></td></tr>
<tr><td colspan="2">• 어린이집은 수시로 환기(일 3회 이상)를 하고 있는가</td><td></td><td></td><td></td></tr>
<tr><td colspan="2">• 손세척제와 휴지 등이 충분히 비치되어 있는가</td><td></td><td></td><td></td></tr>
<tr><td colspan="2">• 어린이집 내 마스크, 체온계 등 감염 예방 필수물품을 충분히 비치하고 있는가</td><td></td><td></td><td></td></tr>
<tr><td colspan="5">기타 특이사항</td></tr>
<tr><td colspan="5">(자유기술)</td></tr>
</table>

출처: 보건복지부(2021). 「코로나바이러스감염증–19」유행대비 어린이집용 대응 지침 Ⅷ–2판 17.

화재예방 점검표(예시)

■ 기관명(점검일): 20 . . .

<table>
<tr><th>분야별</th><th>세부 점검 내용</th><th>점검결과</th></tr>
<tr><td rowspan="6">행정 분야</td><td>방화관리자 지정 및 관리실태 여부</td><td></td></tr>
<tr><td>소방계획서 수립 여부</td><td></td></tr>
<tr><td>매월 안전점검의 날 계획 수립·시행 여부</td><td></td></tr>
<tr><td>소방훈련(자체, 합동) 실시 여부</td><td></td></tr>
<tr><td>소방점검(연간, 월간) 실시 여부</td><td></td></tr>
<tr><td>안전사고 예방교육 실시 여부</td><td></td></tr>
<tr><td rowspan="17">소방 시설 분야</td><td>☐ 소화기</td><td></td></tr>
<tr><td>- 점검표에 검사일이 기재되어 있는가?</td><td></td></tr>
<tr><td>- 규정에 의하여 필요한 수량이 비치되어 있는가? (기준: 각층마다, 보행거리 소형 20m 대형 30m 이내, 각사무실 바닥면적 33㎡ 이상 의무 설치)</td><td></td></tr>
<tr><td>- 사용방법 및 적응화재 표시는 되어 있는가?</td><td></td></tr>
<tr><td>- 충약상태는 적정한가? (적정-압력게이지가 녹색부위(7.0~9.8㎏/㎠)에 위치)</td><td></td></tr>
<tr><td>☐ 옥내외 소화전 설비</td><td></td></tr>
<tr><td>- 소화전의 위치 표시등은 점등되어 있는가?</td><td></td></tr>
<tr><td>- 소화전은 통행 또는 피난에 지장이 없고 사용할 때에 쉽게 반출할 수 있는 장소에 설치되어 있는가?</td><td></td></tr>
<tr><td>- 수원은 정량 확보되어 있는가?</td><td></td></tr>
<tr><td>- 소화전함, 호스, 밸브 등이 손상, 변형, 부식되지 않았는가?</td><td></td></tr>
<tr><td>- 소화전앞 장애물이 있는가?</td><td></td></tr>
<tr><td>- 소화전 호스 및 노즐은 연결되어 있는가?</td><td></td></tr>
<tr><td>☐ 스프링클러</td><td></td></tr>
<tr><td>- 수원은 정량 확보되어 있는가?</td><td></td></tr>
<tr><td>- 제어밸브 개폐상태는 정상인가?</td><td></td></tr>
<tr><td>- 제어밸브의 수압 및 공기압을 나타내는 계기가 정상압으로 유지되고 있는가?</td><td></td></tr>
<tr><td>- 헤드주위에는 작동에 필요한 공간이 확보되어 있으며 살수에 방해가 되는 장애물은 없는가?</td><td></td></tr>
</table>

분야별	세부 점검 내용	점검결과
소방 시설 분야	□ 자동화재 탐지 설비	
	- 수신기가 있는 장소에는 경계구역 일람표를 비치하였는가?	
	- 수신기 부근에 조작상 지장을 주는 장애물은 없는가?	
	- 수신기 조작부 스위치는 정상위치에 있는가?	
	- 감지기는 유효하게 화재발생을 감지할 수 있도록 설치되어 있는가?	
	- 연기감지기는 출입구 부분이나 흡입구가 있는 실내의 그 부분에 설치되어 있는가?	
	- 발신기의 상단에 표시등은 점등되어 있는가?	
	□ 위험물 저장취급시설(유류, 가스보관소, 급식소 등)	
	- 불필요한 가연물이 방치되어 있지는 않은가?	
	- 전선과 전선기구 등의 스파크현상에 대한 방지는 이상이 없는가?	
	- 차광 및 환기설비는 이상이 없는가?	
	- 용기의 전도 및 배관의 충격, 마찰 또는 가열의 위험성은 없는가?	
	- 기름찌꺼기나 폐액이 방치되고 있지 않은가?	
	□ 가연성 가스시설	
	- 용기는 채광이 되어 있고 환기 및 비를 피할 수 있는 장소에 설치되어 있는가?	
	- 가스누설경보기가 설치되어 있는가?	
	- 용기, 밸브, 배관 및 연소기는 파손, 변형, 노후 또는 부식되지는 않았는가?	
	- 환기설비는 되어 있는가?	
	□ 피난설비	
	- 유도등 및 유도표지는 파손, 변형, 탈락되지 않았으며, 유도등의 전원은 항상 점등되어 있는가?	
	- 건물의 비상구의 문은 밖으로 열게 되어있으며, 용이하게 개방되는가?	
기타 분야	- 사무실, 교실, 휴게실, 숙직실 등에 비인가 전열기구(전기난로, 전기히터, 석유난로 등)의 사용 여부는?	
	- 1개의 콘센트에 문어발식 전원연결이 되어 있지 않은가?	
	- 교무실, 행정실, 교실, 휴게실, 당직실 등에 유류 등 발화성 물질이 방치되어 있지 않은가?	
	- 기타사항	

점검자 소속: 직) 성명) (인)

확인자 소속: 직) 성명) (인)

비상대응 훈련 계획 및 평가(예시)

<table>
<tr><td rowspan="2">결
재</td><td>담당자</td><td>안전관리책임관</td></tr>
<tr><td></td><td></td></tr>
</table>

<table>
<tr><td>훈련명</td><td>어린이집 화새 발생 시 비상 대응</td><td>훈련일시</td><td>2018년 3월 17일</td></tr>
<tr><td>참가자</td><td>어린이집 보육교직원 24명, 영유아 100명</td><td>훈련
진행책임자</td><td>안전관리책임관 및
안전관리자</td></tr>
<tr><td>훈련종류</td><td colspan="3">실제훈련</td></tr>
<tr><td>비상대응상황
시나리오</td><td colspan="3">어린이집 화재 발생 시 즉각적인 대피를 위해 비상계획에 명시된 대피에 관련된 내용을 훈련함 (대피 시간 줄이기에 중점)</td></tr>
<tr><td colspan="4">훈련 내용(계획)</td></tr>
<tr><td>상황</td><td colspan="2">대응 활동</td><td>평가중점내용</td></tr>
<tr><td rowspan="3">조리실에서
화재 발생하여
화재 경보발생</td><td colspan="2">소화기를 사용한 초기 진화 시도</td><td>소화기사용</td></tr>
<tr><td colspan="2">각반의 영유아 대피 실시</td><td>질서유지하며 대피</td></tr>
<tr><td colspan="2">119 연락</td><td>위치, 상황설명</td></tr>
<tr><td rowspan="2">초기진화에
실패하여
화제 확장</td><td colspan="2">조리실 앞의 방화문을 내리고 계속적으로 영유아를 정해진 장소로 대피시킴(방화문이 없는 경우, 조리실 문을 닫고 대피함)</td><td>대피시간/대피한
영유아 수</td></tr>
<tr><td colspan="2">대피 후 부상자 사상자 확인</td><td>부상자
사상자 응급처치</td></tr>
<tr><td>119 출동 후
화재 진압 후
사태종료</td><td colspan="2">안전한 곳에서 대피 지속, 인근 병원 연락, 영유아 부모에게 연락</td><td>연락 시간/응대 태도</td></tr>
<tr><td>훈련 사진
(소방대피 훈련 시
해당됨)</td><td colspan="2">〈대피훈련 사진〉</td><td>〈최종 집결지〉</td></tr>
</table>

출처: 보건복지부(2017). 2018 보육사업안내.

어린이 놀이시설 사고 보고서(예시)

<table>
<tr><td>시설명
(관리주체)</td><td colspan="2"></td><td>전화번호</td><td colspan="2"></td></tr>
<tr><td>시설주소</td><td colspan="5"></td></tr>
<tr><td>상해아동이름</td><td>성별</td><td>남·여</td><td>생년월일</td><td colspan="2">년 월 일</td></tr>
<tr><td>사고일자</td><td colspan="2">년 월 일</td><td>사고시간</td><td colspan="2">오전/오후</td></tr>
<tr><td>부모성명</td><td colspan="2"></td><td>부모 연락처</td><td colspan="2"></td></tr>
<tr><td>조치내용</td><td colspan="5"></td></tr>
<tr><td>사고발생 장소</td><td colspan="5">☐ 실외놀이터 ☐ 실내놀이터 ☐ 부대시설 ☐ 기타 ( )</td></tr>
<tr><td>상해를 입은 기구</td><td colspan="5">☐ 오르는 기구(정글짐) ☐ 회전놀이기구 ☐ 건너는 기구(평균대)
☐ 종합놀이대 ☐ 미끄럼틀 ☐ 흔들놀이 기구(시소)
☐ 그네 ☐ 바닥 걸림 ☐ 기타 ( )</td></tr>
<tr><td>상해의 유형</td><td colspan="5">☐ 화상(열상) ☐ 뇌진탕 ☐ 골절 ☐ 삠
☐ 타박상 ☐ 골절/탈구 ☐ 찰과상 ☐ 내장손상
☐ 사망 ☐ 기타 ( )</td></tr>
<tr><td>사고원인</td><td colspan="5">☐ 바닥으로 떨어짐: 떨어진 높이 약 m, 바닥의 형태:
☐ 놀이기구 등에 부딪힘 ☐ 놀이기구 줄에 매이거나 묶임
☐ 놀이기구 등에 긁힘 ☐ 놀이기구에 끼임
☐ 뛰거나 발을 헛디뎌 넘어짐 ☐ 다른 유아에게 맞거나 밀림
☐ 기타 ( )</td></tr>
<tr><td>다친 부위
(좌·우 표시)</td><td colspan="5">☐ 머리 ☐ 눈(좌, 우) ☐ 귀(좌, 우) ☐ 코 ☐ 입
☐ 목 ☐ 가슴 ☐ 등 ☐ 엉덩이(좌, 우)
☐ 생식기 ☐ 팔, 손(좌, 우) ☐ 발, 다리(좌, 우) ☐ 내장
☐ 기타 ( )</td></tr>
<tr><td>작성일자</td><td colspan="2"></td><td>작성자 서명</td><td colspan="2"></td></tr>
<tr><td>확인일자</td><td colspan="2"></td><td>확인자 서명
(관리주체)</td><td colspan="2"></td></tr>
</table>

영유아의 건강검진 및 개인정보 수집 및 이용에 대한 동의

① 어린이의 건강검진정보 개인정보 보유 및 보관

개인정보 수집·이용 동의문

■ 개인정보의 수집·이용 동의
- 수집·이용 목적: 서울시 어린이집 지원 시스템 등록 및 ○○어린이집 입학등록
- 수집·이용하려는 개인정보 항목: 성명, 주민등록번호, 주소, 연락처
- 개인정보 보유 및 이용기간: 최종 퇴소 후 5년
- 미동의시 불이익사항: ○○어린이집 입학 및 홈페이지(블로그) 서비스 이용 불가

□ 동의　　　□ 동의하지 않음

② 어린이의 활동사진 등의 초상권

어린이 사진의 홈페이지(블로그, 소식지)게시 동의문

■ 개인정보의 제공
- 개인정보를 제공받은 자: 홈페이지(카페) 회원가입 이용자(OO어린이집 학부형외 불특정다수)
  CCTV공개와 관련한자
- 제공받은 자의 이용 목적: 교육활동, 현장학습, 행사사진(동영상)〈 CCTV공개 요청 제공
- 개인하는 개인정보 항목: 성명, 반, 영상정보(사진, 동영상)
- 보유 및 이용기간: 최종 퇴소 후 5년

□ 동의　　　□ 동의하지 않음

③ 영유아의 건강검진 정보

영유아의 건강검진 정보

■ 영유아의 건강검진정보 및 개인정보의 제공
- 영유아 건강검진 시 측정한 키, 몸무게 외 정보
- 입소어린이집에서의 영유아 건강관리

□ 동의　　　□ 동의하지 않음

위와 같이 어린이의 서울시 어린이집 지원시스템 등록 및 ㅇㅇ어린이집 홈페이지(카페) 사진(동영상), CCTV등 건강검진정보 및 개인정보 수집·이용에 대해 동의합니다.

아동성명	(　　반)	생년월일	
법적 대리인 성명	(서명)	법적관계	

서약서 (예시)

성명		생년월일	
주소			
전화번호		입사일	

상기 본인은 OO어린이집 보육교직원으로서 품위를 지키고 의무를 성실히 수행할 것이며, 아동복지법 제17조(금지행위)에 위배되는 행위를 하지 않을 뿐만 아니라, 이를 이행치 못하였을 경우 그에 합당한 조치에 이의를 제기하지 않을 것이며, 아동복지법 제 26조(신고의무자에 대한 교육)와 관련된 교육을 성실히 이행할 것을 서약합니다.

위와 같이 서약서를 작성 제출합니다.

20 년 월 일

상기 본인 (서명 또는 인)

OO어린이집 귀중

아동복지법 제17조(금지행위)

누구든지 다음 각 호의 어느 하나에 해당하는 행위를 하여서는 아니 된다.

1. 아동을 매매하는 행위
2. 아동에게 음란한 행위를 시키거나 이를 매개하는 행위 또는 아동에게 성적 수치심을 주는 성희롱 등의 성적 학대행위
3. 아동의 신체에 손상을 주거나 신체의 건강 및 발달을 해치는 신체적 학대행위
4. 삭제 〈2014. 1.28〉
5. 아동의 정신건강 및 발달에 해를 끼치는 정서적 학대행위
6. 자신의 보호·감독을 받는 아동을 유기하거나 의식주를 포함한 기본적 보호·양육·치료 및 교육을 소홀히 하는 방임행위
7. 장애를 가진 아동을 공중에 관람시키는 행위
8. 아동에게 구걸을 시키거나 아동을 이용하여 구걸하는 행위
9. 공중의 오락 또는 흥행을 목적을 아동의 건강 또는 안전에 유해한 곡예를 시키는 행위 또는 이를 위하여 아동을 제3자에게 인도하는 행위
10. 정당한 권한을 가진 알선기관 외의 자가 아동의 양육을 알선하고 금품을 취득하거나 금품을 요구 또는 약속하는 행위
11. 아동을 위하여 증여 또는 급여된 금품을 그 목적 외의 용도로 사용하는 행위

아동복지법 제26조(아동학대 신고의무자에 대한 교육)

① 관계 중앙행정기관의 장은 [아동학대범죄의 처벌 등에 관한 특례법] 제10조제2항 각 호의 어느 하나에 해당하는 사람의 자격 취득 과정이나 보수교육 과정에 아동하거나 예방 및 신고의무와 관련된 교육 내용을 포함하도록 하여야 한다.

박정빈

건국대학교 교육대학원 유아교육과 석사졸업
강릉원주대학교 일반대학원 유아교육과 박사졸업
前) 꾸러기유치원장/국공립 이화어린이집원장
前) 국립 강릉원주대학교 유아교육과 강사
現) 가나다교육개발원 대표
동서울대학교 사회복지학과 겸임교수

권수진

한양대학교 교육대학원 유아교육과 석사졸업
덕성여자대학교 일반대학원 유아교육과 박사수료
前) 국립 한경대학교 아동가족복지학과 겸임교수
現) 국공립 풍경채어린이집 원장

조미영

성신여자대학교 일반대학원 유아교육과 석사졸업
성신여자대학교 일반대학원 유아교육과 박사졸업
前) 한중대학교 유아교육학과 전임교수
前) 침례신학대학교 유아교육과 겸임교수

최명숙

숙명여자대학교 교육대학원 아동학과 석사졸업
現) 국공립 성북어린이집원장

황은희

한양대학교 교육대학원 유아교육과 석사졸업
덕성여자대학교 일반대학원 유아교육과 박사졸업
前) 다솜유치원 교사
前) 한양여자대학교 유아교육과 강사
現) 국립 강원대학교 유아교육과 강사

최신 아동안전관리

초　판 1쇄 발행 / 2022년 2월 18일
개정판 1쇄 발행 / 2025년 2월 28일

•

공저자 / 박정빈 · 권수진 · 조미영 · 최명숙 · 황은희
발행인 / 이　중　수
발행처 / **동　문　사**

•

서울특별시 서대문구 홍제원 1길 12
(홍제동 137-8)
Tel: 02)736-3718(대), 736-3710, 3720
Fax: 02)736-3719
등록번호: 1974.04.27. 제9-17호
가격: 24,000원

•

ISBN: 979-11-6328-667-7 (93370)
E-mail: dong736@naver.com
www.dongmunsa.com